JURISPRUDENCE

CORRECTIONNELLE

DE LA COUR ROYALE DE NANCI

EN MATIÈRE FORESTIÈRE.

NOTICES DES PRINCIPAUX
ARRÊTS CORRECTIONNELS,

RENDUS, PAR LA COUR ROYALE DE NANCI,

EN MATIÈRE FORESTIÈRE,

DEPUIS LA PROMULGATION DU CODE JUSQU'AU 1er JANVIER 1839;

OUVRAGE ACCOMPAGNÉ DE NOTES DANS LESQUELLES

LA JURISPRUDENCE DE CETTE COUR ROYALE EST CONFÉRÉE
AVEC LA LÉGISLATION, LA DOCTRINE DES AUTEURS ET LA JURISPRUDENCE
DES AUTRES COURS SOUVERAINES ET DE LA COUR DE CASSATION;

PAR ALFRED GERBAUT,

LICENCIÉ EN DROIT,

GREFFIER DE LA CHAMBRE DES APPELS DE POLICE CORRECTIONNELLE DE LA COUR DE NANCI.

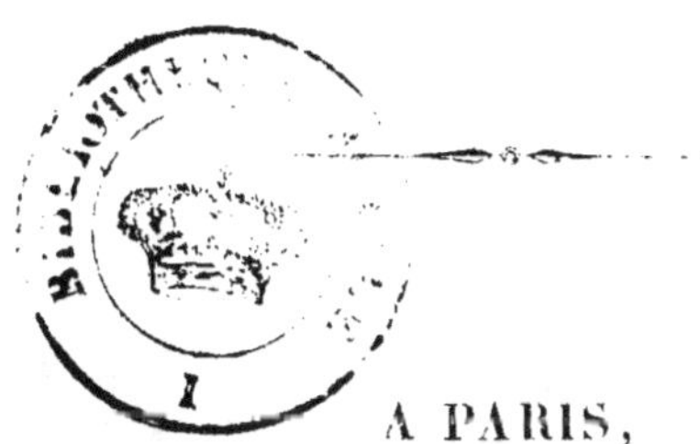

A PARIS,

AIMÉ ANDRÉ,	G. THOREL,	CH. HINGRAY,
Libraire, rue Christine, 1.	Libraire, place du Panthéon, 4.	Libraire, rue de Seine, 10.

A NANCI,

GRIMBLOT, RAYBOIS ET Cie, IMPRIMEURS-LIBRAIRES,
PLACE STANISLAS, 7, ET RUE SAINT-DIZIER, 127.

1840.

NANCI, IMPRIMERIE DE RAYBOIS ET Cⁱᵉ.

A

LA COUR ROYALE

DE NANCI,

HOMMAGE DE L'AUTEUR.

Ce recueil, qui est composé sur le plan méthodique du *Dictionnaire général et raisonné de jurisprudence* de M. Armand Dalloz, contient les notices ou sommaires des principaux arrêts correctionnels que la cour royale de Nanci a rendus, en matière forestière, depuis la promulgation du code jusqu'au 1er janvier 1839 (1). Si, au lieu de les reproduire textuellement, j'en ai fait une simple analyse, c'est afin de pouvoir renfermer mon ouvrage dans

(1) J'ai cité, dans les notes de ce recueil, les arrêts de la cour de Nanci qui ont jugé, en 1839, des points de droit que cette cour royale avait déjà résolus, d'une manière conforme ou contraire, à une époque antérieure. Je les rapporterai en entier, avec ceux de la même année qui ont statué sur des questions nouvelles, dans le premier volume du recueil périodique que je me propose de publier.

un seul volume d'un format commode et d'une faible étendue. Lorsqu'une publication de ce genre réunit ces deux conditions, les recherches deviennent plus faciles et plus rapides : au milieu des débats de l'audience comme dans leur cabinet de travail, le juge et l'avocat peuvent se procurer, à l'instant même, tous les documents qui leur sont nécessaires. Cependant, j'ai donné le texte des décisions qui ont paru assez importantes pour être déférées à la cour suprême. Ce privilége, si je puis ainsi m'exprimer, je l'ai encore accordé aux arrêts que la cour de cassation a rendus dans les affaires forestières qui se sont présentées devant la chambre correctionnelle de la cour royale de Nanci.

A la suite des questions dont je me suis occupé dans cet ouvrage j'ai rappelé 1°, les observations qu'elles ont provoquées au moment de la discussion du code forestier; 2°, les commentaires dans lesquels elles sont traitées; 3°, les arrêts des autres cours souveraines et de la cour de cassation qui les ont résolues dans le même sens, ou dans un sens différent ; 4°, enfin , les lois, ordonnances , règlements, etc., etc., qui ont quelque rapport avec la matière à laquelle elles se réfèrent (1).

Pour rendre mon travail aussi complet que possible , j'ai eu soin de citer *tous* les arrêtistes qui ont recueilli les décisions judiciaires auxquelles renvoient les notes dont il est accompagné. Ainsi, cette publication n'est pas seulement utile aux jurisconsultes et aux fonctionnaires publics qui possèdent, par exemple, la collection de **M. Dalloz** ou celle de **M. Sirey** ; elle convient également aux per-

(1) La plupart des dispositions législatives et réglementaires dans lesquelles j'ai puisé mes citations remontent à une époque très-ancienne. Il n'est pas toujours facile de les trouver dans les volumineux recueils *in-folio* où elles sont entassées, souvent sans ordre et sans méthode. Frappé de cet inconvénient, j'ai cru devoir les rapporter textuellement dans mon ouvrage. Quant à celles qui appartiennent à notre législation moderne, j'aurais pu, sans doute, me contenter de les indiquer ; mais, comme elles sont en très-petit nombre , j'ai pensé qu'il était inutile de faire cette distinction.

sonnes qui se servent, pour faire leurs recherches, du *Traité* de M. Baudrillart ou du *Journal du Palais.*

Lorsque j'ai eu occasion de parler des discours qui ont été prononcés, sur un article du code forestier, par les orateurs qui ont pris part à la discussion de cette loi, j'ai fait connaître, avec la même exactitude, *tous* les ouvrages dans lesquels ils se trouvent insérés.

A la fin de ce livre j'ai placé 1°, une table générale des matières; 2°, une table alphabétique des noms des parties; 3°, et deux tables chronologiques qui contiennent la date des arrêts de la cour de Nanci et celle des actes législatifs et réglementaires qui sont analysés ou rapportés dans ce recueil.

Comme on le voit, ce travail est une sorte de tableau synoptique dans lequel j'ai indiqué, d'une manière exacte et complète, l'état de la législation, de la doctrine et de la jurisprudence, sur chacune des questions dont il présente la solution. Il offre un grand avantage aux personnes qui sont obligées de recourir au code forestier. En effet, souvent, il leur évitera de longues et pénibles recherches; souvent, lorsqu'elles voudront examiner un point de droit auquel se rattachent de nombreux documents législatifs ou judiciaires, il leur suffira de jeter un coup d'œil sur les notes de cet ouvrage, pour savoir quelles sont les lois ou les décisions qui pourront leur fournir d'utiles enseignements.

EXPLICATION

DES

ABRÉVIATIONS EMPLOYÉES DANS CE RECUEIL.

Av. . . . . Signifie :	Avocat.
Av.-gén	Avocat-général.
Baudrillart, Trait. gén. .	Baudrillart, Traité gé-néral des eaux et forêts (1re partie).
Bullet. crim., 1839 . . .	Bulletin des arrêts cri-minels de la cour de cassation, année 1839.
C.	Contre.
C. forest.	Code forestier.
C. pén.	Code pénal.
Comment.	Commentaire.
Conf. arrêt *ou* contr. arrêt.	Arrêt conforme *ou* con-traire.
Concl. conf. *ou* contr. . .	Conclusions conformes *ou* contraires.
Cons. aud.	Conseiller auditeur.
Dalloz, Dict. gén.	Dictionnaire général et raisonné de jurispru-dence de M. Armand Dalloz.

Dalloz, Jur. gén . . . . . — Jurisprudence générale du royaume, ou recueil alphabétique de la législation et de la jurisprudence modernes, par M. Dalloz, aîné.

Dalloz, 1834, 1, 56 . . . — Recueil périodique de M. Dallez, année 1834, première partie, page 56.

F. f. pr. . . . . — Faisant fonctions de Président.

Merlin, Rép. de jur. . . . — Répertoire de jurisprudence de M. Merlin.

P. Pr. . . . . — Premier Président.

Pr. . . . . — Président.

Pr.-gén. . . . . — Procureur-général.

Sirey, 1827, 2, 240 . . . — Recueil périodique de M. Sirey, année 1827, deuxième partie, page 240.

Subst. du pr.-gén . . . . — Substitut du procureur-général.

Voy. . . . . — Voyez.

OBSERVATION.

Cette abréviation *Conf.* ou *Contr.* indique que l'arrêt devant lequel elle est placée a jugé, d'une manière conforme ou contraire, un point de droit qui est absolument le même que celui qui a été résolu par la cour de Nanci. Lorsque les deux questions ne sont pas entièrement identiques, lorsqu'elles ont seulement quelque analogie, au lieu de ce signe abréviatif, on a employé ces mots *Voy. en sens conforme* ou *Voy. en sens contraire.* Cette observation s'applique également aux citations que l'auteur a puisées dans les traités théoriques dont il s'est servi pour la rédaction de ce recueil.

Pour faciliter les recherches des personnes qui désireront consulter le texte des arrêts de la cour de Nanci qui sont analysés ou cités dans cet ouvrage, on a placé, à la suite des indications que l'on ajoute ordinairement, dans les recueils de jurisprudence, à la fin de chaque décision, les numéros d'ordre sous lesquels ces arrêts sont classés dans les minutes du greffe de cette cour royale.

ARRÊTS CORRECTIONNELS

RENDUS EN MATIÈRE FORESTIÈRE,

PAR LA COUR ROYALE DE NANCI.

ARTICLE PREMIER.

DE L'ADMINISTRATION FORESTIÈRE ET DE SES AGENTS.

RÈGLES COMMUNES AUX AGENTS ET PRÉPOSÉS DE L'ADMINIS-
TRATION FORESTIÈRE ET A LEUR RESPONSABILITÉ.

N° 1.

LE MINISTÈRR PUBLIC C. MARTIN ET PETIT.

Le garde forestier qui a prêté serment, conformément à la loi du 29 septembre 1794 (1) et l'ar-

(1) Loi du 29 septembre 1794, tit. 5, art. 12 : « Les divers
agents de la conservation prêteront serment, devant le tribunal
du district de leur résidence, de remplir avec exactitude et fidélité les fonctions qui leur seront confiées; ils seront tenus de
représenter au tribunal l'acte de leur nomination, celui de leur
cautionnement, leur extrait de naissance et l'acte de leur serment dans le grade qu'ils auront dû remplir auparavant, ou leur

ticle 5 c. forest. , n'est pas astreint , par la loi du 31 août 1830 (1), à en prêter un nouveau devant

commission d'élève (*); s'il s'agit de passer à des fonctions de suppléant ou à la place d'inspecteur, les commissaires du Roi seront préalablement ouïs. »

Loi du 16 thermidor an IV : = Art. 1er. « Les employés à la régie de l'enregistrement, les gardes forestiers, les experts et tous autres qui, à raison de leurs emplois ou fonctions, sont assujettis, par les lois, à une prestation préalable de serment , sont autorisés, lorsqu'ils ne résident pas dans la commune où le tribunal civil du département est établi, à prêter leur serment devant le juge de paix de l'arrondissement dans lequel ils sont pour leurs fonctions ou pour leur commission. » —Art. 2. « Il sera dressé acte de cette prestation : les employés de la régie , les gardes forestiers et tous autres employés et fonctionnaires , en enverront de suite l'extrait au greffe du tribunal civil du département, pour y être enregistré. »

(1) Loi du 31 août 1830 : — Art. 1er. « Tous les fonctionnaires publics, dans l'ordre administratif et judiciaire, les officiers des armées de terre et de mer , seront tenus de prêter le serment dont la teneur suit : Je jure fidélité au Roi des Français, obéissance à la charte constitutionnelle et aux lois du royaume. — Il ne pourra être exigé d'eux aucun autre serment, si ce n'est en vertu d'une loi. » — Art. 2. « Tous les fonction-

(*) Ces élèves, aux termes des art. 10 et 11 , titre 2 , de la même loi , devaient travailler sous les ordres des conservateurs, pour acquérir les connaissances propres à être admis aux emplois, et lorsqu'ils avaient l'âge requis, c'est-à-dire vingt-cinq ans (art. 1er, tit. 5, de la même loi), et trois années d'activité, il pouvait leur être délivré une commission de suppléant, en vertu de laquelle ils étaient susceptibles de remplir les fonctions des inspecteurs, lorsqu'on les déléguait à cet effet.

le tribunal de première instance. Il suffit, dans ce cas, qu'il ait prêté serment de fidélité au Roi, par-devant le maire de sa commune.

Arrêt du 28 mai 1833. — M. Rolland de Malleloy, f. f. pr. — M. Poirel, av.-gén., concl. conf. — Me Antoine, av. — No 2212 (1).

naires actuels, dans l'ordre administratif et judiciaire, et tous les officiers maintenant employés ou disponibles, dans les armées de terre et de mer, prêteront le serment ci-dessus, dans le délai de quinze jours, à compter de la promulgation de la présente loi, faute de quoi, ils seront considérés comme démissionnaires, à l'exception de ceux qui ont déjà prêté serment au Gouvernement actuel. »

(1) Cet arrêt a été publié par M. Dalloz, 1834, 2, 211. Il est aussi rapporté dans le recueil imprimé des arrêts de la cour de Nanci, p. 141 ; mais la notice qui y est insérée parait inexacte. En effet, elle porte que la prestation ou le refus du serment prescrit par la loi du 31 août 1830, n'a eu d'autre effet que de conserver leur place aux fonctionnaires auxquels il était imposé, ou d'autoriser l'administration à les déclarer démissionnaires. Cela est vrai ; mais, comme il n'en est pas dit un seul mot dans l'arrêt, il semble qu'on aurait dû garder sur ce point le même silence dans la notice.

Conf. arrêt de la cour de Nanci, du 9 novembre 1833, Forêts c. Sanbole et autres ; — M. Troplong, pr. — M. Bouchon, subst. du pr.-gén., concl. conf. — No 2260.

Voy. aussi, en sens conforme, deux arrêts de la cour de cassation, des 11 mars et 15 avril 1808 (Dalloz, Jur. gén., Vo *Forêts*, p. 727, note 2).

(4)

N° 2.

Un garde peut être poursuivi sans autorisation préalable, et sans qu'il soit nécessaire de le citer devant la chambre civile de la cour royale, lorsque le fait qui lui est imputé ne constitue pas un délit caractérisé, mais seulement une négligence de nature à attirer sur lui une responsabilité pure et simple (1).

(1) Voy. les art. 479 et 483 du code d'instruction criminelle. Conf. arrêts de la cour de cassation, des 30 juillet 1829 (Baudrillart, Trait. gén., tom. 4, p. 278 ; — Sirey, 1829, 1, 396), 4 mai 1832 (Baudrillart, Trait. gén., tom. 4, p. 565), 20 juin et 4 juillet 1834 (Dalloz, 1834, 1, 366 et 375 ; — Baudrillart, Trait. gén., tom. 5, p. p. 55 et 59).

Ordonn. de 1669 : — Tit. 10, art. 9. « Les sergents répondront des délits, dégâts, abus et abroutissements qui se trouveront en leurs gardes, et seront condamnés en l'amende, restitution et aux intérêts, comme le seraient les délinquants, faute d'avoir fait leur rapport, et icelui mis au greffe de la maîtrise ou grurie, deux jours, au plus tard, après le délit commis, et faute de nommer, dans leur rapport, les délinquants, et d'exprimer les lieux où les bois et arbres de délit auront été trouvés, le nombre et la qualité des bêtes surprises en faisant le dommage, et déclarer ceux à qui elles appartiendront (*). » — Art. 10 : « Feront, de

(*) Cette disposition est conforme aux ordonnances de janvier 1518,

Arrêt du 5 décembre 1834. — M. Troplong, pr. — M. le Pr.-gén. concl. conf. — Mᵉ Volland, av. — Nº 2371.

trois mois en trois mois, un rapport du nombre des bornes étant autour et faisant les limites de nos bois et forêts, de leur état, de celui des fossés et haies étant en leur garde, contenant les défauts qu'ils y auront remarqués, lesquels ils mettront au greffe de la maitrise, pour y être pourvu ; et, faute de donner sur ce les avis et éclaircissements nécessaires, en demeureront responsables, et seront punis d'amende, ou de destitution, ou de l'un et de l'autre ensemble, selon qu'il sera jugé plus convenable par les officiers, eu égard à la qualité du fait. » — Art. 11. « Seront tenus de demeurer à demi-lieue de leur garde (*), et ne sera aucun admis de nouveau, ou continué, qu'après avoir donné

art. 17 ; juillet 1544, art. 2 ; février 1554, art. 7, et aux règlements des 26 février 1598, art. 10 ; 4 septembre 1601, art. 9 et 11, et 23 février 1602, par lesquels il est enjoint aux gardes de faire rapport de toutes les prises, ajournements et exploits qu'ils auront faits, et d'indiquer les noms, surnoms et demeures des personnes, à peine, s'ils se trouvent avoir été négligents, ou que, par connivence ou autrement, ils n'aient fait rapport de tous les délits, dégâts, abus et entreprises commis en leurs gardes, d'en être responsables en leur propres et privés noms, et condamnés aux mêmes peines et amendes qu'auraient encourues les délinquants, comme si eux-mêmes avaient commis le délit, sans user de modération ni remise, et punis comme faussaires.

(*) Telle était déjà la limite fixée pour le lieu de la résidence des gardes par l'art. 10 de l'ordonnance de Henri IV, du mois de mai 1597, qui est ainsi conçu : « Afin que nosdites forests soient ci-après mieux conservées qu'elles n'ont été ci-devant, voulons et ordonnons et nous plaît, que nosdits officiers des eaux et forests résident et demeurent sur les lieux, et lesdits sergents et gardes ordinaires à demi-lieue du moins près d'icelles. »

bonne et suffisante caution, jusqu'à la somme de trois cents livres, qui sera reçue avec notre procureur, pour sûreté des amendes, restitutions et dommages dont il pourrait être responsable ou condamné.» (*) — Tit. 27, art. 5. « Nos officiers des

(*) Cette caution était aussi exigée par les ordonnances de 1515 et de 1597. En effet, voici ce qu'on lit dans l'article 25 de l'ordonnance de 1515 : « Pour ce que l'on a trouvé que nous avons eu plusieurs et grands dommages pour le faict et coulpe (*faute*) des verdiers, gruyers, gardes ou maistres—sergents, à ce que mieux s'en gardent, et que l'on puisse sur eux mieux recouvrer le dommage, s'il advient par eux, ils seront tenus doresnavant de bailler, et bailleront, en nostre chambre des comptes, chacun bons pleges, qui respondront pour eux jusqu'à somme de deux cents livres tournois. »

L'art. 14 de l'ordonnance de 1597 s'exprime ainsi sur ce point : « Les principaux délicts de nos forests estans commis plus par nos officiers sur le faict d'icelles que par les autres, contre lesquels nous ne pouvons avoir aucun recours, se deffaisant desdits offices pour s'exempter de la privation d'iceux, amendes et confiscations de leurs biens, n'estant bien accoustumé de procéder contr'eux, ne tenans plus leursdits offices, mesme y ayant des nouveaux pourveus en leurs lieux, ausquels, par intelligence, ils font faire nouvelles visitations à leur volonté, pour leur servir de descharge : nous voulons et ordonnons, que lesdits officiers baillent caution resseante et solvable ès siéges où ils seront receus ; sçavoir, les maistres particuliers, de la somme de cinq cens escus ; les verdiers, segrayers, gruyers et maistres-sergents, de trois cens escus ; et lesdits sergents et gardes ordinaires, de deux cens escus ; sans qu'autrement ils puissent estre receus ausdits offices, quelque dispense qu'ils obtiennent de nous et de nostre conseil ; mesme seront tenus d'en bailler d'autre, au cas que ceux qui les auront cautionnez decedent, un mois après ledit deceds advenu ; enjoignant à nos procureurs y tenir la main, sur peine d'en répondre en leurs propres et privez noms. »

Ordonnance royale du 11 octobre 1820, art. 12 : « Les agents extérieurs de l'administration forestière devant être considérés comme dépositaires des bois soumis à leur surveillance et manutention, et l'État étant intéressé à avoir une garantie contre les malversations que ces agents

maîtrises, faisant leurs visites , feront mention, dans leurs procès-verbaux , de l'état des bornes et fossés entre nous et les riverains, et réparer les entreprises et changements qu'ils reconnaîtront y avoir été faits depuis leur dernière visite ; même feront
mention , dans leur procès-verbal de visite suivante, du rétablissement des choses dans leur premier état , et des jugements
qu'ils auront rendus contre les coupables, à peine d'en demeurer
responsables solidairement en leurs privés noms. »

Loi du 29 septembre 1791 : — Tit. 14, art. 1er. « Les gardes seront responsables de toutes négligences ou contraventions
dans l'exercice de leurs fonctions, ainsi que de leurs malversations
personnelles. » — Art. 2. « Par suite de cette responsabilité, les
gardes seront tenus des indemnités et amendes encourues par
les délinquans, lorsqu'ils n'auront pas dûment constaté les délits,
et le montant des condamnations qu'ils subiront sera retenu sur
leur traitement, sans préjudice à toute autre poursuite . » — Art.
3. « Les inspecteurs seront responsables de leurs faits personnels,
ainsi que des malversations, contraventions et négligences des
gardes qu'ils n'auraient pas constatées. » — Art. 4. « Par suite
de cette responsabilité, les inspecteurs seront solidairement tenus
des condamnations encourues par les gardes, sauf leur recours
contre ceux-ci. » — Art. 5. « Les conservateurs seront également

pourraient commettre, ils seront tenus de fournir, dans le délai de
deux ans, et par moitié chaque année, un cautionnement en inscriptions
de rentes sur le grand livre, dans les proportions ci-après, savoir : —
Les conservateurs, 600 fr. — Les inspecteurs , 500 fr. — Les sous-ins-
pecteurs, 200 fr. — Les arpenteurs, 150 fr. — Les gardes-généraux ,
100 fr. — Les gardes à cheval, 50 fr. — Les gardes à pied, 10 fr.

Voyez, sur la responsabilité des gardes et agents de l'administration
forestière, les art. 6, 18, 19, 21, 29, 186 , 207 et 208. c. forest., et
sur les formalités à remplir pour leur mise en jugement, lorsque le fait
qui leur est imputé est relatif à leurs fonctions, l'art. 59 de l'ordonnance
d'exécution.

responsables de leurs faits personnels, ainsi que des malversations, contraventions ou négligences des inspecteurs qu'ils n'auraient pas constatées. »—Art. 6. « Par suite de cette responsabilité, ils seront solidairement tenus des condamnations encourues par les inspecteurs, sauf leur recours contre ces derniers. » — Art. 7 « Les commissaires de la conservation générale seront responsables de leurs faits personnels, et spécialement de toute négligence à faire exécuter les lois dans les différentes parties du régime forestier. » Art. 8. « Les erreurs de mesure, lorsqu'elles excèderont un arpent sur quarante, seront à la charge de ceux qui auront fait l'arpentage. » Titre 9, art. 7. « Les actions auxquelles pourra donner lieu la responsabilité des agents de la conservation seront poursuivies par elle. »

ARTICLE II.

DES BOIS ET FORÊTS QUI FONT PARTIE DU DOMAINE DE L'ÉTAT.

—

DES ADJUDICATIONS DE BOIS DANS LES FORÊTS DE L'ÉTAT.

—

§ Ier.

De la coupe des arbres de réserve et des outrepasses de l'adjudicataire au delà des limites de la vente.

N° 3.

FRÉNO C. FORÊTS.

Aucune compensation ne peut être admise, pour déficit d'arbres marqués en réserve, avec des arbres non réservés que l'adjudicataire aurait laissés sur pied (1).

(1) Conf. arrêts de la cour de Nanci, des 29 mars 1831 (Forêts c. Sommerfogel ; — M. Chippel, pr. — M. le Pr.-gén. concl. conf. — N° 1886), 19 juin 1832 (Forêts c. Thiéry et autres ; — M. Chippel, pr. — M. le Pr.-gén. concl. conf. — N° 2029), 4 décembre 1835 (Forêts contre : — Garnier, N° 2453 ; — Gérard, N° 2454 ; — M. Moreau, pr. — M. Bresson , av.-gén., concl. conf.), et 9 septembre 1836 (Mangenot c. Forêts ; — M. Moreau, pr. — M. Poirel, av.-gén., concl. conf. — N° 2537) ; = de la cour de cassation , des 7 avril 1808 et 16 août 1811 (Baudrillart, Trait. gén., tom. 2, p. p. 195 et 443) ; = M. Garnier, p. 28.

Arrêt du 8 mars 1831. — M. Chippel, pr. — M. le Pr.-gén., concl. conf. — N° 1876.

L'ordonnance de 1583, art. 9, portait que, s'il se trouvait quelque outrepasse au delà des limites et pieds corniers des ventes, les marchands seraient condamnés à une amende double du prix de leur adjudication, si le bois par eux coupé en délit était de même essence que celui de leur vente ; s'il était d'une essence de meilleure qualité, la peine devait être plus sévère.

Suivant l'art. 26 de l'ordonnance de 1518, les marchands qui abattaient ou faisaient abattre les baliveaux, étalons et arbres servant à laye, étaient condamnés en vingt livres parisis d'amende, pour la première fois, outre la restitution du bois et dommages ; s'ils récidivaient, ils étaient punis corporellement, selon l'exigence du cas. L'art. 27 de la même ordonnance voulait que les marchands qui avaient fait abattre les pieds corniers, ou qui en avaient fait effacer les marques, fussent condamnés, pour la première fois, en soixante livres parisis d'amende et privés à jamais d'être marchands dans les forêts, outre la confiscation de la vente et la restitution du bois et dommages; en cas de récidive, ils devaient être punis corporellement et bannis à toujours des forêts.

Ordonn. de 1669 : — Tit. 16, art. 9. « S'il se rencontre quelque outrepasse ou entreprise au delà des pieds corniers, le marchand sera condamné de payer le quadruple, à raison du prix principal de son adjudication, au cas que les bois où elle est faite soient de même essence que celui de la vente ; et, s'ils étaient de meilleure nature, qualité et plus âgés, il sera tenu d'en payer l'amende et restitution au pied le tour. » — Art. 10. « L'adjudicataire qui ne représentera point les baliveaux, arbres de lisière, parois, tournants et pieds corniers, laissés à sa garde, sera tenu de les payer, ainsi qu'il est dit au chapitre des

N° 4.

FORÊTS C. GARNIER.

L'art. 34, § 3, c. forest., portant que, dans tous les cas, il y aura lieu à la restitution des arbres coupés en contravention dans les coupes, ou de leur valeur, qui sera estimée à une somme égale à l'amende encourue, on ne peut, dès lors, en réduire le montant, ni le compenser avec les arbres non réservés qui ont été laissés sur pied par l'adjudicataire (1).

amendes. » La disposition finale de ce dernier texte renvoie à l'art. 4, tit. 32, de la même ordonnance, qui porte que l'amende, pour étalons, baliveaux, parois, arbres de lisière et autres arbres de réserve, sera de cinquante livres; pour pied cornier, marqué du marteau royal et abattu, cent livres; pour pied cornier arraché et déplacé, deux cents livres, et pour baliveaux de l'âge du bois réservé dans les taillis au-dessous de vingt ans, dix livres.

Un arrêt du conseil, du 7 février 1705, défendit aux marchands de couper aucuns parois, arbres de lisière et autres arbres réservés, tant des ventes dont ils étaient adjudicataires, que de celles des années précédentes, sous peine de cinquante livres d'amende, pour chaque arbre coupé en contravention, et au moins de pareille somme de restitution, le tout conformément aux art. 4 et 8, tit. 52, de l'Ordonn. de 1669.

(1) Voy. la notice précédente et les citations dont elle est accompagnée. — Conf. arrêt de la cour de cassation, du 25 février 1813, cité sous la notice 18.

Arrêt du 4 décembre 1835. — M. Moreau, pr. — M. Bresson, av.-gén., concl. conf. —Me Conégliano, av. — No 2453.

Nota. Le même jour, autre arrêt identique. Forêts c. Gérard ; — No 2454.

No 5.

FORÊTS C. MOUGIN.

Lorsque, dans une coupe jardinatoire, il existe des arbres abattus qui ne portent pas l'empreinte du marteau de délivrance, la seule absence de cette marque établit contre l'adjudicataire une présomption légale de culpabilité ; et, par conséquent, il y a lieu d'annuler le jugement qui ordonnerait, avant de statuer sur les poursuites, qu'il sera vérifié si le nombre des souches des arbres exploités n'est pas égal à celui des arbres vendus (1).

Arrêt du 27 décembre 1831. — M. Chippel, pr.

(1) Voy., en sens conforme, un arrêt de la cour de Nanci, du 13 décembre 1831 (Forêts c. Fournier ; — M. Chippel, pr. — M. le Pr.-gén. concl. conf. — No 1971), et trois arrêts de la cour de cassation, des 18 juin 1830 (Baudrillart, Trait. gén., tom. 4, p. 394 ; — Dalloz, 1830, 1, 304), 9 septembre 1832 (Baudrillart, Trait. gén., tom. 4, p. 590), et 15 mars 1833 (Dalloz, 1833, 1, 206 ; — Baudrillart, Trait. gén., tom. 4, p. 613 ; — Sirey, 1833, 1, 635).

— M. le Pr.-gén. concl. conf. — Me Roxard de la Salle, av. — N° 1974.

N° 6.

ROMARY C. FORÊTS.

Un adjudicataire ne peut être admis à prouver par témoins, contrairement aux énonciations contenues dans le procès-verbal de récolement, que l'arbre qu'il est prévenu d'avoir coupé en délit était originairement marqué pour être abattu, et que c'est par suite d'un accident ou d'une force majeure que sa souche a été dépouillée de l'empreinte du marteau de délivrance (1).

Arrêt du 7 décembre 1832. — M. Chippel, pr.— M. le Pr.-gén. concl. conf. — Me Maire, av. — N° 2083.

N° 7.

FORÊTS C. BUISINE.

Lorsque le procès-verbal de récolement d'une coupe constate le déficit d'un certain nombre

____

(1) Cette question a été jugée en sens contraire, par la cour de Nanci, le 9 janvier 1839 (Forêts contre : — Ganier, N° 2787 ; — Gersinger, N° 2788 ; — M Mourot, pr. — M. Garnier, av.-gén., concl. conf.). Il y a eu pourvoi en cassation contre ces deux arrêts ; mais on n'en connait pas encore le résultat.

d'arbres réservés, le tribunal ne peut ordonner la production des calepins tenus par les agents forestiers, afin de vérifier si ce déficit ne proviendrait pas d'une erreur du procès-verbal de martelage, qui aurait retenu en trop un même nombre d'arbres compris dans l'adjudication, le procès-verbal de récolement faisant par lui-même preuve entière des faits qui y sont relatés.

Arrêt du 21 décembre 1833. — M. Troplong, pr. — M. le Pr.-gén. concl. — Me Fabvier, av. — No 2280.

<h2 style="text-align:center">No 8.</h2>

LE MINISTÈRE PUBLIC C. MOITRIER.

Lorsque, parmi les arbres dont le déficit a été constaté dans une coupe, après son exploitation, il y en a un certain nombre qu'il a été nécessaire d'arracher, pour construire un chemin et creuser des fossés que l'administration forestière a fait pratiquer dans l'intérieur de cette coupe, longtemps après sa vidange, mais avant le récolement, et qu'il est prouvé, par les dépositions des témoins entendus à l'audience, que les arbres ainsi abattus ont été enlevés par les ouvriers employés à ces travaux, on ne peut rendre l'adjudicataire responsable, non seulement de la perte de ces arbres, mais même encore de celle des autres arbres manquants dont il n'est pas justifié que le déficit provienne de la même cause, si aucune circonstance ne fait présumer que leur enlèvement soit le résultat de la mauvaise exploitation de la coupe.

Arrêt du 19 janvier 1830. — M. Chippel, pr. — M. Adam, cons. aud., concl. contr. — Mᵉ Bresson, av. — Nᵒ 1779.

Nᵒ 9.

GERMAIN C. FORÊTS.

La disposition de l'art. 193 c. forest., qui porte que, lorsque l'arbre coupé en délit et sa souche auront disparu, l'amende sera calculée suivant la grosseur de l'arbre arbitrée par le tribunal, d'après les documents du procès, ne s'applique pas aux arbres enlevés en délit dans une coupe. Dans ce cas, l'amende et les restitutions doivent être réglées conformément au 2ᵉ § de l'art. 34 du même code.

Arrêt du 22 décembre 1829. — M. Chippel, pr. — M. Adam, cons. aud., concl. conf. — Mᵉ Bresson, av. — Nᵒ 1750.

Nᵒ 10.

FORÊTS C. GARNIER.

Si les conclusions prises en première instance, par l'administration forestière, ne portaient que sur trois chênes anciens, coupés en contravention par un adjudicataire, elle est non-recevable à demander pour la première fois en appel que le prévenu soit, en outre, condamné pour déficit de huit baliveaux et d'un moderne réservés.

Arrêt du 4 décembre 1835. — M. Moreau, pr. — M. Bresson, av.-gén., concl. conf. — Mᵉ Conégliano, av. — Nᵒ 2453.

Nᵒ 11.

Un adjudicataire poursuivi pour avoir coupé un arbre réservé ne doit pas être condamné à des dommages-intérêts, s'il n'y a eu aucun préjudice causé, cette condamnation, d'après le nouveau code forestier, étant purement facultative et ne devant être prononcée qu'autant que les dommages-intérêts résultent réellement du délit (1).

(1) Conf. arrêt de la cour de cassation, du 6 mars 1834 (Dalloz, 1834, 1, 343).

Sous l'empire de l'Ordonnance de 1669, les délinquants, en matière forestière, devaient toujours être condamnés à des dommages-intérêts. C'est ce qui résulte de l'art. 8, tit. 32, de cette ordonnance, qui porte que : « Et d'autant que les amendes au pied du tour ont été réglées selon la valeur et état des bois de l'année 1518, depuis laquelle ils sont montés à beaucoup plus haut prix, ordonnons que, conformément à l'ordonnance faite par Henri III, en l'année 1588, et aux arrêts et règlements des mois de septembre 1601, juin 1602 et octobre 1623, les res-

Arrêt du 26 janvier 1838. — M. Costé, pr. —
M. le Pr.-gén. concl. conf. — Mᵉ Welche, av. —
Nᵒ 2692.

titutions, dommages et intérêts seront adjugés **de tous délits**,
au moins à pareille somme que portera l'amende (*). » Au-

(*) Voici les principales dispositions de l'ordonnance de Henri III,
du mois d'avril 1588, ou plutôt de celle de François Iᵉʳ, du mois de
janvier 1518, dont elle ne fait qu'ordonner l'exécution : — Art. 25.
« Pour régler les amendes et punitions pour le bois mal prins, dérobé
et abattu en nos forêts, ordonnons que, quand le bois sera abattu de
jour, sans feu, scie, et où il n'y aura aire d'oiseaux de proie ou autres
oiseaux, lesdites amendes seront, quant aux personnes privées, pour
la première fois, outre la restitution du bois et dommages, adjugées
en la manière qui s'ensuit : — A savoir, pour chaque pied de tour de
chêne et arbre fruitier en étant debout, à prendre la mesure de la
grosseur à un pied hors de terre et au-dessous, 30 sols parisis : —
Pour chacun pied de fau ou hêtre et de tout autre bois vif, abattu et
vert gisant, à prendre et mesurer en tour comme dessus, 20 sols, et de
bois mort ou mort-bois, à prendre et mesurer comme dessus, 15 sols.
— Si les arbres montent en tour plus ou moins de pieds ou pied entier,
les amendes seront à l'équipollent. — Pour chacune charretée de mer-
rain, bois carré et de charpenterie, outre la confiscation des chevaux,
charrettes et harnois et l'estimation du bois, 10 livres parisis. — Pour
chacune charretée de chauffage, outre la confiscation des chevaux, charrettes et harnois et l'estimation du bois, 20 sols. — Pour chaque fouée,
5 sols. — Pour la sommaireté ou houpier de chêne et arbre fruitier,
40 sols. — Pour la sommaireté ou houpier de fau, 30 sols. — Pour la
sommaireté ou houpier de tremble, frêne, bouleau et autres morts-bois,
20 sols. — Ceux qui réitèreront et seront coutumiers mal prendre ou
dérober bois en nos forêts, seront punis par condamnation d'amende
arbitraire et autre punition, selon l'exigence du cas. — Quant aux
arbres qui seront abattus de nuit, ou par scie, ou par feu, ou èsquels
le feu aura été mis et ceux èsquels y aura mouches et menus oiseaux,

Nota. Le même jour, neuf autres arrêts semblables. Forêts contre : — Hangard, N° 2693 ; —

jourd'hui, l'appréciation des circonstances qui peuvent donner lieu à des dommages-intérêts est entièrement abandonnée,

les délinquants, outre la restitution du bois et dommages, seront condamnés au double desdites amendes. » — Art. 26. « Pour chacun baliveau ou étalon et arbre servant à laye, qui sera abattu en nos forêts et ventes, par personnes privées, autres que les marchands d'icelles ventes, ou à leur aveu, l'amende sera de 20 livres parisis, pour la première fois, outre la restitution et dommage dudit bois. — Ceux qui seront coutumiers et les marchands ou leurs compagnons ès ventes qui abattront ou feront abattre en nos forêts, ès ventes, les baliveaux, étalons et arbres servant à laye, seront condamnés au double desdites amendes, outre la restitution du bois et dommages, et bannis à toujours de nosdites forêts ; et si lesdits marchands ou leurs compagnons réitéraient et étaient coutumiers, ils seront punis corporellement, selon l'exigence des cas. » — Art. 27. « Ceux qui ne seront marchands ou compagnons des ventes èsquelles les pieds corniers marqués au marteau auront été abattus ou ôtés, seront, pour chacun pied cornier ou coin des ventes, abattu, arraché et marqué ou marteau ôté, condamnés en 50 livres parisis d'amende, pour la première fois, outre la restitution du bois et dommages ; et, pour la seconde fois, seront condamnés au double des amendes et bannis à toujours de nos forêts. — Au regard des marchands et leurs compagnons qui auront abattu ou fait abattre, ès ventes dont ils sont marchands ou compagnons, les pieds corniers ou coins et ôté les marques ou marteaux, ils seront condamnés, pour la première fois, pour chacun pied cornier et coin de vente abattu et marqué ou marteau ôté, en 60 livres parisis d'amende, ladite vente confisquée et lesdits délinquants privés à jamais d'être marchands en la forêt, outre la restitution du bois et dommages ; et, pour la seconde fois, outre ladite confiscation, punis de punition corporelle et bannis à toujours de nos forêts. »

L'arrêt de règlement du 4 septembre 1601, auquel se réfère également l'art. 8, tit. 32, de l'Ordonnance de 1669, porte, entre autres

Collot, Nº 2694 ; — Mangenot, Nº 2695 ; — le même, Nº 2696 ; — Mathis, Nº 2697 ; — le même, Nº 2698 ; —

sauf quelques exceptions assez rares , à la sagesse et à la conscience des tribunaux. Mais, si les juges reconnaissent l'existence

dispositions, que : « Les maîtres particuliers, leurs lieutenants, verdiers, gruyers, maîtres des gardes et maîtres sergents, seront tenus, en procédant au jugement et condamnation des délinquants , liquider à part et séparément les dommages et intérêts et restitution du bois mal prins , d'avec les amendes, forfaitures et confiscations, pour les adjuger au Roi ou aux seigneurs par engagement et usufruit , selon qu'elles leur doivent appartenir , sans permettre que les sergents , collecteurs des amendes , prennent et appliquent à leur profit le tiers des dommages et intérêts et restitution de bois, ains seulement des amendes , forfaitures et confiscations, suivant l'édit de leur création. »

Il nous a été impossible , malgré toutes nos recherches , de nous procurer le texte complet du règlement du mois de juin 1602. Nous n'en avons trouvé que quelques fragments, et encore sont ils tout-à-fait étrangers à la matière qui fait l'objet des dispositions de l'art. 8 , tit. 32 , de l'Ordonnance de 1669. Celui du 14 octobre 1623, qui est rapporté dans le recueil de Rousseau de Bazoches , tom. 2 , p. 922 , est conçu en ces termes : — « Sur la requête présentée par le Procureur-général du Roi en cette cour, par laquelle il nous aurait remontré qu'il est averti qu'en plusieurs maîtrises particulières de ce royaume, entre autres en celle de Valois, il se glisse un abus au préjudice des droits du Roi, par une inobservation des édits et ordonnances de sa Majesté et règlements de cette cour , en ce qu'aucun des juges et principaux officiers de maîtrises, et singulièrement le lieutenant en ladite maîtrise de Valois , par les condamnations qu'il rend contre les délinquants , pour le bois mal pris et dérobé en ladite forêt , au lieu d'asseoir les peines portées par les ordonnances de François Ier , de l'an 1548, et de suivre le règlement particulièrement fait pour la forêt de Retz, le 6 octobre 1603, se contente de condamner à l'amende , sans ordonner la restitution du bois mal pris, la confiscation des chevaux et charrettes, et des dommages-intérêts , ce qui est grandement important au service du Roi et à

Pierron, N° 2699 ;— Evrard, N° 2700 ; — le même,
N° 2701.

d'un dommage , il ne leur est pas permis , quelque faible d'ailleurs que puisse leur paraître le préjudice causé par le délit,
d'allouer à la partie lésée une indemnité inférieure à l'amende
simple prononcée par le jugement. Sur ce point, les rédacteurs
du code forestier se sont conformés à la règle établie par l'Ordonnance de 1669 (art. 198 et 202 c. forest.)

la conservation des forêts, d'autant que les délits y étant fréquents et les
condamnations légères, ceux qui y commettent des larcins et pilleries
trouvent de l'impunité et du profit en leur maléfice, étant seulement
condamnés pour une charretée , soit de bois de corde ou de traverse,
de fau vert, charme et autre bois vif mal pris , en trente sols parisis
d'amende, sans estimation de la valeur du bois, restitution, confiscation
ni dommages et intérêts, tellement qu'ils payent l'amende du larcin qu'ils
ont fait sur le Roi et ont encore de l'argent de reste, la charretée, qui
contient ordinairement une demi-corde de bois de traverse, se vendant
tout communément, aux lieux les plus éloignés de ladite forêt, quatre
livres et la traverse quarante sols , ce qui les entretient au mal auquel
il est nécessaire de remédier, pour la conservation des forêts du Roi et
empêcher les dégâts et dégradations qui s'y commettent..... Ayant
égard à ladite requête, nous avons ordonné et ordonnons, conformément
à l'ordonnance de 1518 , règlements des 4 septembre 1601 et 6 octobre
1603, que les maîtres particuliers des eaux et forêts de chacune maî-
rise de ce ressort et leurs lieutenants seront tenus , outre les amendes
qu'ils adjugeront au Roi, pour bois mal pris et dérobé et dépendant de
leurs maîtrises, condamner les délinquants en la restitution dudit bois,
au prix qu'il se vend sur les lieux , de marchand en marchand , et confisquer les chevaux, charrettes et harnois , sous peine , contre les contrevenants, d'en répondre en leurs propres et privés noms...... »

N° 12.

MANGENOT C. FORÊTS.

Jugé, dans le même sens, que la condamnation aux dommages-intérêts, dans les cas prévus par les art. 34, 198 et 199 c. forest., n'est pas obligatoire comme la condamnation à l'amende et à la restitution, et que c'est seulement lorsqu'il y a dommage pour l'État dans le fait imputé au prévenu qu'elle doit être prononcée (1).

(1) Conf. M. Garnier, p. p. 238 et 242. — Par arrêt du 26 décembre 1835 (Joye c. Forêts ; — M. Riston, f. f. pr. — M. Bresson, av.-gén., concl. contr. — M° d'Ubexi, av. — N° 2468), la cour de Nanci, se fondant sur le même principe, décida qu'il n'y avait pas lieu de prononcer des dommages-intérêts contre un adjudicataire qui n'avait pas encore entièrement exploité, plusieurs semaines après le délai fixé par le cahier des charges, la coupe qui lui avait été vendue et qui était soumise, par une exception spéciale à la localité, a un mode particulier de nettoiement connu sous le nom *d'essartage.* Comme cette opération consiste à brûler, à feu courant, après exploitation, les branchages, ronces et épines qui se trouvent sur le parterre de la coupe, et cela afin d'en féconder le sol, qui est ensuite cultivé et ensemencé de seigle, en sorte que la première année de sève est totalement perdue pour la recrue du taillis, la cour de Nanci pensa que le retard imputé au prévenu ne pouvait occasioner aucun préjudice. L'affaire dans laquelle cette question s'est présentée avait d'abord été jugée, en appel, par la cour de Metz, le

(22)

Arrêt du 9 septembre 1836. — M. Moreau, pr. —
M. Poirel, av.-gén., concl. contr. — Me Gazin, av.
— No 2557.

No 13.

MÊME ARRÊT.

Spécialement, il n'y a pas lieu de condamner à
des dommages-intérêts un adjudicataire qui a abattu
des arbres marqués en réserve, lorsqu'il a laissé sur
pied une quantité plus considérable d'arbres non
réservés, et que, d'un autre côté, ceux qu'il a coupés
en contravention sont en trop petit nombre pour que
leur abattage puisse nuire à l'aménagement de la
forêt.

8 avril 1835. Sur le pourvoi de l'administration forestière, la
décision de cette cour royale fut annulée, le 24 septembre de la
même année, et la cause renvoyée devant la cour de Nanci.
Dans l'espèce, un procès-verbal régulier, dressé le 5 juillet 1833,
constatait que le sieur Jules Joye se trouvait en retard d'exploitation d'une coupe communale de la principauté de Warey,
dont il s'était rendu adjudicataire; qu'il n'y avait, à cette époque, que les deux tiers d'exploités, et que les bois encore sur
pied pouvaient produire cinquante cordes de bois de charbon et
mille bourrées. Le 22 avril 1833, le sieur Joye fut cité, à raison
de cette contravention, devant le tribunal de police correctionnelle de Charleville. Cette citation , dont l'original était joint
aux pièces de la procédure, portait qu'il avait été laissé au

N° 14.

FORÊTS C. MOUGIN.

Jugé, dans le même sens, que la condamnation aux dommages-intérêts, dans les cas prévus par le code forestier, n'est pas obligatoire, mais simplement facultative. — Ainsi, on ne doit pas prononcer des dommages - intérêts contre un adjudicataire qui a coupé des arbres qui ne portaient pas l'empreinte du marteau de délivrance, lorsque la somme qu'il a été condamné à payer à titre de restitution suffit pour réparer le dommage qu'il a pu occasioner.

Arrêt du 27 décembre 1831. — M. Chippel, pr. — M. le Pr.-gén. concl. — Me Roxard de la Salle, av. — N° 1974.

prévenu copie du procès-verbal et de l'acte d'affirmation. Le 4 décembre 1834, le sieur Joye fut cité de nouveau, pour le même fait et devant le même tribunal ; mais cette seconde citation n'indiquait pas qu'il lui eût été remis une nouvelle copie du procès-verbal qui servait de base aux poursuites dirigées contre lui. On avait même eu soin de rayer la mention imprimée destinée à l'avance à la constatation de cette formalité. Néanmoins, par jugement du 15 décembre 1834, le sieur Joye fut condamné, en vertu de l'art. 40 c. forest., à 50 francs d'amende et 550 francs de dommages-intérêts. Il interjeta appel de cette décision, et, le 8 avril 1835, elle fut infirmée par l'arrêt de la cour royale de Metz dont la teneur suit : — « Sur le moyen de nullité invoqué

N° 15.

FORÊTS C. VANNEROT.

Jugé, dans le même sens, que l'adjudicataire ne doit pas être condamné à des dommages-intérêts, si le préjudice causé à la coupe, par l'abattage d'arbres marqués en réserve, se trouve compensé par la valeur des arbres non réservés qui ont été laissés sur pied.

Arrêt du 25 juillet 1854. — M. de Bouvier, f. f. pr. — M. de Roguier, cons. aud., concl. contr. — N° 2536.

N° 16.

FORÊTS C. BUISINE.

Jugé, au contraire, que le préjudice causé à une coupe, par l'abattage d'arbres coupés en contra-

par le prévenu : — Attendu qu'il est reconnu par toutes les parties et justifié par l'inspection de l'acte, que l'original de la citation donnée, en première instance, ne constate pas que copie du procès-verbal ait été remise au prévenu ; que la mention imprimée destinée à l'avance à cette constatation a même été rayée, et que la radiation en a été dûment approuvée ; — Attendu que la formalité de la remise au prévenu d'une copie du procès-ver-

vention, n'est pas suffisamment compensé par les arbres non réservés que l'adjudicataire aurait laissés

bal est exigée, à peine de nullité, par l'art. 172 c. forest., et que la jurisprudence autorise à présenter ce moyen, même pour la première fois, en appel ; — Attendu que, bien que les exceptions de nullité soient peu favorables, et que la non représentation, par le prévenu, de sa copie d'assignation, fasse supposer que celle-ci est régulière, cette circonstance ne suffit pas, cependant, pour autoriser les magistrats à valider la poursuite, en présence de l'art. 172 précité ; — Par ces motifs : — La cour, faisant droit à l'appel du prévenu, déclare nulle la citation introductive d'instance, et renvoie le prévenu sans frais. »

Pourvoi en cassation pour fausse application de l'art. 172 c. forest. et violation de l'art. 40 du même code. Le 24 septembre 1835, arrêt de la cour suprême qui prononce, par les motifs suivants, l'annulation de l'arrêt de la cour royale de Metz : — « Attendu que l'arrêt attaqué n'a considéré que la citation donnée au prévenu, le 4 décembre 1834, laquelle ne contenait pas, en effet, la mention de la remise de la copie du procès-verbal ; mais que cette citation n'était pas introductive de l'instance, comme l'a pensé ledit arrêt ; que la citation introductive est à la date du 22 avril 1835, et porte formellement la mention de la remise de la copie du procès-verbal ; que l'action avait donc été régulièrement intentée, et qu'en prononçant la nullité des poursuites, en vertu de l'art. 172 c. forest., l'arrêt attaqué en a fait une fausse application, et en a, par suite, violé les dispositions ; — Par ces motifs : — La cour casse et annule l'arrêt rendu par la cour royale de Metz, chambre correctionnelle, le 8 avril dernier, et, pour être fait droit, conformément à la loi, sur l'appel du prévenu du jugement du tribunal correctionnel de Charleville, en date du 15 décembre 1834, renvoie la cause et les

sur pied, et qu'on doit, même dans ce cas, prononcer des dommages-intérêts égaux à l'amende (1).

Arrêt du 4 décembre 1835. — M. Moreau, pr.
— M. Bresson, av.-gén., concl. conf. — Mᵉ Fabvier, av. — Nᵒ 2452.

Nota. Le même jour, deux autres arrêts identiques. Forêts contre : — Garnier, Nᵒ 2453 ; —
Gérard, Nᵒ 2454.

Nᵒ 17.

FORÊTS C. BUISINE.

*Jugé, dans le même sens, qu'un adjudicataire,
poursuivi pour déficit d'arbres réservés, doit être*

parties devant la cour royale de Nanci, chambre correctionnelle, à ce déterminée par délibération spéciale prise en la
chambre du conseil. » (Baudrillart, Trait. gén., tom. 5, p. 243).
— La cour de Nanci n'a pas traité, dans son arrêt, la question
résultant du prétendu moyen de nullité que le prévenu avait
invoqué devant la cour de Metz; elle s'est bornée à reconnaitre
« que le délit avait été constaté par un procès-verbal en bonne
forme, *suivi d'une assignation également régulière.* »

(1) Un arrêt de la cour de cassation, du 20 mars 1830, a
décidé que l'abattage ou le déficit d'arbres réservés dans une
coupe était un fait qui emportait en lui-même l'idée de *fraude*
ou *préjudice*, et que, par suite, il devait donner lieu à une
condamnation aux dommages-intérêts contre le prévenu, sans
qu'il fût nécessaire que le jugement fît mention de l'une ou

condamné à des dommages-intérêts égaux à l'amende, quelque sévères que puissent être, eu égard à sa bonne foi et à l'exiguité du préjudice causé, les autres condamnations qui doivent être prononcées contre lui à raison du même délit (1).

Arrêt du 21 décembre 1833. — M. Troplong, pr. — M. le Pr.-gén., concl. conf. — Mᵉ Fabvier, av. — Nᵒ 2280.

§ II.

Du mode d'exploitation, des malversations de l'adjudicataire et des poursuites auxquelles elles donnent lieu.

Nᵒ 18.

FORÊTS C. THIÉRY ET AUTRES.

Si, dans le cours de l'exploitation d'une coupe, il est dressé un procès-verbal constatant le déficit d'arbres réservés, il doit y être donné suite sans attendre l'époque du récolement (2).

l'autre de ces circonstances. (Sirey, 1830, 1, 270; — Journal du palais, tom. 48, p. 258).

(1) Ces condamnations, c'est-à-dire, celles relatives à l'amende et à la restitution, étaient, en effet, d'une excessive sévérité; car, chacune d'elles s'élevait à la somme exorbitante de 2,550 francs.

(2) Conf. arrêt de la cour de Nanci, du 26 décembre 1838, Forêts. c. Lallemand; — M. Mourot, pr. — M. Garnier, av.—

Arrêt du 19 juin 1832. — M. Chippel, pr. — M. le Pr.-gén., concl. conf. — M⁰ Chatillon, av. — N° 2029.

gén., concl. conf. — N° 2778.) = Le contraire avait été jugé, par la même cour royale, quelques années avant la promulgation du code forestier, dans la cause dont nous allons présenter l'analyse. Un sieur Florentin s'était rendu adjudicataire d'une portion de coupe affouagère délivrée à la commune de Liverdun. Le 18 mai 1813, il fut constaté, par un procès-verbal régulier, dressé dans le cours de l'exploitation, que deux arbres réservés avaient été coupés dans cette portion. Cité devant le tribunal de police correctionnelle de Toul, Florentin fut condamné à cent francs d'amende et à pareille somme de dommages-intérêts. Il interjeta appel de ce jugement, et, par un premier arrêt, du 20 avril 1814, la cour de Nanci ordonna, avant de statuer sur l'action dirigée contre lui, qu'il serait procédé au récolement de la coupe dans le délai d'un mois. Procès-verbal de ce récolement fut dressé, le 9 mai 1814; il constata de nouveaux délits qui donnèrent lieu à de nouvelles poursuites contre Florentin devant le tribunal de Toul. En cet état de choses, intervint, le 21 décembre de la même année, un second arrêt de la cour de Nanci qui, sur le motif de connexité entre les délits constatés par les deux procès-verbaux, infirma la décision des premiers juges; émendant, joignit les anciennes poursuites aux nouvelles, et renvoya les parties devant le tribunal de Toul, pour être statué sur le tout par un seul et même jugement. (M. de Bouteiller, pr. — M. Luxer, subst. du Pr.-gén., concl. contr. — N° 280.) Cet arrêt ayant été déféré à la censure de la cour suprême, fut cassé, le 23 février 1815 (*), par les motifs suivants:

(*) M. Baudrillart a donné par erreur à cet arrêt de la cour de cassation la date du 20 février 1815.

« La cour : — Attendu que l'empreinte du marteau du Gouvernement retranche les arbres qui en sont frappés de la vente
des bois où ils sont situés et des droits des adjudicataires de la
coupe de ces bois ; que cette empreinte forme une déclaration
authentique de la réserve qui est faite de ces arbres, et que, dès
lors, ils ne peuvent être coupés sans qu'il y ait délit dont ces
adjudicataires sont responsables, aux termes de l'art. 10, tit. 16,
de l'Ordonnance de 1669 (*); — Attendu que, d'après l'art. 5,
tit. 7, de la même ordonnance, et d'après plusieurs dispositions
de la loi du 29 septembre 1791 (**), les préposés de l'admi-

(*) Cet article est rapporté sous la notice 5.

(**) Ordonn. de 1669, tit. 7, art. 5 : « Outre l'assistance qu'il (le
garde-marteau) sera tenu de rendre aux visites des grands-maîtres,
des maîtres particuliers et autres officiers, il fera une visite, par chacun
mois, en toutes les gardes de nos forêts, bois et buissons....., pour
voir et connaître si les gardes ont rapporté fidèlement tous les délits
qui y seront faits ; à l'effet de quoi, ils seront tenus de l'assister lors
des visites ; et en fera encore une autre, de quinzaine en quinzaine,
des ventes ouvertes et en leurs réponses, ensemble des routes et chemins
servant à la voiture du bois, pour connaître de l'exploitation et des
abus, délits et contraventions, dont il dressera ses procès-verbaux
sur son registre, qu'il fera signer par ses sergents à garde et par les
facteurs ou gardes-ventes, pour être par lui, trois jours après, mis
au greffe, dont il demeurera déchargé ; et, après avoir été communi-
qués à notre procureur, seront rapportés et jugés au premier jour
d'audience, à peine, pour la première fois, de radiation de ses gages,
et, en récidive, de privation de sa charge. »

Loi du 29 Septembre 1791 : — Tit. 4, art. 5. « Ils (les gardes)
dresseront, jour par jour, des procès-verbaux de tous les délits qu'ils
reconnaîtront. » — Art. 11 « Ils feront parvenir leurs procès-verbaux
dûment affirmés à leur inspecteur, au plus tard, dans la huitaine de
leur date, et inscriront, en marge de la transcription sur leur registre,
la date de l'affirmation et de l'envoi. » — Tit. 5, art. 4. « Ils (les
inspecteurs) se feront accompagner, de proche en proche, dans leurs

nistration forestière sont non seulement autorisés, mais qu'ils sont même obligés de constater, par de simples procès-verbaux,

visites, par les gardes, dont ils se feront représenter les registres ; ils vérifieront l'état des forêts, et en rendront compte, ainsi que de l'état des bornes et clôtures : ils constateront les délits et accidents que les gardes auraient négligé de constater, pour les en rendre responsables. » — Art. 5. « Ils vérifieront spécialement les coupes et exploitations, rendront compte de leur état et constateront les malversations qui pourraient y être commises. » — Art. 17. « Ils adresseront leurs procès-verbaux de visite de chaque mois à leur conservateur, dans la première quinzaine du mois suivant, et en adresseront en même temps une copie certifiée au directoire de leur district. » — Tit. 6, art. 5. « Ils (les conservateurs) se feront accompagner, dans leurs visites, par les inspecteurs et par les gardes, de proche en proche ; ils examineront leurs registres, qu'ils se feront représenter, ainsi que les procès-verbaux des gardes ; ils vérifieront l'état des forêts, bornages et clôtures, les délits commis dans l'intervalle d'une tournée à l'autre, l'état particulier des assiettes, balivages et martelages, coupes et exploitations, et s'assureront si les règlements ont été observés, et si les délits, abus ou malversations ont été dûment constatés par les gardes et par les inspecteurs, chacun pour ce qui les concerne. » — Art. 6. « Ils rendront compte de leurs vérifications et constateront exactement les délits, malversations, contraventions ou négligences qu'ils reconnaîtront. » — Art. 22. « Ils dresseront des procès-verbaux circonstanciés des visites et opérations dont ils sont chargés. » Art. 25. « Au plus tard, dans les deux mois de la clôture de leurs visites, les conservateurs en adresseront les procès-verbaux à la conservation générale, et en expédieront des copies certifiées aux directoires de département, pour ce qui concernera chacun d'eux. » Art. 27. « Incessamment après les récolements, ils dresseront l'état des sur-mesures ou défauts de mesures qui se seront trouvés dans les ventes, et en enverront expédition certifiée, tant à la conservation générale qu'aux directoires de département et de district, et aux préposés chargés des recouvrements, chacun pour ce qui les concerne. » — Tit. 7, art. 6. Ils (les commissaires de la conservation géné-

les délits commis dans les ventes ouvertes , et de poursuivre sur-
le-champ les adjudicataires de ces ventes comme responsables
de ces délits , sans attendre les époques des récolements défini-
tifs desdites ventes ; — Attendu qu'il était constaté , dans l'espèce , par un garde , dont le procès-verbal régulier n'était point
argué de faux , que , dans la coupe d'un bois communal dont
Florentin était adjudicataire , et pendant l'exploitation de cette
coupe , deux arbres marqués du marteau du Gouvernement
avaient été coupés ; que , dès lors , il y avait lieu de prononcer
contre Florentin les peines applicables à ce délit ; — Qu'en effet , un jugement de première instance avait prononcé ces peines ; mais que , sur l'appel de Florentin , la cour royale de
Nanci a rendu un premier arrêt qui a ordonné qu'il serait sursis
à prononcer sur cet appel jusqu'après le récolement de la coupe ;
— Que le sursis ordonné par cet arrêt était contraire aux dispositions des lois de la matière , puisque le résultat du récolement ,
quel qu'il fût , ne pouvait détruire le délit de la coupe de deux

rale) dresseront des procès-verbaux circonstanciés de leurs visites.
qu'ils remettront sous les yeux de la conservation, à leur retour. Si ,
dans le cours de leurs tournées , ils reconnaissent des malversations
ou des opérations vicieuses, ils en référeront sur-le-champ à la conservation , pour ordonner ce qu'elle jugera convenable ; et , cependant , ils pourront provisoirement suspendre la suite desdites opérations. » — Tit. 9 , art. 1er. « La poursuite des délits et malversations
commis dans les bois nationaux et des contraventions aux lois forestières , sera faite au nom et par les agents de la conservation générale. » — Art. 2. « Les actions seront portées immédiatement devant
les tribunaux du district de la situation des bois. » Art. 8. « Les
actions en réparation de délits seront intentées , au plus tard , dans
les trois mois où ils auront été reconnus , lorsque les délinquants
seront désignés par les procès-verbaux , à défaut de quoi elles seront
éteintes et prescrites. Le délai sera d'un an, si les délinquants n'ont
pas été connus. »

arbres réservés, qui était régulièrement prouvé et qui n'aurait pas cessé d'exister, quand même le récolement aurait établi qu'il avait été laissé sur pied des arbres non marqués, pour représenter les arbres marqués qui avaient été coupés ; mais que cet arrêt, quelle que fût son irrégularité, ne liait pas la cour royale de Nanci de manière à l'autoriser à ne pas confirmer la condamnation prononcée, par le tribunal de première instance, sur un délit légalement constaté ; — Que, néanmoins, cette cour a, par un second arrêt, mis l'appellation et ce dont était appel au néant ; émendant, a renvoyé l'affaire et les parties devant le tribunal de Toul, qui avait rendu le jugement anéanti ; — Que le motif de l'anéantissement et du renvoi a été qu'il y avait connexité entre la poursuite du délit de la coupe des deux arbres et les nouvelles poursuites d'autres délits constatés, dans la même coupe, par le récolement ordonné et fait depuis l'appel ; — Que, dans tous les cas, ce motif est en opposition avec les lois, puis qu'il y avait, dans l'espèce, un procès-verbal, distinct de celui du récolement régulier, probant et constatant le délit de la coupe des deux arbres en question ; que, dès lors, la connexité prétendue n'avait aucune réalité, même apparente ; qu'il avait, d'ailleurs, été rendu jugement par lequel le tribunal de Toul, devant qui les parties étaient renvoyées, avait épuisé sa juridiction relativement à ce premier délit, en condamnant Florentin ; — Qu'ainsi, sous tous les rapports, l'arrêt attaqué a violé formellement les lois de la matière, soit en refusant de faire droit sur un procès-verbal autorisé et même ordonné, tant par l'art. 5, tit. 7, de l'Ordonnance de 1669, que par diverses dispositions de la loi du 29 septembre 1791, soit en refusant de prononcer les peines déterminées par les art. 10, tit. 16, 4 et 8, tit. 32, de la susdite ordonnance (*) ; — Par ces motifs : —

(*) Ces articles de l'Ordonnance de 1669 sont rapportés sous les notices 3 et 11. Voy. ci-dessus, p. 29 et suiv.. l'art. 5, tit. 7 de la même

N° 19.

FORÊTS C. FAUCONNIER ET LA COMMUNE DE FROUARD.

Le relèvement et le façonnement des ramiers font essentiellement partie du nettoiement des coupes, et si l'adjudicataire ne les a point effectués dans le délai fixé par le cahier des charges, il y a lieu de lui appliquer les peines prononcées par l'art. 37 c. forest. (1).

Casse et annule, etc, etc.» (Baudrillart, Trait. gén., tom. 2, p. 654; — Dalloz, Jur. gén, V° *Forêts*, p. 736).

Conf. quatre autres arrêts de la cour de cassation, des 3 avril 1806, 6 août 1807, 13 janvier 1814 et 21 mai 1836. (Baudrillart, Trait. gén., tom. 2, p. p. 72, 161 et 610, et tom. 5, p. 347).

Il n'est plus possible aujourd'hui d'élever un doute sérieux sur cette question. En effet, elle est décidée de la manière la plus formelle et la plus explicite par l'art. 44 du code forestier, qui porte que, si, dans le cours de l'exploitation ou de la vidange, il est dressé des procès-verbaux de délits ou |vices d'exploitation, il pourra y être donné suite, *sans attendre l'époque du récolement.*

(1) Conf. arrêts de la cour de Nanci, du 27 février 1835 (Forêts contre : — Parisse, N° 2398; — Martin, N° 2399 ; — Escallier, N° 2400; — Denisjean, N° 2401; — Moriot, N° 2402; — Husson, N° 2403; — M. Troplong, pr. — M.

ordonnance, ainsi que les dispositions de la loi du 29 septembre 1791 dont il est question dans cet arrêt de la cour de cassation.

Arrêt du 26 décembre 1854. — M. Troplong, pr. — M. le Pr.-gén. concl. conf. — N° 2376.

N° 20.

FORÊTS C. MAIRE.

L'adjudicataire poursuivi, en vertu de l'art. 57 c. forest., pour n'avoir pas nettoyé sa coupe dans le délai fixé par le cahier des charges, ne peut être renvoyé de l'action dirigée contre lui, sur le motif que cette infraction n'est prévue que par l'art. 41, qui, dans ce cas, autorise seulement l'administration forestière à faire effectuer ce nettoiement aux frais de l'adjudicataire. Ce retard doit d'abord être puni de l'amende prononcée par l'art. 57, et si cette condamnation reste sans effet, c'est alors seulement que l'administration devra employer le moyen coërcitif que lui accorde l'art. 41 (1).

Bresson, av.-gén., concl. conf. ; = de la cour de cassation, des 15 février 1850 (Baudrillart, Trait. gén., tom. 4, p. 546 ; — Dalloz, 1850, 1, 126), 15 juin 1855 (Dalloz, 1855, 1, 252 ; — Baudrillart, Trait. gén., tom. 4, p. 655 ; — Sirey, 1855, 1, 515), et 20 novembre 1854 (Dalloz, 1855, 1, 74; —Baudrillart, Trait. gén., tom. 5, p. 98).

Contr. arrêt de la cour de Douai, du 26 août 1855 (Dalloz, 1854, 2, 54 ; — Sirey, 1855, 2, 642). Voy. la note suivante.

(1) Conf. arrêts de la cour de Nanci, des 14 juillet 1829 (Forêts contre : — Poirson , N° 1701 ; — Le même, N° 1702;

(35)

Arrêt du 13 janvier 1829. — M. Chippel, pr. —
M. Masson, subst. du pr.-gén., concl. contr. —
N° 1659.

— Richy, N° 1703; — Vincé, N° 1704; — Forfillaire, N°
1705; — Junique, N° 1706; — Toussain', N° 1707; —
Viriot, N° 1708; — M. Chippel, pr. — M. Masson, subst.
du pr.-gén., concl. contr.), 22 décembre 1829 Forêts contre :
— Toussaint, N° 1747; — Bouchot, N° 1748; — M. Chip-
pel, pr. — M. Adam, cons. aud., concl. conf.), 31 août 1831
(Forêts contre : — Loquier, N° 1931; — Husson, N° 1932; —
le même, N° 1933; — le même, N° 1934; — Artis, N° 1935;
— Lapierre, N° 1936; — Mercier, N° 1937; — de Germiny,
N° 1938; — Richy, N° 1939; — le même, N° 1940; —
Salzard, N° 1941; — Gauguier, N° 1943; — Gillet, N° 1944;
— M. Chippel, pr. — M. le Pr.-gén. concl. conf.', 17 juillet
1832 (Forêts c. Mortal et autres; — M. Chippel, pr. — M. le
Pr.-gén.concl. conf.), et 26 décembre 1834 (Notice précédente).

M. Curasson (tom. 1, p. 219) pense qu'il n'est pas question,
dans l'art. 37, du retard ou de la négligence apportée par l'adjudicataire dans le nettoiement de sa coupe, ce texte ne devant
s'entendre, selon lui, que du nettoiement qui aurait été exécuté,
mais d'une manière contraire à celle prescrite par le cahier des
charges. Si cette opération n'a pas été faite par l'adjudicataire
dans le délai qui lui a été fixé, ce serait alors, d'après l'opinion
de M. Curasson, l'art. 41 qui devrait être appliqué. Cette question est aussi décidée dans le même sens par M. Baudrillart.
« Il s'agit ici, dit cet auteur, dans son commentaire sur l'art. 37,
» non d'une simple négligence à exécuter le nettoiement, *cas*
» *qui est prévu par l'art.* 41, mais de la mauvaise exécution de
» ce nettoiement, d'une exécution, en un mot, qui ne serait pas
» celle prescrite par le cahier des charges. » **Plus loin**, le même

Nota. Le même jour, autre arrêt identique. Forêts
c. Loquier; — Nº 1660.

Nº 21.

FORÊTS C. DIDIOT.

Lorsqu'un adjudicataire est poursuivi pour n'avoir
pas nettoyé sa coupe dans le délai fixé par le cahier
des charges, le nettoiement qu'il en a fait ensuite
opérer, dans l'intervalle qui s'est écoulé entre le jour
du procès-verbal et celui du jugement, ne peut le
mettre à l'abri de l'amende prononcée par l'art. 37
c. forest., et, par suite, il y a lieu d'annuler le jugement qui aurait, sous ce prétexte, déclaré l'administration non-recevable dans ses poursuites.

Arrêt du 29 juin 1830. — M. Chippel, pr. —
M. Adam, cons. aud., concl. conf. — Mᵉ Poirel, av.
— Nº 1828.

Nº 22.

FORÊTS C. MAIRE.

L'adjudicataire qui n'a pas nettoyé sa coupe dans
le délai fixé par le cahier des charges ne doit être

auteur ajoute , dans ses observations sur l'art. 41 : « Il s'agit ici
» d'un retard à nettoyer les coupes , tandis que , dans l'art. 37 ,
» *il s'agit d'une contravention au mode prescrit pour opérer le*
» *nettoiement.* »(Tom. 2, p. p. 58 et 63.)

condamné à des dommages-intérêts qu'autant qu'il y a lieu, c'est-à-dire, dans le cas seulement où ce retard peut occasioner quelque préjudice (1).

Arrêt du 13 janvier 1829. — M. Chippel, pr. — M. Masson, subst. du pr.-gén., concl. — N° 1659.

(1) Conf. arrêts de la cour de Nanci, des 14 juillet 1829 (Forêts contre : — Poirson, N° 1701 ; — le même, N° 1702 ; — Richy, N° 1703 ; — Vincé, N° 1704 ; — Forfillaire, N° 1705 ; — Junique, N° 1706 ; — Toussaint, N° 1707 ; — Viriot, N° 1708 ; — M. Chippel, pr. — M. Masson, subst. du pr.-gén., concl.), et 26 décembre 1835 (Gazin c. Forêts ; — M. Riston, f. f. pr. — M. Bresson , av.-gén. , concl. — N° 2470).

Ces mots, *sans préjudice des dommages-intérêts*, qui terminent l'art. 37 c. forest., ne se trouvaient pas dans la première rédaction de ce texte. Cette addition fut adoptée sur la proposition de la commission de la chambre des députés. M. Favard de Langlade , rapporteur de cette commission , s'est ainsi exprimé à cet égard : « Nous avons remarqué que l'art. 37 , qui prononce des » amendes pour contraventions aux clauses et conditions du cahier » des charges, ne parle pas des dommages-intérêts qui peuvent » être dus *dans certains cas* (*). Cette mention, insérée dans l'art. » 198, a paru devoir l'être aussi dans l'art. 37, qui sera terminé » par ces mots : *sans préjudice des dommages-intérêts.* » (Baudrillart, comment., tom. 1, p. 33 ; — Chauveau, code forest., p. 38).

Voy. les articles de l'Ordonnance de 1669 rapportés sous la notice 46.

(*) Il résulte clairement de ces expressions que la condamnation aux dommages-intérêts n'est pas obligatoire, mais facultative pour les tribunaux , dans le cas prévu par l'art. 37 c. forest.

N° 23.

GAZIN C. FORÊTS.

Lorsqu'il est établi par un procès-verbal régulier, dressé dans le cours de l'exploitation d'une coupe, que l'adjudicataire ne s'est pas conformé, pour cette opération, aux règles tracées par le cahier descharges, il n'est pas nécessaire, pour que cette contravention puisse donner lieu à l'application de l'art. 37 c. forest., qu'elle ait été de nouveau constatée dans le procès-verbal de récolement (1).

(1) Ordonn. de 1515, art. 49 : « Si les coustumiers, abattants bois de leur coustume, ou qui leur aura esté livré, ne font bien et suffisamment la couppe proffitable pour la revenüe, ils la feront réparer et si l'amenderont selon la qualité du faict. »

Ordonn. de 1669 : — Tit. 15, art. 42. « Les futaies seront coupées le plus bas que faire se pourra, et les taillis abattus à la cognée, à fleur de terre, sans les écuisser ni éclater, en sorte que les brins de cépées n'excèdent la superficie de la terre, s'il est possible, et que tous les anciens nœuds, recouverts et causés par les précédentes coupes, ne paraissent aucunement. » — Art. 43. « Les arbres seront abattus en sorte qu'ils tombent dans les ventes, sans endommager les arbres retenus, à peine de nos dommages et intérêts contre le marchand, et s'il arrivait que les arbres abattus demeurassent encroués, les marchands ne pourront faire abattre l'arbre sur lequel celui qui sera tombé se trouvera encroué, sans la permission du grand-maitre, ou des officiers, après avoir pourvu à notre indemnité. » — Art. 44. « Les bois

Arrêt du 26 décembre 1835. — M. Riston, f. f. pr.
— M. Bresson, av.-gén., concl. conf. — Me Gazin,
av. — N° 2470.

N° 24.

FORÊTS C. VIVAUX.

Lorsque l'administration forestière ne s'est expliquée, dans le cahier des charges, que sur le délai
dans lequel la coupe des arbres devrait être effectuée,
et qu'il n'a été question de l'arrachement que dans le
procès-verbal d'adjudication, où cette obligation est
imposée par la même clause que celle du repique-

de cépées ne seront abattus et coupés à la serpe, ou à la scie, mais
seulement à la cognée, à peine, contre les marchands qui les
exploiteront, de cent livres d'amende et de confiscation de leurs
marchandises et outils des ouvriers. » — Art. 45. « Enjoignons
aux adjudicataires de faire couper, recéper et ravaler, le plus près
de terre que faire se pourra, toutes les souches et estocs de bois
pillés et rabougris étant dans les ventes, et aux officiers d'y avoir
l'œil et tenir la main, à peine de suspension de leurs charges.»—
Art. 46. « Si, pendant l'usance des ventes, aucuns des arbres
réservés et marqués étaient arrachés ou abattus par les vents et
orages, ou par autre accident, les marchands, ou leurs facteurs,
les laisseront sur la place, et en donneront incessamment avis au
sergent à garde, qui sera tenu d'en avertir le garde-marteau,
pour se transporter ensemble sur les lieux, afin d'en dresser leurs
procès-verbaux, qu'ils présenteront aussitôt aux officiers de la
maîtrise, pour en marquer d'autres, le tout sans frais. »

ment, sans toutefois que ce procès-verbal indique une époque distincte pour chacune de ces deux opérations, et notamment un terme spécial et formel pour l'arrachement, dans ce cas, l'adjudicataire n'est passible d'aucune peine pour avoir suspendu l'arrachement, soit jusqu'à la saison du repiquement, soit jusqu'à l'époque fixée par le cahier des charges pour la vidange de la coupe.

Arrêt du 11 décembre 1835.—M. Moreau, pr.— M. Bresson, av.-gén., concl. contr. — Mᶜ d'Ubexi, av. — Nᵒ 2458.

Nota. Le même jour, quatre autres arrêts semblables. Forêts contre : —Arson, Nᵒ 2459;—Henry, Nᵒ 2460;—Buisine, Nᵒ 2461;—Bernard, Nᵒ 2462.

Nᵒ 25.

FORÊTS C. COLOMBÉ ET AUTRES.

Lorsqu'un individu a fait construire, sans autorisation, dans l'intérieur d'une coupe, des fosses à charbon, dans lesquelles il a fait ensuite allumer du feu, malgré un précédent rapport qui constatait cette construction illicite, on doit prononcer cumulativement, à raison de ces deux délits, l'amende portée en l'art. 38 c. forest. et celle qui est établie par l'art. 42 du même code (1).

____

(1) Celui qui se rend coupable de plusieurs délits ou contra-

Arrêt du 9 décembre 1828. — M. Rolland de Malleloy, f. f. pr. — M. de Roguier, cons. aud., concl. conf. — Mᵉ Fabvier, av. — Nᵒ 1637.

Nᵒ 26.

MÊME ARRÊT.

L'amende prononcée par l'art. 38 c. forest., pour construction illicite de fosses à charbon, ne peut

ventions, dit **M. Curasson**, dans son commentaire sur le code forestier, t. 2, p. 426, est passible de l'amende établie pour chacun d'eux ; l'art. 365 du code d'instruction criminelle ne pourrait être invoqué, quoique les différents délits eussent été constatés par le même procès-verbal et fussent l'objet d'une seule poursuite ; cet article ne peut être appliqué, en matière de contravention, que quand elle ne porte que sur un seul fait. Mais, comme l'observe le même auteur, t. 2, p. 400 et suiv., s'il n'est question que d'un seul fait, et même de deux contraventions ou délits simultanés, dont l'un n'a servi de moyen que pour arriver à l'autre, dans ce cas, la cumulation de peines ne peut avoir lieu, à moins qu'elle ne soit ordonnée par un texte formel et précis.

Ordonn. de 1669 : — Tit. 27, art. 21. « Faisons défenses à toutes personnes de tenir ateliers de cendres, ni en faire ailleurs que dans les ventes, ou en faire transporter, que les tonneaux ne soient marqués du marteau du marchand, sur peine d'amende arbitraire et de confiscation. » — Art. 22. « Défendons à toutes personnes de charmer ou brûler les arbres, ni d'en enlever l'é-corce, sur peine de punition corporelle ; et seront les fosses à

atteindre que l'adjudicataire, ou l'entrepreneur de la coupe, et non leurs ouvriers, sauf leur recours contre qui de droit.

N° 27.

FORÊTS C. SPENGLER.

Jugé, au contraire, que la prohibition portée par l'art. 38 c. forest., de placer des fosses ou fourneaux pour charbon, des loges, ou des ateliers, ailleurs que dans les endroits indiqués par écrit par les agents forestiers, s'applique, non seulement aux adjudicataires, mais encore à toutes autres personnes sans distinction.

Arrêt du 9 février 1830. — M. Chippel, pr. — M. Adam, cons. aud., concl. conf. — N° 1783.

N° 28.

FORÊTS C. COLOMBÉ ET AUTRES.

A l'égard des délits dont la répression est d'ordre public, tels, par exemple, que celui résultant de la

charbon placées aux endroits les plus vides et les plus éloignés des arbres et du recru, et les marchands tenus de les repeupler et ressemer, s'il est jugé à propos par le grand-maitre, avant qu'ils puissent obtenir leur congé de cour, à peine d'amende arbitraire. »

construction illicite de fosses à charbon dans l'inté-térieur d'une coupe, les tribunaux ne doivent point, relativement à l'application des dommages-intérêts, s'arrêter aux conclusions restrictives par lesquelles l'agent forestier a modifié celles qu'il avait prises en premier lieu, surtout lorsque le ministère public, qui avait déclaré qu'il estimait que la demande pri-mitive de l'administration devait être accueillie, a laissé subsister, sans aucun changement, ses réqui-sitions originaires (1).

Arrêt du 9 décembre 1828. — M. Rolland de Malleloy, f. f. pr. — M. de Roguier, cons. aud., concl. — Me Fabvier, av. — No 1637.

No 29.

MÊME ARRÊT.

L'amende que l'art. 42 c. forest. prononce pour avoir allumé du feu ailleurs que dans les loges ou

---

(1) Si le cas inverse venait à se présenter, si, par exemple, le délit ne pouvant donner lieu qu'à 10 fr. d'amende ou de dommages-intérêts, l'agent forestier demandait, par erreur, le double de cette somme, il faudrait décider, par une conséquence naturelle du même principe, que le tribunal doit, sans avoir égard à ces conclusions, réduire à ses justes proportions la condamnation sollicitée contre le prévenu. (Arrêt de la cour de cassation, du 22 mars 1810 ; — Baudrillart, Trait. gén., tom. 2, p. 335).

ateliers des adjudicataires, doit être supportée , non seulement par l'adjudicataire , comme responsable du fait de ses ouvriers, mais encore par ces derniers personnellement. — On doit le décider ainsi, surtout lorsque l'individu qui se présente dans l'instance, pour prendre le fait et cause des ouvriers auxquels il a donné l'ordre d'allumer du feu dans un des lieux prohibés par l'art. 42, n'est pas adjudicataire responsable de la coupe où cette contravention a été commise; ceux-ci ont seulement le droit d'exercer un recours contre lui, et il suffit, par conséquent, de leur donner acte de sa déclaration.

N° 50.

FORÊTS C. GUSSE ET AUTRES.

Les voituriers qui font la traite d'une coupe de bois par un lieu autre que celui qui leur a été indiqué sont passibles, par ce seul fait, de l'application de l'art. 147 c. forest., encore bien qu'ils allèguent que les chemins qu'on leur a désignés étaient impraticables, si, d'ailleurs, l'adjudicataire ne s'est pas adressé à l'administration pour en obtenir d'autres, et, dès lors, le tribunal ne peut, dans ce cas, ordonner, avant faire droit, que ces chemins seront visités, à l'effet d'en constater l'état, et surseoir jusque là à statuer sur les poursuites (1).

(1) **Conf.** arrêts de la cour de cassation , du 5 décembre 1833

Arrêt du 14 décembre 1832. — M. Chippel, pr. — M. le Pr.-gén. concl. conf. — Mᶜ Laflize, av. — Nᵒ 2123.

Nᵒ 31.

FORÊTS C. ROVEL ET TRALBACH.

Lorsque l'adjudicataire d'une coupe, ou ses agents, ont fait la traite des bois par un lieu autre que le chemin spécial indiqué par le cahier des charges, ce n'est pas l'art. 147, mais l'art. 59 c. forest. qu'on doit appliquer dans ce cas, encore bien qu'un chemin nouveau n'ait pas été entièrement tracé, ouvert et pratiqué, les dispositions de l'art. 147 étant exclusivement applicables aux particuliers qui n'ont aucun droit à exercer dans les forêts où leurs bestiaux ont été introduits.

Arrêt du 28 décembre 1832. — M. Rolland de Malleloy, f. f. pr. — M. le Pr.-gén. concl. conf. — Nᵒ 2132 (1).

(Dalloz, 1834, 1, 64; — Baudrillart, Trait. gén., tom. 4, p. 670), et de la cour de Nanci, du 26 juillet 1833 (notice 77). — Voy. cependant la notice suivante.

(1) Cette affaire a été renvoyée à la cour de Nanci par un arrêt de la cour de cassation conçu en ces termes : « La cour : — Vu l'art. 59 c. forest. ; — Attendu que les dispositions de cet article sont spéciales et s'appliquent aux adjudicataires, ou à leurs agents, qui font la traite des bois exploités ; qu'il

N° 32.

FORÊTS C. DAVRAINVILLE.

La contravention à la clause du cahier des charges qui défend aux adjudicataires d'introduire dans leurs coupes des animaux non muselés, est passible des peines de l'art. 199 c. forest., lorsque, toutefois, le

n'est pas nécessaire, pour qu'il y ait lieu à l'application de cet article, qu'un chemin nouveau ait été entièrement tracé, ouvert et pratiqué ; qu'il suffit que les voitures de l'adjudicataire soient trouvées faisant la traite des bois dans une partie de la forêt autre que les chemins désignés au cahier des charges ; — Attendu que, dans l'espèce, un procès-verbal régulier constate que le voiturier de l'adjudicataire avait quitté le chemin de vidange, et avait passé, avec l'avant-train de sa voiture, chargé de troncs et attelé de deux bœufs, dans un taillis de hêtres, dont il avait froissé et écrasé un grand nombre de brins ; que ce voiturier avait donc passé par un chemin autre que les chemins indiqués au cahier des charges, et se trouvait, par conséquent, dans le cas prévu par l'art. 39 précité ; — Que, néanmoins, le jugement attaqué ne lui a appliqué que l'art. 147 c. forest., sur le motif qu'il n'avait pas pratiqué un chemin nouveau, mais s'était seulement trouvé hors des routes et chemins ordinaires ; en quoi, ledit jugement a faussement appliqué l'art. 147 et violé l'art. 39 c. forest ; — Par ces motifs : — Casse et annule le jugement rendu, par le tribunal de police correctionnelle d'Épinal, etc., etc. » (Arrêt du 3 novembre 1832 ; — Baudrillart, Trait. gén., tom. 4, p. 595 ; — Dalloz, 1833, 1, 536).

procès-verbal de reprise constate que les animaux ont été trouvés en délit de dépaissance (1).

(1) Conf. arrêts de la cour de Nanci, des 30 juin 1829 (Forêts c. Burté ; — M. Chippel, pr. — M. Masson, subst. du pr.-gén., concl. conf. — N° 1690), 29 décembre 1829 (Forêts c. Ferry ; — M. Chippel, pr. — M. Adam, cons. aud., concl. conf. — N° 1754), 8 mars 1833 (Forêts c. Laveuve ; — M. Rolland de Malleloy, f. f. pr. — M. Pierson, av.-gén., concl. conf. — N° 2162), 31 mars 1829 (Forêts c. Génin ; — M. Chippel, pr. — M. Masson, subst. du pr.-gén., concl. conf. — N° 1674 bis), et 13 janvier 1829 (Forêts contre : — Laurent, N° 1656 ; — Collot, N° 1657, et Ravoux, N° 1658 ; — M. Chippel, pr. — M. Masson, subst. du pr.-gén., concl. conf.). Ces trois derniers arrêts, du 13 janvier 1829, ont été cassés, le 20 août suivant. Ils sont conçus en ces termes : « La cour : — Attendu que les poursuites dirigées contre le prévenu ont pour objet de le faire punir, non pour avoir pénétré, avec des animaux, dans la coupe, mais pour les y avoir introduits sans les museler ; — Attendu que, le procès-verbal ne constatant aucun dégât, la cour se trouve dans l'impuissance de prononcer les peines requises ; que la clause opposée du cahier des charges est une règle conventionnelle, jugée convenable pour la police des bois, mais qui ne saurait être sanctionnée par les peines qui font l'objet des conclusions de l'administration ; qu'il serait nécessaire qu'un acte législatif s'expliquât d'une manière plus positive sur cette salutaire précaution, et la rendît obligatoire pour tous les cas où les voituriers exerceraient l'acte nécessaire et légitime de l'enlèvement des bois provenant de l'exploitation des coupes ; — Par ces motifs : — Rejette l'appel. »

Arrêt de cassation ; — « La cour : — Attendu que la prohibition d'introduire des bestiaux dans les bois, portée par l'art. 199

Arrêt du 23 décembre 1828. — M. Chippel, pr.
— M. Saladin, subst. du pr.-gén., concl. conf. —
N° 1648.

c. forest., est générale et absolue ; que s'il est nécessaire, pour la
vidange des coupes , d'y introduire des bestiaux , cette introduction ne peut avoir lieu que selon les règles tracées par le cahier
des charges , et que , si l'on s'écarte de ces règles , on rentre
dans les dispositions prohibitives de l'art. 199 précité ; —
Attendu que le cahier des charges, pour l'exploitation de la coupe
en usance de la forêt communale de Royaumeix , obligeait les
adjudicataires à n'introduire dans les coupes que des animaux
muselés ; que cette disposition avait pour objet d'empêcher la
dévastation des bois , et qu'en ne s'y conformant pas , on con-
trevenait aux dispositions de l'art. 199 , ci-dessus rappelé ; —
Attendu qu'un procès-verbal régulier constate que le prévenu a
été trouvé , dans la susdite coupe , avec une voiture, attelée de
trois chevaux débridés et un bœuf non muselé , ce qui constituait
une contravention à l'art. 199 c. forest.; que, néanmoins , la
cour royale de Nanci , chambre des appels de police correctionnelle , a refusé d'appliquer à cette contravention les dispositions
dudit article ; en quoi , elle les a violées ; — Par ces motifs : —
Casse, etc., etc. » (Dalloz, 1829, 1, 542; — Baudrillart, Trait.
gén., tom. 4, p. 294).

Parmi les arrêts de la cour de Nanci qui ont jugé cette question
dans le sens que l'on vient d'indiquer , il en est quelques-uns qui
ne l'ont pas résolue en termes très-explicites. Mais on remar-
quera qu'ils n'ont appliqué l'art. 199 c. forest. que dans le cas
où le procès-verbal de reprise constatait un délit de dépaissance.
La doctrine consacrée par la décision que l'on vient de rapporter
a été admise par un jugement du tribunal correctionnel d'Yvetot,
du 26 décembre 1838 (Dalloz, 1839, 3, 5), et par M. Curasson,

N° 33.

MÊME ARRÊT.

La circonstance que les bestiaux étaient attelés ne peut, dans ce cas, enlever au fait son caractère de délit (1).

N° 34.

FORÊTS C. PREVOT.

Jugé, au contraire, que si l'adjudicataire, ou ses préposés, contreviennent à la clause du cahier des charges qui ne permet d'introduire des bestiaux dans les coupes qu'à la condition de les museler, ils rentrent, par ce seul fait, dans la généralité des dispositions prohibitives du code forestier (2).

tom. 1, p. 223. Voy. M. Dalloz, Jur. gén., V° *Forêts*, p. 736, art. 2, n° 5, et Dict. gén., V° *Forêts*, n°ˢ 189, 190, 945 et 946.

(1) Conf. arrêts de la cour de cassation, du 26 décembre 1806 (Dalloz, Jur. gén., V° *Forêts*, p. 777, note 2; — Baudrillart, Trait. gén., tom. 2, p. 106), et du 19 février 1825 (Baudrillart, Trait. gén., tom. 5, p. 537).

(2) Conf. arrêts de la cour de Nanci, des 27 janvier 1837 (Forêts contre : — Gérard, N° 2564; — Homer, N° 2565; — Colin, N° 2566; — Viesse, N° 2567; — Vahl, N° 2568; — Marchal, N° 2569; — Klein, N° 2570; — Scheffer, N° 2571;

Arrêt du 5 décembre 1834. — M. Troplong, pr.
—M. le Pr.-gén. concl. conf. — Me Louis, av. —
No 2570.

No 55.

MÊME ARRÊT.

Si les bestiaux qui ont été ainsi introduits dans
une coupe étaient attelés à une voiture, dans ce cas,

— M. Costé, pr. — M. le Pr.-gén. concl. conf.), 10 mars
1837 (Forêts contre : — Dourmeyer, No 2582 ; — Vagner,
No 2583 ; — M. Costé, pr. — M. Garnier, subst. du pr.-gén.,
concl. conf.), 17 avril 1839 (Forêts c. Galtier ; — M. Mourot,
pr. — M. le Pr.-gén. concl. conf. — No 2823), et 22 mai
1839 (*) (Forêts contre : — Bruant et Moriot, No 2840 ; —
Laurent et Husson, No 2841 ; — Renauld et Baux, No 2842 ;
— Christophe et Husson, No 2843 ; — Nicolas et Husson, No
2844 ; — Servas, No 2845 ; — Lhulière et Grandidier, No 2846 ;
—Renauld et autres, No 2847 ;—M. Mourot, pr.—M. le Pr.-
gén. concl. conf.); = de la cour de cassation, des 26 décembre
1806 (Dalloz, Jur. gén., Vo *Forêts*, p. 777, note 2 ; — Baudrillart, Trait. gén., tom. 2, p. 106), 15 février 1811 (Baudrillart, Trait. gén., tom. 2, p. 407), 3 décembre 1819 (Baudrillart, Trait. gén., tom. 2, p. 814), 7 janvier 1820 (Baudrillart,
Trait. gén., tom. 2, p. 820), 31 décembre 1824 (Baudrillart,
Trait. gén., tom. 5, p. 508), 19 février 1825 (Baudrillart,
Trait. gén., tom. 5, p. 557), 8 janvier 1830 (Baudrillart, Trait.
gén., tom. 4, p. 554), 26 mars 1830 (Sirey, 1830, 1, 269 ; —

(*) Cet arrêt a été recueilli par M. Dalloz, 1859, 2, 257.

c'est l'art. 147, et non l'art. 199 c. forest., qui doit être appliqué à ce genre de délit (1).

Baudrillart, Trait. gén., tom. 4, p. 552), 15 mars 1833 (Baudrillart, Trait. gén., tom. 4, p. 615), 16 mai 1834 (Dalloz, 1834, 1, 359 ; — Baudrillart, Trait. gén., tom. 5, p. 44), et 21 août 1835 (Dalloz, 1835, 1, 418 ; — Baudrillart, Trait. gén., tom. 5, p. 229).

(1) Cette question, qui a déjà dû se présenter souvent devant les tribunaux, n'a pas encore donné lieu à un seul pourvoi en cassation. Cependant, la cour suprême l'a implicitement résolue, dans un sens contraire à la décision que l'on vient de rapporter, par plusieurs arrêts qui sont cités dans la note précédente. En effet, on sait qu'elle a constamment décidé que la contravention à la clause du cahier des charges qui défend aux adjudicataires d'introduire dans les coupes des animaux non muselés, constitue par elle-même un acte répressible : or, parmi les nombreuses affaires de ce genre qui lui ont été soumises depuis la promulgation du code forestier, il en est quelques-unes qui présentaient toutes les circonstances dont le concours est nécessaire pour que l'art. 147 puisse être appliqué, et, cependant, elle s'est toujours prononcée, dans ce cas, en faveur de l'art. 199, sans, toutefois, indiquer les raisons sur lesquelles est fondée la préférence qu'elle a cru devoir lui accorder. Ainsi, d'après ce système, la circonstance que les bestiaux étaient attelés à une voiture ne pourrait apporter aucune modification dans l'application de la peine; les délits résultant de cette infraction aux clauses du cahier des charges rentreraient, d'une manière générale et absolue, sous l'empire des dispositions répressives de l'art. 199 du code forestier. Mais il nous est impossible d'admettre cette doctrine de la cour de cassation. D'abord, il faut reconnaître que l'administration forestière n'a pas le droit de sanctionner elle-même, par

N° 36.

MÊME ARRÊT.

Le voiturier d'un adjudicataire qui est personnellement poursuivi, pour avoir contrevenu à la

des pénalités arbitraires , les obligations qu'elle impose aux adjudicataires; car, lui accorder un semblable pouvoir, ce serait lui
permettre de substituer sa propre autorité à celle du législateur.
Si une clause du cahier des charges n'a pas été fidèlement exécutée, il faut, pour savoir quelle est la peine applicable à cette
contravention, recourir aux règles du droit commun. Or, quelles
sont les dispositions du code forestier qui ont prévu le cas où les
animaux trouvés en délit, dans les bois, sont attelés à une voiture ? Ces dispositions sont renfermées dans l'art. 147, qui porte
que: « Ceux dont *les voitures*, bestiaux, etc., etc., seront trouvés
dans les forêts, hors des routes et chemins ordinaires, seront
condamnés, etc., etc. » S'agit-il , au contraire, d'animaux non
attelés ? C'est alors, mais alors seulement, que l'art. 199 doit être
appliqué. La distinction que nous venons d'établir est textuellement écrite dans la loi. En effet, après avoir dit, dans le
§ 1er de l'art. 147, que les délinquants seront condamnés , par
chaque voiture qu'ils auront introduite dans les forêts, hors des
chemins dont la fréquentation est autorisée, à une amende de
10 francs, pour les bois de dix ans et au-dessus, et de 20
francs , pour les bois au-dessous de cet âge , les rédacteurs du
code ont ajouté, dans le paragraphe suivant, que l'amende,
par chaque tête ou espèce de bestiaux *non attelés*, serait la
même que celle qui est fixée, pour délit de pâturage, par l'art.
199. Par conséquent, si une voiture, attelée d'animaux non

disposition du cahier des charges qui défend d'introduire dans les coupes des voitures attelées d'a-

muselés, a été trouvée dans une coupe, c'est-à-dire, hors des
routes ordinaires de la forêt dans laquelle on l'a introduite (car,
cette désignation *dans une coupe*, comme l'a fort bien jugé la
cour de Nanci, par l'arrêt dont on vient de présenter l'analyse,
exclut nécessairement l'idée d'un chemin de cette nature), pourquoi refuserait-on d'appliquer à l'adjudicataire l'art. 147 ? A ce
texte, si clair et si précis, pourquoi en substituerait-on un autre
qui est évidemment étranger à ce genre de contravention? Voyez,
cependant, quelle singulière doctrine ! D'après la jurisprudence
de la cour de cassation et de la plupart des cours royales, l'inobservation des conditions sous lesquelles l'administration
forestière autorise l'introduction des bestiaux dans les coupes
constitue un véritable délit. Pour arriver à cette conséquence,
il faut, de toute nécessité, reconnaître que les infractions aux
clauses du cahier des charges rentrent dans la généralité des
dispositions prohibitives du code forestier, toutes les fois qu'elles
n'ont pas été spécialement prévues dans la section relative aux
exploitations, et, cependant, par une contradiction vraiment
inexplicable, on décide que l'adjudicataire est passible des
peines de l'art. 199, lorsque, au contraire, il est démontré
jusqu'à l'évidence que le fait pour lequel il est poursuivi présente tous les caractères du délit spécifié en l'art. 147 !! On
prétend que, dans ce cas, il doit être soumis à l'empire de
la loi commune, et lorsqu'il s'agit de lui faire l'application de
ce principe, on crée à son égard un droit exceptionnel !!! Aux
personnes qui seraient disposées à soutenir l'opinion que nous
combattons en ce moment, nous pourrions, pour toute réponse,
proposer le dilemme suivant : Si, lorsqu'il est question de l'introduction prohibée d'une voiture dans une coupe, vous con-

nimaux non muselés , est passible des peines de l'art. 147 c. forest., le cahier des charges ayant

sidérez comme une abstraction purement théorique la distinction que le législateur a établie entre les deux délits prévus par les art. 147 et 199 ; si, dans cette circonstance, vous pensez qu'il n'existe, en réalité, aucune différence entre eux et qu'ainsi leur répression doit être la même ; si, enfin, par une sorte de faveur capricieuse et arbitraire, vous décidez que , dans le concours de ces deux dispositions pénales , c'est l'art. 199 qui doit ici obtenir la préférence, quoique, cependant, il résulte clairement de sa combinaison avec l'art. 147 qu'il s'est exclusivement oc-cupé du cas où les animaux, surpris en délit, dans les bois , *ne sont pas attelés*, comme les termes dans lesquels il est conçu ne comportent aucune exception , il faudrait , par conséquent, d'après votre système , l'appliquer, d'une manière générale et absolue , à tous les individus dont les voitures seraient trouvées hors des routes et chemins ordinaires des forêts dans lesquelles elles auraient été introduites. Mais, alors, que deviendrait l'art. 147 ? Quel rôle lui feriez-vous jouer dans notre législation fo-restière ? Si , au contraire , vous reconnaissez avec nous que ces deux textes ont réellement prévu deux hypothèses différentes , vous êtes par là même obligés de convenir que les dispositions de l'art. 147 sont applicables à l'adjudicataire comme à tout autre délinquant ; car, elles ont le même caractère de généralité que celles de l'art. 199. En un mot, quelle que soit celle de ces deux propositions que vous croirez devoir adopter, il faut néces-sairement que vous l'admettiez avec toutes ses conséquences.

Mais, dira-t-on peut-être, l'introduction des voitures dans les coupes en exploitation étant implicitement autorisée par le cahier des charges, elle ne peut, dès lors, constituer un délit qu'à raison des animaux qui sont attelés à ces voitures sans être

force de loi, non seulement pour les adjudicataires,
mais aussi pour leurs voituriers et autres employés,

munis d'une muselière ; ce sont donc les animaux qui sont, dans
ce cas, les véritables instruments du délit, et il paraîtrait d'autant plus rationnel d'appliquer ici l'art. 199, que l'amende se
trouverait ainsi proportionnée au nombre des animaux qui sont
le sujet ou l'occasion d'un dommage. A cette objection nous ré-
pondrons que si les juges sont tenus de se renfermer dans la
stricte application de la loi ; s'ils ne peuvent, sous aucun prétexte, s'écarter des règles qu'elle leur a tracées, c'est en matière pénale surtout qu'ils doivent prendre garde de porter atteinte à ce principe tutélaire. Quelquefois il arrive qu'un fait ne
constitue ni crime, ni délit, quoique, cependant, il soit sévè-
rement réprouvé par la morale (on peut en voir un exemple
remarquable dans un arrêt de la cour de Nanci, du 29 janvier
1840, rapporté par M. Dalloz, 1840, 2, 49) ; si, néanmoins,
le tribunal devant lequel on en poursuit la répression pense que
l'intérêt public exige qu'une action aussi coupable ne reste pas
impunie ; si, en conséquence, il lui applique, par voie d'analogie, une pénalité qui a été établie pour un cas à peu près semblable, il peut, du moins, se prévaloir du silence du législateur
pour chercher à justifier cette interprétation arbitraire. Mais
violer sans aucune nécessité les dispositions les plus précises et
les plus formelles de la loi ! Ainsi, par exemple, prétendre que
l'art. 199 c. forest. est applicable à l'adjudicataire qui a introduit
des animaux *attelés* sur le parterre de sa coupe, sans observer les
règles prescrites à cet égard par le cahier des charges, lorsque, à
côté de ce texte, il en existe un autre qui se réfère d'une manière
plus directe et plus spéciale à ce genre de délit ! Voilà, en vérité,
une théorie pénale qu'il nous est impossible de comprendre !
Nous n'avons trouvé qu'un seul argument en sa faveur, et

et, par conséquent, c'est à tort que le prévenu serait
acquitté sous le double prétexte que le fait seul de

encore nous ne pensons pas qu'on puisse sérieusement le
proposer; car, pour faire une semblable objection, il faudrait ignorer les principes les plus élémentaires de notre droit.
Quelles sont donc les autres raisons qu'on peut invoquer à l'appui de cette étrange doctrine? C'est un secret que la cour de
cassation daignera peut-être un jour nous révéler : jusque-là,
qu'il nous soit permis de ne pas partager son opinion.

La cour de Nanci a d'abord jugé dans le même sens que la
cour suprême la question que nous venons d'examiner (arrêts des
30 juin 1829, 29 décembre 1829 et 8 mars 1833). Mais nous
ignorons également quels sont les motifs qui ont pu la déterminer à embrasser cette jurisprudence ; car, elle a imité à cet
égard le silence de la cour de cassation. Une fois seulement, depuis la promulgation du code forestier jusqu'en 1834 inclusive-
ment, elle a décidé que le délit résultant de l'introduction d'un
attelage non muselé sur le parterre d'une coupe en exploitation
rentrait sous l'aplication de l'art. 147 (voy. la notice ci-dessus).
« *Attendu*, porte cet arrêt, *que, d'après le procès-verbal, les
deux bœufs non muselés étaient attelés à une voiture et qu'ils ont
été trouvés dans une coupe ; que cette désignation DANS UNE
COUPE exclut l'idée d'une route ou d'un chemin ordinaire ; qu'il
résulte, par conséquent, de ces termes du procès-verbal, un
double motif de faire ici l'application de l'art. 147 , comme plus
catégorique et plus spécial à la cause que l'art* 199. » La cour de
Nanci est ensuite revenue à l'opinion qu'elle avait adoptée dans
le principe, et elle l'a suivie, d'une manière invariable, pendant
une période de cinq années (arrêts des 27 janvier 1837, 17 avril
et 22 mai 1839). Enfin, elle l'a encore une fois abandonnée, il y
a quelques mois (arrêt du 4 mars 1840), pour consacrer de

cette introduction ne constitue pas un délit, et que,
dans tous les cas, ce ne serait que contre l'adjudicataire que la répression pourrait en être poursuivie.
— On doit le décider ainsi, surtout lorsque le voi
turier est propriétaire des animaux trouvés dans la
coupe, et que, d'un autre côté, il est seul désigné
dans le procès-verbal (1).

N° 37.

MÊME ARRÊT.

Si le procès-verbal de reprise indique que la
coupe où les bestiaux ont été introduits *était en
usance pour l'ordinaire de l'année courante*, il fait par
là même connaître que le taillis était âgé de moins
de dix ans.

N° 38.

MÊME ARRÊT.

Le délit résultant de cette introduction ne peut
donner lieu à des dommages-intérêts, si rien, dans
la cause, n'indique qu'il y ait eu préjudice causé.

nouveau celle qu'elle avait sanctionnée par son arrêt de 1834.
Tel est le dernier état de sa jurisprudence sur cette question.

(1) Conf. arrêts de la cour de Nanci, du 7 août 1839 (Forêts
c. Petit; — M. Mourot, pr. — M. Poirel, av.-gén., concl.

§ III.

De la responsabilité de l'adjudicataire.

—

N° 39.

FORÊTS C. VERNER.

L'adjudicataire est responsable de tous les délits commis dans sa vente et à l'ouïe de la cognée, encore bien que la date n'en soit point fixée, s'il ne les a pas fait régulièrement constater, soit avant, soit pendant l'exploitation, et le tribunal ne peut, dès lors, sans violer la loi, l'admettre à prouver par témoins que le délit pour lequel il est poursuivi remonte à une époque antérieure à la délivrance du permis d'exploiter (1).

conf. — N° 2864); = de la cour de cassation, des 16 mai 1834 (Dalloz, 1834, 1, 359), et 21 août 1835 (Baudrillart, Trait. gén., tom. 5, p. 229 ; — Dalloz, 1835, 1, 418).

(1) Ordonn. de 1669 : — Tit. 15, art. 39. — « Les facteurs et gardes-ventes établis par les marchands, pour l'usance et débit de leurs ventes, prêteront le serment entre les mains du grand-maitre, du maitre particulier, ou du lieutenant, sans aucuns frais ni droits ; feront leur rapport des délits qui seront commis à la réponse de leurs ventes, qu'ils feront signer par deux témoins, ou attester (en cas qu'ils ne puissent signer) par-devant

Arrêt du 5 décembre 1835. — M. Moreau, pr. —
M. Bresson, av.-gén., concl. conf. — N° 2456.

l'un des juges de la maîtrise, à peine de nullité; et, si le délit
est fait de nuit, à feu, ou à scie, le procès-verbal du facteur
fera foi, après l'avoir attesté véritable par serment; lesquels
procès-verbaux ils mettront au greffe, et en retireront le certificat du greffier, pour le plus tard, trois jours après que les délits
auront été commis; et, en ce faisant, les marchands en demeureront déchargés, et les délinquants condamnés en l'amende
au pied le tour, ainsi que des autres délits, par les officiers de
la maîtrise, à la diligence de notre procureur, dans huitaine du
jour du rapport, à peine d'en répondre en leurs noms. » —
Art. 50. « Avant que de faire exploiter les ventes, les marchands
pourront faire procéder au souchetage, par-devant le maître particulier, en présence du garde-marteau et du sergent à garde,
par deux experts, desquels l'un sera nommé par notre procureur de la maîtrise, et l'autre de leur part; dont il sera dressé
procès-verbal, sans frais ni droits, à peine de concussion, à la
réserve des journées des soucheteurs, qui seront taxées par le
maître et payées par le sergent collecteur des amendes; dans
lequel procès-verbal seront employés le nombre de souches qui
auront été trouvées, leur qualité et grosseur, et demeurera au
greffe de la maîtrise, pour y avoir recours et s'en servir lors du
récolement. » — Art. 51. « Les marchands demeureront responsables de tous les délits qui se feront, à l'ouïe de la cognée, aux
environs de leurs ventes, estimés, pour les bois de cinquante
ans et au-dessus, à cinquante perches, et à vingt-cinq perches,
pour ceux depuis cinquante ans et au-dessous, si les marchands,
ou leurs facteurs, n'en font leurs rapports. » — Il semblerait résulter
de ce dernier article que les adjudicataires n'étaient responsables
que des délits commis *aux environs de leurs ventes*, et non de

N° 40.

GERMAIN C. FORÊTS.

La probabilité que les délits que l'adjudicataire a négligé de faire constater, et pour lesquels il est poursuivi, ont été commis par des malveillants, dans l'intervalle qui s'est écoulé entre la vidange et le

ceux qui avaient eu lieu *dans l'intérieur de leurs coupes*. Mais les doutes qui auraient pu s'élever à cet égard étaient complètement dissipés par l'art. 21 du titre des charges ordinaires des ventes, qui portait que les marchands étaient responsables des délits, fautes, abus et malversations qui seraient commis, *tant dedans qu'alentour de leurs ventes*, pendant l'usance et exploitation, jusqu'à ce qu'elles eussent été rendues et récolées.

La question raportée sous cette notice a encore été résolue dans le même sens, par un autre arrêt de la cour de Nanci, du 17 novembre 1837 (Marlier et Helluy c. Forêts ; — M. Costé, pr. — M. le Pr.-gén. concl. conf. — N° 2666), et par sept arrêts de la cour de cassation, des 26 juillet 1810 (Baudrillart, Trait. gén., tom. 2, p. 557), 14 mai 1829 (Dalloz, 1829, 1, 242 ; — Sirey, 1829, 1, 430), 31 mai 1833 (Baudrillart, Trait. gén., tom. 4, p. 629 ; — Dalloz, 1833, 1, 370), 15 novembre 1833 (Dalloz, 1834, 1, 57 ; — Baudrillart, Trait. gén., tom. 4, p. 665), 8 mai 1835 (Dalloz, 1835, 1, 290 ; — Sirey, 1835, 1, 765), 25 avril 1836 (Dalloz, 1836, 1, 225), et 18 mai 1838 (Dalloz, 1838, 1, 462 ; — Sirey, 1838, 1, 920).= On peut aussi consulter sur cette question deux autres arrêts rendus par la cour suprême, le 23 janvier 1807 (Baudrillart, Trait. gén., tom. 2, p. 113), et le 22 décembre 1831 (Dalloz, 1832, 1, 43).

récolement de sa coupe, ne peut, quand bien même il serait vrai, comme il le prétend, qu'il a été tardivement procédé à cette dernière opération, le mettre à l'abri de la responsabilité qui lui est imposée par la loi (1).

(1) La cour de cassation a plusieurs fois jugé que la disposition de l'art. 1er, tit. 16, de l'Ordonnance de 1669 (*) relative au délai dans lequel il devait être procédé au récolement, n'était point irritante et absolue, mais seulement excitative et comminatoire, et que, du retard apporté aux récolements des coupes, par les officiers de l'administration forestière, il ne résultait point

(*) Ordonn. de 1669, tit. 16, art. 1er : « Les récolements de toutes les ventes se feront, pour le plus tard, six semaines après les temps de vidange expirés, par les maîtres particuliers, en présence de notre procureur, du garde-marteau, greffier, sergent de la garde, arpenteur et soucheteur qui auront fait l'arpentage et souchetage, et du lieutenant, si bon lui semble, sans qu'il puisse prendre aucuns droits, qu'en l'absence du maître ; et, à cet effet, seront les marchands adjudicataires mandés, huit jours auparavant, pour convenir du jour, et d'autres arpenteurs et soucheteurs, pour faire nouvel arpentage et souchetage des ventes. »

L'art. 26 du règlement général du 4 septembre 1601 portait qu'il ne devait être accordé de congé de cour qu'après le jugement et la réparation des délits trouvés dans les ventes.

Art. 25 et 12 des règlements des 14 et 25 Juin 1602 : « Enjoignons aux officiers de ne faire délivrance de bois à aucuns usagers, soit pour bâtir et réparer, chauffage de four ou autrement, sinon à la charge de la rendre bien usée et vidée dans tel temps compétent qu'ils pourront leur préfixer, eu égard à la quantité d'icelle, et de demeurer, lesdits usagers, responsables des délits qui pourraient y être commis, au son et ouïe de la coignée, suivant l'ordonnance ; et, ledit temps de traite et de vidange expiré, de faire faire la reddition des dernières délivrances et perquisitions des délits. »

Arrêt du 22 décembre 1829. — M. Chippel, pr.
— M. Adam, cons. aud., concl. conf. — Mᵉ Bresson,
av. — Nᵒ 1750.

une nullité radicale de leurs procès-verbaux ; que, seulement, il
y avait lieu de leur appliquer, à raison de leur négligence, les
peines que l'art. 10, tit. 4, de l'ordonnance (*) prononçait
personnellement contre eux ; que s'il était, néanmoins, permis
aux adjudicataires de faire cesser leur responsabilité, après le
délai exigé par la loi, pour la visite des coupes vidées, cela ne
pouvait être que dans le cas où ils avaient mis régulièrement en
demeure l'administration forestière, pour qu'il fût procédé au
récolement de leur vente, conformément à la loi ; que cette
mise en demeure ne pouvait résulter que d'un acte authentique,
par la certitude de sa date et par le caractère de l'officier qui le
certifie, par la raison qu'un acte de cette importance doit être
positif sur sa réalité, et qu'il doit écarter tout soupçon sur la

(*) Ordonn. de 1669, tit. 4, art. 10 : « Les maîtres particuliers feront
les récolements des ventes usées dans nos forêts, bois et buissons, six
semaines après le temps de coupe et vidange expiré......; et seront
tenus, avant le 1ᵉʳ décembre de chacune année, de dresser un état des
sur-mesures et outrepasses qu'ils auront trouvées lors du récolement
des ventes de nos bois......; lequel état contiendra les sommes par le
détail de chacune nature, le nom des adjudicataires et cautions, qui sera
signé du lieutenant, notre procureur, du garde-marteau et greffier de
la maîtrise, duquel ils délivreront autant au receveur-général des bois,
s'il y en a d'établi, ou du domaine, pour en faire le recouvrement, et
en enverront autant au grand-maître, avant le quinzième décembre,
afin de le comprendre dans l'état général qu'il est tenu de faire du produit de nos forêts, pour être par lui envoyé à notre conseil, ès mains
du contrôleur-général de nos finances, le tout à peine, contre les maîtres,
d'interdiction de leurs charges et d'amende arbitraire. »

N° 41.

FORÊTS C. LORRAIN.

Pour que l'adjudicataire n'encoure aucune responsabilité, il n'est pas nécessaire que le procèsverbal dressé par le garde-vente fasse connaître les délinquants; il suffit qu'il ait été rédigé et remis à l'agent forestier dans les formes et dans le délai prescrits par la loi, et qu'il indique les recherches infructueuses qui ont été faites pour découvrir les auteurs du délit.

Arrêt du 15 février 1833. — M. Rolland de Malleloy, f. f. pr. — M. le Pr.-gén. (*s'en est rapporté à la prudence*); — N° 2149 (1).

possibilité d'une connivence entre les adjudicataires des coupes et des agents subalternes complaisants ou prévaricateurs. Arrêts des 9 octobre 1807 (Baudrillart, Trait. gén., tom. 2, p. 170; — Gagneraux, tom. 1, p. 180, § 6), 6 et 28 juillet 1809 (Baudrillart, Trait. gén., tom. 2, p. p. 287 et 295), 2 novembre 1810 et 20 août 1819 (Dalloz, Jur. gén., V° *Forêts*, p. p. 757 et 758), 23 juin 1827 (Baudrillart, Trait. gén., tom. 5, p. 519), 25 janvier et 12 septembre 1828 (Baudrillart, Trait. gén., tom. 4, p. p. 58 et 116). — Les principes développés dans ces arrêts de la cour de cassation ont été consacrés par les art. 45 et 47 c. forest.

(1) Cet arrêt a été confirmé par la cour de cassation, le 17 août 1833. Il est conçu en ces termes : « La cour : — Attendu,

N° 42.

FORÊTS C. PILOTELLE.

Lorsqu'un adjudicataire qui est poursuivi pour des délits commis dans un bois voisin de sa coupe, à

en droit, que les adjudicataires ne sont responsables des délits commis dans leurs ventes et à l'ouïe de la cognée, qu'autant qu'il n'en a pas été fait rapport par leurs facteurs ou gardes-ventes ; — Que l'art. 45 c. forest. n'exige pas, pour la décharge de l'adjudicataire, que ces rapports indiquent ou fassent connaître les délinquants ; — Qu'il résulte, au contraire, de la combinaison de cet art. 45 avec l'art. 51, que, pour que les rapports des facteurs ou gardes-ventes opèrent la décharge de l'adjudicataire, il suffit qu'ils remplissent ces deux conditions, 1°, d'avoir été soumis aux mêmes formalités que ceux des gardes forestiers, et, 2°, d'avoir été remis à l'agent forestier dans le délai de cinq jours ; — Qu'il est tellement vrai que la désignation des délinquants, dans les rapports, n'est pas nécessaire pour décharger les adjudicataires, qu'une disposition formelle portant que les procès-verbaux ne pourraient décharger l'adjudicataire qu'autant qu'ils indiqueraient les délinquants, a été retranchée du premier projet du code où elle se trouvait textuellement écrite ; — Qu'il suffit donc aujourd'hui, dans l'état de la législation, que le garde-vente ait fait preuve de diligence et constaté l'impossibilité où il s'est trouvé de découvrir les délinquants, pour que la responsabilité de l'adjudicataire soit à couvert ; — Attendu, en fait, qu'il a été reconnu et avoué, par l'administration forestière, que le délit qui fait l'objet du procès-verbal du 22 mai 1832 et des poursuites dirigées contre Joseph Lorrain,

l'ouïe de la cognée et dans l'étendue de sa réponse légale, prétend, pour sa justification, qu'entre la

en sa qualité d'adjudicataire, avait été constaté par un procès-verbal en bonne forme, dressé par son garde-vente et remis à l'agent forestier dans les cinq jours; que, dès lors, le sieur Lorrain est déchargé de toute responsabilité à cet égard et n'est passible d'aucune condamnation; — Par ces motifs : — Rejette l'appel (*). »

Arrêt de la cour de cassation ; — « La cour : — Attendu que, d'après l'art. 45 c. forest., qui n'a fait que reproduire les dispositions de l'art. 51 de l'Ordonnance de 1669, l'adjudicataire est responsable de tout délit commis dans sa vente et à l'ouïe de la cognée, si le garde-vente n'en fait son rapport, qui doit être remis à l'agent forestier, dans le délai de cinq jours; — Attendu qu'il résulte de l'ensemble des dispositions de la loi que, pour satisfaire à cette obligation, le rapport doit faire connaître les délinquants, ou, du moins, les diligences qui ont été faites pour les découvrir; — Attendu qu'il résulte du procès-verbal du 11 mars 1832, qui a servi de base à l'arrêt attaqué, et de cet arrêt lui-même, que le garde-vente a dûment constaté le délit, et fait les diligences nécessaires pour en faire découvrir les auteurs; — Qu'ainsi, en relaxant le sieur Lorrain de toute poursuite dans cet état des faits, l'arrêt attaqué n'a violé aucune loi; — Rejette. » (Dalloz, 1833, 1, 376).

Voy., sous les notices 2 et 39, les articles 9, tit. 10, et 39, tit. 15, de l'Ordonn. de 1669.— Conf. arrêts de la cour de cas-

(*) Dans l'espèce, le garde-vente avait constaté, dans son rapport, qu'aussitôt après avoir découvert le délit, il en avait averti le garde forestier de la commune qui s'était transporté avec lui sur le lieu où il avait été commis, afin d'en faire lui-même la reconnaissance.

limite de sa coupe et la forêt voisine, il existe des terres et des vignes appartenant à des particuliers, il y a lieu d'ordonner, avant faire droit, la vérification du fait par lui allégué.

Arrêt du 8 mars 1828. — M. Chippel, pr. — M. Troplong, av.-gén., concl. contr. — Mᶜ Fabvier, av. — Nº 1549 (1).

sation, des 14 mars 1829 (Baudrillart, Trait. gén., tom. 4, p. 225 ; — Sirey, 1829, 1, 431), 24 juin 1837 (Sirey, 1838, 1, 283), et 9 mars 1838 (Dalloz, 1838, 1, 512 ; — Sirey, 1838, 1, 919) ; = M. Dalloz, Jur. gén., Vº *Forêts*, p. 737, art. 5, nº 5 ; — M. Garnier, p. 56 ; — M. Curasson, tom. 1, p. 202 ; — M. Baudrillart, Comment., tom. 2, p. 67.

(1) Cet arrêt, qui a été cassé le 25 juillet 1828, est conçu dans les termes suivants : « La cour : — Attendu que les motifs qui ont déterminé le tribunal à surseoir jusqu'après le récolement n'étant pas exprimés, on doit annuler le jugement dont est appel ; — Attendu qu'il a été proposé, de la part de l'adjudicataire, devant les premiers juges, que la coupe qui lui avait été adjugée était limitée par des terres et des vignes ; qu'au delà était une portion de bois qui en était entièrement séparée par cette barrière naturelle ; que, sur l'appel, le fait n'a pas été expressément désavoué ; que l'on a observé que la responsabilité imposée à tout adjudicataire, pour les délits commis à l'ouïe de la cognée, n'admettait aucune distinction ; mais qu'avant de faire l'application des art. 51, tit. 15, et 5, tit. 32, de l'Ordonnance de 1669 (*), la cour croit nécessaire de connaître la lo-

(*) Voy., sous les notices 39 et 45, ces articles de l'Ordonnance de 1669.

N° 43.

FORÊTS C. LALLEMAND.

L'amende tiercée prononcée par l'art. 34 c. forest., pour abattage ou déficit d'arbres réser-

calité plus explicitement qu'elle n'est renseignée par le procès-verbal de reprise, et par les développements imparfaits fournis par la procédure ; — Par ces motifs : — Remet la cause à l'audience du 29 de ce mois, pendant lequel temps l'administration forestière s'expliquera sur les faits allégués dans les conclusions prises, en première instance, par Pierre Pilotelle, et, notamment, sur l'existence des terres et vignes limitrophes de son exploitation et la distance des deux taillis, de huit ans et de six ans, formant un autre bois séparé par les terres et vignes dont il s'agit, dans lequel le délit a été commis. »

Arrêt de la cour de cassation ; — « La cour : — Vu les articles 59 (*) et 51, tit. 15, de l'Ordonnance de 1669, desquels il résulte que les adjudicataires des coupes de bois demeurent responsables de tous les délits commis, *à l'ouïe de la cognée, aux environs de leurs ventes*, estimés, pour les bois de cinquante ans et au-dessus, à 50 perches, et à 25 perches, pour ceux depuis cinquante ans et au-dessous, lorsque ces adjudicataires, ou leurs facteurs, n'en ont pas fait leurs rapports ; qu'ainsi, à défaut de remplir ces obligations et les formalités que l'ordonnance leur prescrit, ils sont passibles des amendes relatives aux délits dont ils n'ont pas fait connaître les auteurs ;

(*) Cet article a été transcrit sous la notice 59.

vés, n'est, à l'égard des adjudicataires, que l'amende simple qui, aux termes de l'art. 202 du

— Et attendu que l'ordonnance, en déterminant, autour des ventes, l'étendue de terrain dans laquelle chacun des adjudicataires est responsable de tout délit, depuis la délivrance du permis d'exploiter jusqu'au congé de cour, ne fait aucune distinction, et, conséquemment, n'en admet aucune relativement à la nature du terrain environnant et compris dans *la réponse* desdites ventes; — Que la disposition de la loi est générale et absolue; qu'elle se borne à établir une base de responsabilité fondée uniquement sur une distance fixe, à partir de la limite de la coupe au lieu où s'est commis le délit, et n'exige qu'une condition indépendante de toute autre circonstance, c'est qu'à raison de cette distance le délit ait été commis *à l'ouïe de la cognée;* — Que si, pour faire disparaître la garantie légale dont est grevé l'adjudicataire, et à laquelle il s'est soumis par le cahier des charges, il suffisait qu'il y eût solution de continuité entre la masse de la forêt dont sa coupe dépend et d'autres portions de bois où, dans l'étendue de sa réponse, se commettent des délits dont il ne fait pas dresser des rapports, il en résulterait des inconvénients graves que, par une disposition applicable à toutes les circonstances, la loi a voulu prévenir; — Attendu, en fait, qu'un procès-verbal régulier, et dont les énonciations ne sont pas contestées, constate que l'agent et le garde forestier, auteurs de ce rapport, ont, dans les deux cantons du bois de Reffroy y désignés, reconnu : 1°, un chêne scié sur pied, depuis environ un mois, *à l'ouïe de la cognée,* distance de 200 mètres de la coupe du canton de Haymay, bois de Reffroy, de l'ordinaire de 1826, vendue au sieur Pierre Pilotelle; 2°, un autre chêne scié sur pied, dans le même canton, à la hauteur d'un mètre, et ayant deux mètres de pourtour, aussi *à*

même code, doit servir de règle aux dommages-intérêts.

l'ouïe de la cognée, distance de 100 mètres du canton de Varol, bois de Reffroy, vendu au même adjudicataire ; — Que, par suite de ce procès-verbal, Pilotelle ayant été traduit devant le tribunal correctionnel de Saint-Mihiel, pour s'y voir condamner aux peines par lui encourues, ce tribunal, sans prononcer les condamnations requises par l'administration, et sans renvoyer l'adjudicataire des poursuites, a, par un sursis contraire, tant a l'Ordonnance de 1669, qu'aux dispositions de la loi du 29 septembre 1791 (*), renvoyé l'affaire après le récolement des ventes dont il s'agit ; — Que, sur l'appel de ce jugement, interjeté par l'administration et par l'adjudicataire lui-même, la cour royale de Nanci a cru devoir l'annuler pour un vice de forme ; mais que, frappée du soutien fait par l'adjudicataire, que les coupes exploitées par lui, dans le bois de Reffroy, étaient limitées par des terres et des vignes, au delà desquelles était une portion de bois, séparée par cette barrière naturelle, et sur le motif que ce fait n'avait pas été expressément désavoué par l'administra-tion, qui s'était bornée à faire observer que la responsabilité imposée à tout adjudicataire, pour les délits commis *à l'ouïe de la cognée*, n'admettait aucune distinction, ladite cour royale a ordonné que, dans un délai fixé, l'administration des forêts serait tenue de s'expliquer sur les faits allégués par Pilotelle, et, notamment, sur l'existence des terres et vignes limitrophes de son exploitation, et la distance des deux taillis qui en sont l'objet, à l'autre bois séparé par des terres et vignes, et dans lequel les délits ont été commis ; — Que, par cet arrêt interlocutoire, la cour royale de Nanci a fait dépendre sa décision définitive de

(*) Voy. la note de la page 29.

Arrêt du 26 décembre 1838. — M. Mourot, pr.
M. Garnier, av.-gén., concl. conf. — N° 2778 (1).

la vérification d'un état de choses qui, fût-il reconnu conforme
aux allégations de l'adjudicataire , pouvait d'autant moins le
mettre à l'abri des poursuites , qu'il n'alléguait aucun empê-
chement apporté par qui que ce soit à l'accomplissement de ses
obligations ; qu'ainsi, ladite cour royale a nécessairement préjugé le fond ; qu'elle a supposé d'avance que la surveillance de
l'adjudicataire ne pouvait s'étendre au delà des bois voisins et
contigus à sa coupe, et que l'existence, dans les limites mêmes de
sa réponse légale, de terres intermédiaires entre ladite coupe et la
portion d'un bois voisin , comprise dans les mêmes limites, était
une circonstance suffisante pour le dégager de la responsabilité
que lui impose la loi ; — Qu'en préjugeant ainsi la question de
droit qui lui était soumise, et en prescrivant des explications sur
un fait de distance légalement constaté par un procès-verbal que
n'attaquait pas l'adjudicataire, la cour royale de Nanci a violé,
non seulement la foi due à cet acte , mais encore les art. 39 et
51, tit. 15, de l'Ordonnance de 1669, et, par suite, les art. 1 (*),
5 et 8, tit. 52, de la même ordonnance, dont elle avait à faire
l'application ; — Par ces motifs : — Casse, etc., etc. » (Baudrillart, Trait. gén., tom. 4, p. 101 ; — Dalloz, 1828, 1, 349).

(1) Dans l'espèce qui a donné lieu à cette décision, le tri-

(*) Ordonn. de 1669, tit. 52, art. 1er : « L'amende ordinaire, pour
délits commis depuis le lever jusques au coucher du soleil, sans feu et
sans scie , par personnes privées n'ayant charges , usages, ateliers, ou
commerce, dans nos forêts , bois et garennes, sera, la première fois, de
quatre livres, pour chacun pied de tour de chêne et de tous arbres fruitiers
indistinctement, même du châtaignier: cinquante sols, pour chacun pied
de tour de saulx , hêtre, orme, tillot, sapin , charme et frêne , et trente
sols, pour pied d'arbre de toute autre espèce, vert, en état, sec ou abattu.

N° 44.

FORÊTS C. DE GUAITA.

Un adjudicataire qui est poursuivi comme responsable d'un délit commis dans sa coupe, et contre

bunal de police correctionnelle de Montmédy avait sursis à statuer sur les poursuites jusqu'après le récolement de la coupe. Sur l'appel, le tribunal de Saint-Mihiel réforma ce jugement, par le motif que le fait pour lequel l'adjudicataire était poursuivi « constituait un délit, quel que pût être le résultat d'un récole- » ment postérieur ; qu'en effet, quand même, par suite du ré- » colement, le nombre des arbres réservés serait trouvé égal et » même supérieur à celui constaté par le procès-verbal de mar- » telage, il n'y aurait pas moins délit, et, par conséquent, lieu » à condamnation. » Mais, relativement aux dommages-intérêts, le tribunal de Saint-Mihiel décida « qu'ils ne devaient être alloués » qu'en raison de l'amende simple ; que tel était le vœu formel » et littéral de l'art. 202 c. forest. ; que si l'art. 34 porte que » l'amende sera tiercée contre les adjudicataires...., les dom- » mages-intérêts ne devant être que la représentation du tort » causé et ne pouvant qu'égaler le dommage, il n'y avait pas lieu » à prononcer nécessairement contre les adjudicataires des dom- » mages-intérêts égaux à l'amende *qui n'est pas simple*, mais » qui se complique en raison seulement de la qualité du pré- » venu. » En conséquence, au lieu de fixer à 95 fr. 05 c.,

et sera le tout pris et mesuré à demi pied près de terre. » — Voy. , sous les notices 59, 45 et 11, les articles 39 et 51, tit. 15, 5 et 8 ,tit. 32, de la même ordonnance.

lequel il a déjà été prononcé, dans les douze mois
précédents, une condamnation pour délit forestier,
est passible des peines de la récidive (1).

montant de l'amende, le taux des dommages-intérêts, le tribunal
le porta seulement à 71 fr. 30 c. Son jugement fut cassé, le 21
juillet 1838, et le procès renvoyé devant la cour royale de
Nanci. Voici le texte de l'arrêt que la cour de cassation a rendu
dans cette affaire : « La cour : — Vu les art. 34 et 202 c.
forest. ; — Attendu que l'amende tiercée prononcée contre
l'adjudicataire, pour abattage d'arbres marqués du marteau
royal dans sa coupe, est une amende simple, puisqu'il n'en
existe pas d'inférieure ; que les art. 200 et 201 du même code
sont étrangers à l'adjudicataire ; que l'art. 202 ne permet pas
d'allouer une somme de dommages-intérêts inférieure à l'amende
simple, et que, dans l'espèce, le jugement attaqué a arbitré les
dommages-intérêts à une somme inférieure à l'amende prononcée contre le sieur Lallemand ; d'où il suit que le jugement attaqué a faussement interprété ledit article 202, en le rapprochant
des art. 200 et 201, tandis qu'il devait le combiner avec l'art.
34 ; — Par ces motifs : —Casse et annule, etc. , etc. » (Sirey,
1839, 1, 543).

Le même jour, 26 décembre 1838, la cour de Nanci a rendu
une décision semblable dans une autre affaire dont la connaissance lui avait aussi été attribuée par la cour de cassation, et
qui avait été jugée, sur appel, comme la précédente, par le tribunal de police correctionnelle de Saint-Mihiel. Guillemin c.
Forêts ; — N° 2777.

(1) Conf. arrêts de la cour de Nanci, des 23 décembre 1828
(Forêts c. Jeannequin ; — M. Chippel, pr. — M. Saladin,
subst. du pr.-gén., concl. conf. — N° 1650), 5 décembre
1833 (Forêts c. Ristrophe ; — M. Moreau, pr. — M. Bresson,

Arrêt du 8 novembre 1828. — M. de Roguier, f.
f. pr. — Me Bresson, père, av. — N° 1624.

N° 45.

FORÊTS C. BOUCHÉ ET MAIX.

L'adjudicataire qui est poursuivi à raison d'un délit
qui a été accompagné d'une circonstance aggravante,
doit être condamné, comme le délinquant lui-même,
à la double amende (1).

av.-gén., concl. conf. — N° 2457), et 10 mars 1837 (Forêts
c. Cerf; —M. Costé, pr. —N° 2578).—Arrêt contraire de la même
cour, du 1er mars 1833 (Forêts c. Bouché et Maix; —M. Rolland
de Malleloy, f.f. pr. — M. le Pr.-gén. concl. — N° 2156).

Ordonn. de 1669, tit. 32, art. 6: — « Voulons que toutes
les personnes ci-dessus soient privées, en cas de récidive, savoir :
les officiers, de leurs charges ; les marchands, de leurs ventes,
et les usagers, de leurs droits et coutumes, et que tous soient
bannis à perpétuité des forêts, sans qu'ils puissent espérer
aucunes lettres de pardon, rétablissement, commutation et
rappel de ban, que nous défendons à notre amé et féal chancelier
de sceller, et à tous juges d'entériner, nonobstant commandement ou jussions contraires, déclarant, dès-à-présent, nulles et
de nul effet et valeur toutes celles qui pourraient être obtenues. »

Les ordonnances de 1518 et 1588, art. 26 et 27, voulaient
qu'en cas de récidive, les marchands fussent punis corporellement et bannis à toujours des forêts. (Voy., ces articles sous
les notices 3 et 11).

(1) Conf. arrêt de la cour de cassation, du 26 décembre 1833
(Baudrillart, Trait. gén., tom. 4, p. 675). — Ordonn. de

Arrêt du 1er mars 1833.—M. Rolland de Malleloy , f. f. pr. — M. le Pr.-gén. concl. conf. — Mᵉ Mamelet, av. — Nᵒ 2156.

§ IV.

De la vidange des coupes.

—

Nᵒ 46.

FORÊTS C. VACHERON.

Si, après avoir enlevé, dans le délai fixé par le cahier des charges, les bois qui proviennent de son exploitation, et les avoir fait déposer sur un terrain situé hors de l'enceinte de la forêt, l'adjudicataire s'est vu forcé, par suite d'une inondation, d'en faire transporter de nouveau une partie sur le parterre de

1669 , titre 32 , art. 5 : — « Si les délits se trouvent avoir été commis depuis le coucher jusques au lever du soleil, par scie, ou par feu, soit par les officiers des forêts, ou des chasses, arpenteurs, layeurs, gardes, usagers, coutumiers, pâtres, paissonniers, marchands ventiers et leurs facteurs, gardes-ventes, bûcherons, charbonniers, charretiers, maîtres de forges, fourneaux, tuiliers, briquetiers, et tous autres employés à l'exploitation des forêts et les ateliers des bois en provenant, l'amende sera double. » — Voy. aussi l'ordonnance de 1588 rapportée sous la notice 11.

la coupe, ce transport, quoique effectué après l'époque fixée pour la vidange, ne constitue aucun délit ; seulement, il peut en résulter, contre l'adjudicataire, une action civile en dommages-intérêts (1).

Arrêt du 27 janvier 1837. — M. Costé, pr. — M. le Pr.-gén. concl. conf. — Mᵉ Conégliano, av. — Nᵒ 2563.

Nᵒ 47.

BALLAND C. FORÊTS.

Un adjudicataire qui n'a pas effectué la vidange de sa coupe dans le délai fixé par le cahier des charges,

(1) Ordonnance de 1515, art. 31 : « ... Auront (*les marchands*) demi an de vuidange, outre le dernier payement de la vente, qui sera de trois ans passez, s'il n'y a bonne cause de les mettre à plus longtemps... »

Ordonn. de 1669 : — Tit. 15, art. 40. « Les bois, tant de futaie que taillis, seront coupés et abattus dans le quinzième d'avril, et le temps des vidanges réglé par le grand-maître, suivant la possibilité des forêts, à peine d'amende arbitraire et de confiscation des marchandises contre les adjudicataires, sans que les officiers puissent accorder aucune prorogation, pour coupes et vidanges, sous pareille peine d'amende arbitraire et de privation de leurs charges. » — Art. 41. « Si, toutefois, les marchands étaient obligés, par de justes considérations, de demander quelque prorogation de délai, pour couper et vider les ventes, ils se pourvoiront en notre conseil, pour, au rapport du contrôleur-général de nos finances, leur être par nous pourvu de ce qu'il appartiendra, sur les avis des grands-maîtres. »

doit être condamné à des dommages-intérêts égaux à la valeur estimative des bois qu'il a négligé de faire enlever en temps utile, quand bien même ces bois ayant été convertis en charbon, il serait ainsi résulté de ce retard un dommage beaucoup moins considérable que s'ils eussent été laissés en nature sur le parterre de la coupe, l'art. 40 c. forest. ne faisant aucune distinction à cet égard (1).

Arrêt du 17 novembre 1857. — M. Costé, pr. — M. le Pr.-gén. concl. conf. — Mᶜ Volland, av. — Nᵒ 2665.

§ v.

Des réarpentages et récolements.

—

Nᵒ 48.

FORÊTS C. MUNIER ET AUTRES.

Est nul un procès-verbal de récolement qui n'a pas été enregistré dans les quatre jours qui ont suivi celui de sa clôture (2).

— Art. 47. « Les temps des coupes des bois et vidanges désignés par les adjudications étant expirés, s'il se trouve des bois dans les ventes sur pied et abattus, ils seront confisqués à notre profit, et le gisant incessamment transporté hors de la forêt. »

(1) Voy. les citations mises au bas de la notice précédente.

(2) Deux arrêts de la cour de cassation, rendus avant la pro-

Arrêt du 13 août 1830.—M. Rolland de Malleloy,
f. f. pr. — M. Adam, cons. aud., concl. — N° 1836.

mulgation du code forestier, ont jugé que les procès-verbaux de
récolement ne pouvaient être annulés pour n'avoir pas été enre-
gistrés dans les quatre jours, ces procès-verbaux n'étant soumis
à cette formalité qu'au moment où les actions qui en résultent
sont exercées. (Arrêts du 8 avril 1808, Baudrillart, Trait. gén.,
tom. 2, p. 197; — et du 1ᵉʳ septembre 1809, Dalloz, Jur. gén.,
Vᵒ *Forêts*, p. 743, note 4 ; — Baudrillart, Trait. gén., tom. 2,
p. 298; — Gagneraux, tom. 1, p. 185, § 15). Cette jurisprudence vient encore d'être consacrée tout récemment par un autre arrêt de la même cour, qui porte que : « Les procès-verbaux
» de récolement sont des actes contradictoires ayant pour but de
» constater l'état de la coupe après l'exploitation; que ces actes ne
» sauraient, conséquemment, être assimilés aux procès-verbaux
» destinés à constater des délits, ni être soumis, comme ceux-ci,
» aux dispositions de l'art. 170 c. forest. ; que c'est, au contraire,
» en raison de leur nature qu'ils sont assimilés à des actes d'admi-
» nistration publique, par l'art 70 de la loi du 22 frimaire an VII,
» combiné avec la décision du ministre des finances, du 19 ger-
» minal an XIII(*), et qu'ils ne sont ainsi assujettis à la formalité

(*) La loi du 22 frimaire an VII, tit. 11, art. 70, § 3, déclare exempts
de la formalité de l'enregistrement les actes d'administration publique.

La décision du ministre des finances, du 19 germinal an XIII, rendue
en forme de règlement interprétatif des articles 20 et 54 de la loi du 22
frimaire an VII, qui ordonnent, sous peine de nullité, de faire enregistrer
les actes publics dans le délai de quatre jours, porte que les procès-verbaux
d'assiette, arpentage, balivage, martelage, réarpentage et récolement,
relatifs aux ventes des coupes de bois, seront considérés provisoirement,
lorsqu'ils ne seront point faits sur la réquisition des particuliers, comme
des actes d'administration publique, pour lesquels les formalités du tim-

N° 49.

MÊME ARRÊT.

L'art. 175 c. forest., qui permet de prouver les délits par témoins, à défaut de procès-verbaux, ou

» de l'enregistrement qu'au moment où il devient nécessaire d'en » faire usage. » (Arrêt du 26 septembre 1839; — Bullet. crim., 1839, n° 308).

Par arrêts des 17 août et 26 septembre 1833 (Dalloz, 1833, 1, 363 et 371; — Baudrillart, Trait. gén., tom. 4, p. p. 634 et 658), 6 mars 1834 (Journal du Palais, tom. 59, p. 513), 22 février et 26 septembre 1839 (Dalloz, 1839, 1, 393; — Bullet. crim., 1839, n° 308), la cour de cassation a décidé que les conseils de préfecture étaient seuls compétents pour apprécier les vices reprochés à un procès-verbal de récolement, soit au fond, soit en la forme. L'affaire dans laquelle a été rendu l'arrêt de cassation du 26 septembre 1833 offre quelque analogie avec celle qui a été jugée par l'arrêt de la cour de Nanci dont on vient de présenter la notice. En effet, dans cette espèce, le tribunal correctionnel de Tarbes avait annulé un procès-verbal de récolement, parce que les agents forestiers qui l'avaient rédigé ne réunissaient pas les grades et qualités exigés par l'art. 11 de

bre et de l'enregistrement pourront êtres suspendues jusqu'au moment où il sera possible de les remplir, en exigeant les droits des adjudicataires à qui ces actes profiteront, ou contre qui ils pourraient servir, parce qu'ils auraient malversé dans leur exploitation. Cette décision ministérielle a fait la matière d'une circulaire de MM. les administrateurs des forêts, du 5 floréal an XIII, n° 262.

en cas d'insuffisance de ces actes, n'est point applicable aux procès-verbaux de récolement. Il faut, pour réparer les nullités dont ces procès-verbaux peuvent être entachés, se pourvoir dans les formes et dans le délai prescrits par les dispositions spéciales des articles 50 et 51 du même code.

N° 50.

MANGENOT C. FORÊTS.

Si l'adjudicataire ne s'est pas pourvu contre le procès-verbal de récolement de la manière prescrite par l'art. 50 c. forest., il ne peut être admis à y faire suppléer par une nouvelle vérification, alors surtout qu'il n'indique aucun moyen qui puisse faire reconnaître avec certitude les erreurs qu'il prétend qu'on a commises dans ce procès-verbal (1).

l'ordonnance du 1er août 1827, et parce que, d'ailleurs, *il n'avait été enregistré que dix jours après sa date.* La cour royale de Pau, devant laquelle le procès avait été renvoyé, se conforma à la jurisprudence de la cour suprême. (Arrêt du 21 novembre 1833; — Journal du Palais, tom. 59, p. 158).

Autrefois, les demandes en nullité de récolement étaient de la compétence des tribunaux ordinaires; ce n'est que depuis la promulgation du code forestier, que la connaissance de ces sortes d'actions a été placée dans les attributions des conseils de préfecture (art. 50, c. forest.)

(1) Voy., en sens conforme, l'arrêt de la cour de cassation, du 26 septembre 1833, cité dans la note précédente.

Arrêt du 9 septembre 1856. — M. Moreau, pr.
— M. Poirel, av.-gén., concl. conf. — Me Gazin,
av. — N° 2557.

N° 51.

FORÊTS C. SOMMERFOGEL.

Lorsqu'un procès-verbal de récolement constate
un déficit de plusieurs arbres réservés, sans faire
connaître leur contour et sans indiquer si leurs
souches ont disparu, il y a lieu d'ordonner, avant
de statuer sur les poursuites, que l'administration
forestière fera vérifier la circonférence des arbres
manquants, ou constatera qu'il a été impossible, à
raison de l'enlèvement de leurs souches, de procéder
à cette vérification (1).

(1) Il semble résulter de deux arrêts de la cour de cassation,
du 20 mars 1830 (Journal du Palais, tom. 48, p. 258; — Sirey, 1830, 1, 270; — Baudrillart, Trait. gén., tom. 4, p. 349),
et du 15 novembre 1853 (Dalloz, 1854, 1, 56; — Baudrillart,
Trait. gén., tom. 4, p. 665), que cette mesure préparatoire n'est
pas nécessaire, et que les tribunaux peuvent, dans ce cas, statuer
de suite sur le délit qui fait l'objet des poursuites. En effet, on
voit, d'après ces arrêts, que si le procès-verbal des agents forestiers ne relate pas que l'enlèvement des arbres et des souches, ou
toute autre circonstance, ont empêché de constater l'essence et
la dimension des arbres manquants, le tribunal doit alors arbitrer lui-même leur grosseur, d'après les documents du procès,

(81)

Arrêt du 29 décembre 1850. — M. Chippel, pr. —M. Adam, cons. aud., concl. conf. — Mᵉ Chatillon, av. — Nᵒ 1860.

§ VI.

Des affectations à titre particulier dans les bois de l'État,
et des obligations qui en résultent.

—

Nᵒ 52.

FORÊTS C. REIMM.

Des propriétaires d'une scierie, qui sont affectaires de bois dans les forêts de l'État, n'en sont pas moins tenus de se conformer, pour leur exploitation, aux règles établies par la législation actuelle, quoique leurs titres soient antérieurs à la promulgation du code forestier.

Arrêt du 5 décembre 1854. — M. Troplong, pr. M. Garnier, subst. du pr.-gén., concl. contr. — Mᵉ Gide, av. — Nᵒ 2364 (1).

et calculer l'amende sur cette base, conformément aux dispositions de l'article 195, § 2, du code forestier.

(1) Cet arrêt, qui a résolu plusieurs questions de droit très-importantes (voy. les notices 53, 54 et 55), a été confirmé par la cour de cassation, le 26 juin 1855. Il est conçu en ces termes : « La cour : — Considérant qu'il est constant, en fait, que les

6

Nota. Le même jour, six autres arrêts identiques. Forêts contre : — Valter, N° 2365; — Létang, N°

propriétaires de la scierie Jean Mougelot, en leur qualité d'af-fectataires de bois dans les forêts de l'ancien comté de Dabo, ont reçu, par l'intermédiaire de David Reimm, choisi par eux à cet effet, une délivrance d'une certaine quantité d'arbres sapins, des-tinés à l'exploitation de cette scierie, pour l'ordinaire de 1831 ; — Que, par procès-verbal régulier du récolement auquel il a été procédé, le 12 juin 1833, par le sous-inspecteur, Charles Mec-quenen, assisté de Weisse, garde-général, il a été constaté, 1°, que le nettoiement de la coupe délivrée à David Reimm, pour l'ordinaire de 1831, n'avait pas été fait, et qu'il restait encore sur le sol quantité de copeaux, d'écorces et de menues branches, provenant (ainsi que cela a été expliqué depuis, à l'audience du tribunal de Sarrebourg) des débris d'arbres ayant fait partie de la délivrance; 2°, qu'il existait, dans la même coupe, deux souches de sapins chablis, de six décimètres de tour chacune, qui ne por-taient pas l'empreinte du marteau royal, ce qui prouvait que ces sapins avaient été abattus en délit ; — Considérant que la ques-tion soulevée en la cause par l'appel interjeté, à la requête de l'administration forestière, du jugement du tribunal de Sarre-bourg, en date du 50 août 1833, est celle de savoir, 1°, si, eu égard aux circonstances de l'espèce, le défaut de nettoiement de la coupe est un délit et si le prévenu en est responsable ; 2°, si le même prévenu est responsable aussi de l'abattage des deux arbres sapins chablis qui ont été coupés en délit dans cette coupe, et cela en vertu des articles 33, 34, 37, 40, 45 et 46 du code forestier ; — Considérant que, pour se soustraire à l'application des dispositions pénales du code forestier, le prévenu ainsi que les propriétaires intervenants de la scierie Jean Mougelot op-posent, en premier ordre, que les règlements de 1613, 1614 et

2365; — Morgenthaler, N° 2366; — Haber, N°
2367; — Dillenschneider, N° 2368 ; — Lambour,
N° 2369.

1628, rendus par les comtes de Linange, en faveur de leurs
sujets du comté de Dabo, étant la base de leurs droits et contenant toutes les obligations imposées, à cette époque, aux usagers
de cette contrée, doivent encore aujourd'hui servir de règle;
que ce serait violer des droits acquis et donner au code forestier un effet rétroactif, si l'on imposait aux propriétaires de scie-
ries et autres usagers du comté de Dabo une responsabilité qu'ils
soutiennent être incompatible avec la nature, le nombre et la
spécialité des délivrances individuelles qui doivent leur être faites
annuellement; que cette doctrine, enfin, est appuyée, selon eux,
par le texte précis de l'article 218 du code forestier, qui veut que
les droits antérieurement acquis audit code continuent à être
réglés conformément aux lois et règlements anciens ; — Considérant que ces premiers moyens de défense sont de nulle valeur;
qu'à la vérité, les règlements de 1615 et années suivantes ont
été, et doivent être encore aujourd'hui, le titre irréfragable des
droits aliénés par les souverains du pays, au profit des anciens
usagers et de leurs ayant-droit, ou successeurs, légalement reconnus; mais qu'il faut distinguer entre ces droits eux-mêmes, auxquels aucune atteinte n'a pu être portée, et leur mode d'exercice,
qui est resté soumis à l'empire des lois et règlements postérieurs;
— Que la position des usagers de Dabo ne diffère, sous ce rapport, en aucune manière, de celle des autres usagers, en général,
dans les bois de l'État, lesquels ayant, comme eux, des titres et
des droits anciennement acquis, n'en ont pas moins subi, quant
au mode d'exercice desdits droits, toutes les phases et modifications que l'intérêt public et la nécessité de pourvoir à la conservation des forêts ont fait apporter à la législation, selon les besoins

de chaque époque; — Que c'est dans ce sens raisonnable que la jurisprudence a toujours reconnu le principe de la non-rétroactivité des lois forestières; — Que, notamment, par arrêt du 25 mai 1810, la cour de cassation a décidé que le décret du 17 nivôse an XIII, qui avait prohibé le pâturage dans les taillis de l'État non déclarés défensables *par l'administration*, était applicable aux anciens usagers, nonobstant leurs titres ou possession contraire, par le motif *que ce décret, loin de détruire leurs droits, en réglait uniquement l'exercice, en conciliant l'intérêt public avec l'intérêt des particuliers, et que, par conséquent, ce n'était pas le faire rétroagir que de l'appliquer au mode d'exercer lesdits droits usagers*; — Considérant que le même principe a été encore consacré par un autre arrêt de la cour de cassation, du 2 février 1831, et qu'enfin c'est évidemment sous ce point de vue, et à l'aide de la distinction ci-dessus *entre le fond du droit et le mode d'exercice*, qu'il faut appliquer et interpréter la disposition de l'article 218 de notre nouveau code forestier; — Considérant que les usagers de Dabo peuvent d'autant moins se soustraire à l'application de cette doctrine, que leurs titres de 1613, 1614 et 1628, qu'ils invoquent, contiennent précisément la condamnation la plus explicite de leurs prétentions à cet égard, et prouvent que le souverain de cette époque, en concédant des droits d'usage, a voulu, il est vrai, perpétuer dans l'avenir, et d'une manière irrévocable, le fondement de ces droits, mais sous la condition expresse que lui et ses successeurs resteraient les maîtres d'en modifier l'exercice, et même d'y apporter certaines restrictions, toutes les fois que la nécessité de la conservation et de la bonne administration de ses bois se ferait ultérieurement sentir; — Que cette preuve résulte, non seulement du texte formel de l'article 20 du règlement de 1613, qui prévoit, dans l'avenir, de nouveaux règlements à faire, mais encore de la comparaison de ce règlement primitif avec ceux de 1614 et 1628, qui l'ont suivi bien peu de temps après, et qui, cependant, par des motifs énergiquement énoncés dans leurs préambules, y ont apporté des changements et restrictions qui témoignent qu'en aucun temps les usagers n'ont eu de droits acquis, si ce n'est relativement à la quantité et à l'espèce des délivrances qui leur sont dues, mais non relativement au mode d'exploitation, toujours resté soumis aux mesures et précautions conservatrices ultérieurement reconnues nécessaires, tant dans l'intérêt du souverain, propriétaire, que dans celui des usagers eux-mêmes, de leurs enfants et descendants futurs; — Considérant que, s'il en était autrement, c'est-à-dire, si le code forestier était jugé inapplicable au comté de Dabo, et si les règlements de 1613, 1614 et 1628 étaient seuls restés en vigueur, sans qu'on ait pu apporter de modifications ou d'additions à la police des exploitations et aux obligations des exploitants, il en résulterait que les infractions et délits commis par les usagers devraient être encore aujourd'hui réprimés par les peines de cette époque, dont la plupart étaient corporelles, ou consistaient dans des confiscations et privations *de droits,* bien plus sévères que les peines de la législation actuelle; — Que telle n'est pas, sans doute, la prétention ni le désir de ces derniers, qui ont profité de cet adoucissement de peines dû au progrès de la civilisation; — Que, par une conséquence réciproque, ils doivent se soumettre au nouveau régime forestier, et être contraints à l'exécution de toutes les conditions d'exploitation imposées par le code, soit aux usagers, soit aux affectataires de bois dans les forêts de l'État; — Considérant que la cause, ainsi dégagée de ces difficultés premières, il reste à examiner si le code forestier contient une disposition applicable au prévenu, tant sous le rapport de l'existence d'un délit, que sous celui de sa responsabilité; — Considérant que l'article 1er de ce code a énoncé, en des termes formels, que tous les bois appartenant à l'État, même ceux indivis avec des particuliers (et, à plus forte raison, ceux qui ne sont grevés que par des droits d'usage ou d'affectation), *sont soumis au régime forestier* et doivent être administrés comme tels; — Que cette déclaration explicite ne fait que confirmer et consacrer de nouveau un principe aussi ancien que la législation forestière, et duquel il résulte que tout individu à qui, sous une dénomination quelconque, il est permis de s'introduire dans les forêts de l'État, pour en tirer quelque produit et se livrer à une exploitation, doit évidemment se soumettre aux conditions, mesures et précautions qui constituent le régime forestier; — Considérant que le jugement dont est appel a méconnu ce principe, en décidant, à l'aide d'une distinction trop absolue entre les usagers et les affectataires de bois de scierie, que ces derniers n'étaient astreints à aucune responsabilité, et que, sous ce rapport, le code contenait une lacune et avait totalement omis de statuer à leur égard; — Considérant que, dans ce système, les affectataires de bois auraient le monstrueux privilége de ne suivre aucune règle, pour l'abattage et l'extraction des bois qui leur sont délivrés; qu'ils pourraient agir en maîtres dans les forêts de l'État; que, par exemple, ils pourraient se dispenser *du permis d'exploiter*, prescrit par l'article 50, et s'affranchir de toutes les obligations énoncées dans les articles 35, 37, 38, 39, 40, 42 et autres; qu'en un mot, ils pourraient, contrairement à l'art. 1ᵉʳ du code ci-dessus rappelé, se soustraire *au régime forestier;* — Considérant qu'une telle doctrine étant inadmissible, il y a nécessité de rechercher quelles sont les dispositions dudit code applicables *aux exploitations, en général;* — Que ces dispositions se trouvent au titre 3, section 4, intitulée *des exploitations;* — Qu'à la verité, cette section parait avoir été rédigée sous la préoccupation spéciale de stipuler des garanties contre les adjudicataires ordinaires des coupes de bois; mais qu'il est évident, en combinant cette section du titre 3 avec l'article 1ᵉʳ du titre 1ᵉʳ, que le régime forestier et les garanties qu'il exige doivent s'appliquer, d'une manière uniforme, à tous ceux qui se livrent à des exploitations, quels que soient, d'ailleurs, leurs titres ou leurs qualités *d'usagers* ou *d'affectatai-*

res ; — Considérant qu'il en était ainsi avant la promulgation du code forestier, et que, malgré la non-existence d'un texte plus spécial dans l'ancienne législation, la jurisprudence des cours et tribunaux n'a jamais varié à cet égard ; qu'il y a donc lieu d'y persister ; — Considérant que, ce point une fois résolu, il devient inutile d'examiner si le code forestier a établi, ou non, quelques dissemblances entre les usagers et les affectataires de bois, lesquels doivent être confondus sous la même dénomination *d'exploitants;* — Que, seulement, les affectataires peuvent plus rationnellement être assimilés à des *adjudicataires*, puisque les bois qu'on leur délivre leur sont vendus annuellement, d'après l'estimation de leur valeur, et qu'ainsi ils ont (ce que n'ont pas les usagers) la faculté d'aliéner, de transmettre et de subdiviser leurs droits au profit de qui bon leur semble ; — Considérant que vainement on a voulu faire valoir, en leur faveur, qu'il s'agissait ici de délivrances faites en jardinant, dans des forêts sapinières, et que ces délivrances devant, d'après leurs titres, se faire individuellement, c'est-à-dire, aux propriétaires de chaque jour de scierie, il résultait de là l'impossibilité de les soumettre à une responsabilité collective ; — Considérant que, dans l'application des lois forestières, il n'a jamais été fait de distinction entre les forêts de sapins et les bois de nature ordinaire ; — Que le mot *coupe*, employé par le code, au titre des exploitations et ailleurs, n'a pas une signification exclusive et s'applique à toute portion de forêt où il est fait une exploitation quelconque ; que les coupes, dans les bois de sapins, sont fixées et limitées, comme dans les autres, par des procès-verbaux d'assiette qui indiquent *des lignes de contour, des parois et des pieds corniers ;* — Qu'à la vérité, dans ces sortes de coupes, la responsabilité est plus onéreuse, la surveillance plus difficile ; mais que ce n'est pas un motif pour en affranchir les exploitants, usagers, ou affectataires ; — Qu'au contraire, c'est cette position particulière, prévue par l'article 20 de leur titre de concession primitive de l'année 1613, qui a autorisé le Gouvernement à leur prescrire, par voie de règlement spécial, l'obligation de s'entendre entre eux, pour chaque scierie, sur le choix d'un seul exploitant responsable ; que cette mesure, prise dans l'intérêt commun et pour l'avantage réciproque de tous, ne sort pas des limites du pouvoir réglementaire, et que, conséquemment, elle doit être exécutée et appliquée dans l'espèce actuelle ; — Considérant que de tout ce qui précède il résulte que le prévenu, David Reimm, choisi par les propriétaires de la scierie Jean Mougelot, pour recevoir les délivrances à exploiter, pour l'ordinaire de 1851, est soumis à la responsabilité prononcée par les articles 45 et 46 du code forestier ; qu'il devait, conformément au prescrit de l'article 57 , faire faire l'exploitation suivant les conditions voulues, et que le seul moyen de se soustraire à la responsabilité du délit d'abattage des deux arbres sapins non marqués eût été de faire connaître, selon le vœu de l'article 45, l'existence matérielle de ce délit, et ce, dans le délai de cinq jours ; que, ne l'ayant pas fait, il doit payer l'amende et la restitution, et, en outre, être condamné aux dépens ; — Par ces motifs ; — Annule le jugement dont est appel, et, faisant application des articles 1, 33, 34, 37, 40, 45, 46, 192, 202 du code forestier et 194 du code d'instruction criminelle, condamne David Reimm en 72 fr. 40 cent. d'amende, 22 fr. 40 cent. de restitution et aux frais. »

Arrêt de la cour de cassation ; — « La cour : — Attendu qu'il n'y a aucune différence à établir, pour le mode de leur exercice, entre les droits d'affectation et les droits d'usage dans les forêts; que les uns comme les autres s'excercent, en effet, par des exploitations; que les règles posées par le code forestier, pour les exploitations, s'appliquent donc aux uns et aux autres, et, en général, à toutes les exploitations, à quelque titre qu'elles aient lieu ; — Que ces règles, qui n'affectent point le fond du droit, mais déterminent seulement le mode d'en jouir, dans un intérêt de conservation et de police , s'appliquent sans rétroactivité aux droits antérieurement établis ; — D'où il suit que l'arrêt attaqué, loin de violer

N° 53.

MÊME ARRÊT.

Vainement ils invoqueraient le principe de non-rétroactivité consacré par l'art. 218 de ce code ; car, par *droits acquis*, cet article n'a entendu parler que des droits *considérés en eux-mêmes ; quant à leur mode d'exercice*, il est toujours dans le domaine de la loi, et, dès lors, il doit être soumis à toutes les conditions auxquelles les exploitations sont assujetties par la nouvelle législation (1).

N° 54.

MÊME ARRÊT.

Spécialement, il faut appliquer, par voie d'analogie, à ces affectataires les obligations et la responsabilité qui sont imposées aux adjudicataires ordinaires

aucune loi, s'est exactement conformé aux dispositions du code forestier ; — Attendu, enfin, la régularité, en la forme, de l'arrêt attaqué ; — Par ces motifs : — Rejette. » (Sirey, 1837, 1, 38).

(1) Conf. arrêts de la cour de cassation, des 25 mai 1810 (Baudrillart, Trait. gén., tom. 2, p. 347), 2 février 1831 (Dalloz, 1831, 1, 94), 2 juin 1836 (Dalloz, 1836, 1, 385), 25 mars 1837 (Sirey, 1838, 1, 286), et 31 décembre 1838 (Dalloz 1839, 1, 113) ; ═ M. Dalloz, Dict. gén., V° *Forêts*, n°ˢ 392, 419 et 420.

par le titre 3, section 4, c. forest., et, par conséquent, il y a lieu d'annuler le jugement qui déclarerait que, sous ce rapport, la loi garde, à leur égard, le silence le plus absolu, et qu'ainsi on ne peut les rendre responsables des délits commis dans les coupes qui leur sont délivrées.

N° 55.

MÊME ARRÊT.

Si les individus qui jouissent de ce droit d'affectation sont obligés, par un règlement spécial, de s'entendre entre eux, pour chaque scierie, sur le choix d'un seul exploitant responsable, ils ne peuvent, sous prétexte qu'il s'agit d'une coupe jardinatoire, et que les délivrances, d'après leurs titres constitutifs, doivent être faites individuellement, c'est-à-dire, aux propriétaires de chaque jour de scierie, prétendre s'affranchir de la responsabilité collective qui leur est imposée (1).

(1) Conf. arrêt de la cour de cassation, du 10 août 1821 (Baudrillart, Trait. gén., tom. 2, p. 946; — Gagneraux, tom. 1, p. 252); = M. Garnier, p. 37; — M. Curasson, tom. 1, p. 200; — M. Dalloz, Jur. gén., V° *Forêts*, p. 757, art. 5.

Voy. aussi, en sens conforme, deux arrêts de la cour de Nanci, du 26 décembre 1838 (Forêts contre: — Toussaint, N° 2779; — Marlier, N° 2780 ; — M. Mourot, pr. — M. Garnier, av.-gén., concl. conf.)

§ VII.

De la délivrance des bois aux usagers qui y ont droit, de ses conditions et de ses suites.

—

N° 56.

FORÊTS C. POIVRE.

Un procès-verbal qui a pour objet de vérifier l'emploi des bois de construction délivrés à un usager doit, comme celui du récolement, être fait en présence de la partie intéressée, ou elle dûment avertie, surtout si, à cette époque, l'usager n'habite plus la maison dans laquelle ces bois devaient être employés. Si ce procès-verbal n'a pas été dressé contradictoirement avec le prévenu, il y a lieu d'ordonner une nouvelle vérification avant de statuer sur les poursuites (1).

Arrêt du 5 janvier 1856. — M. de Metz, p. pr. — M. Poirel, av.-gén., concl. conf. — Mᵉ Antoine, av. — (*Chambre civile*). — N° 2471.

(1) Voy., en sens conforme, un arrêt de la cour de Nanci, du 7 décembre 1855, rapporté sous la notice suivante.

N° 57.

FORÊTS C. CARTISER.

Si la visite faite par les agents forestiers chez un usager, pour vérifier l'emploi des bois de construction qui lui ont été délivrés, a eu lieu pendant son absence et à son insu, il doit être admis, sur sa demande, à prouver que les bois non employés qui n'ont pas été représentés sont encore en sa possession, quand bien même sa femme aurait assisté à cette visite, et qu'à cette époque le délai de deux ans, fixé par l'art. 84 c. forest., fût expiré (1).

Arrêt du 7 décembre 1833.—M. Troplong, pr.— M. le Pr.-gén. concl. conf. — Me Louis, av. — N° 2274.

N° 58.

FORÊTS C. HOUBER.

Lorsque, dans le procès-verbal d'une visite faite chez un usager, l'agent forestier s'est borné à exprimer que les bois d'usage non employés n'ont pu être représentés, sans indiquer si c'est parce que l'usager est convenu de les avoir détournés, ou bien simplement parce qu'il les aurait déposés dans une

(1) Voy. la notice précédente.

scierie, pour les y faire préparer et confectionner, il y a lieu d'admettre l'administration forestière à suppléer à l'insuffisance du procès-verbal, sur le fait de détournement imputé au prévenu, au moyen d'une preuve testimoniale additionnelle ayant pour objet d'établir que l'usager a reconnu, lors de la visite, qu'il était dans l'impossibilité de représenter les bois à lui délivrés, et qu'il n'a donné aucune explication satisfaisante sur leur destination actuelle. Par conséquent, on doit réformer le jugement qui aurait fait dépendre, dans ce cas, la décision de la cause d'une simple reconnaissance des bois que le prévenu aurait offert tardivement à l'audience de représenter.

Arrêt du 21 novembre 1834. — M. Troplong, pr. — M. le Pr.-gén. concl. — Me Welche, av. No 2556.

No 59.

FORÊTS C. HOUBER.

Lorsqu'un usager a demandé et obtenu la délivrance d'une certaine quantité de planches auxquelles le devis n'a attaché qu'une seule destination *générale*, celle de la construction d'une maison nouvelle, il a pu, sans encourir les peines prononcées par l'art. 83 c. forest., en employer une partie pour faire les cloisons et les portes de cette maison, encore bien que le procès-verbal de vérification énonce que ces bois étaient destinés à la confection des planchers, cette destination *spéciale*, qui leur est assignée dans cet acte, n'étant pas un de ces faits matériels dont les procès-verbaux font foi par eux-mêmes, mais un fait conventionnel dont la preuve ne pourrait résulter que des énonciations du devis présenté par l'usager. Vainement l'administration prétendrait qu'elle ne doit pas, et que jamais elle ne délivre de planches pour portes et cloisons; cette question portant sur l'étendue du droit d'usage, les tribunaux civils sont seuls compétents pour en connaître.

Arrêt du 5 décembre 1835. — M. Moreau, pr. —Me Urguet de Saint-Ouen, av. — No 2455.

No 60.

FORÊTS C. POIVRE.

L'usager qui, ayant obtenu la délivrance du bois nécessaire aux réparations de sa maison, en a employé une partie seulement à cette destination, le surplus ayant servi à réparer une autre maison qu'il a échangée depuis contre la première, est passible de l'amende prononcée par l'art. 83 c. forest., encore bien que ces deux maisons jouissent l'une et l'autre du droit de marnage dans une forêt de l'État, et qu'il ait aussi été présenté pour la seconde

un devis constatant les réparations dont elle a besoin (1).

Arrêt du 6 juin 1836. — M. Mourot, pr. —
M. le Pr.-gén. concl. conf. — (*Chambre civile*).
— N° 2514.

N° 61.

FELLERATH C. FORÊTS.

L'art. 85 c. forest. ne s'applique qu'à l'usager, et
non aux tiers auxquels les bois d'usage ont été vendus
ou échangés (2).

Arrêt du 51 mars 1829. — M. Chippel, pr. —
M. Masson, subst. du pr.-gén., concl. conf. —
N° 1675.

N° 62.

FORÊTS C. HOUBER.

Lorsque l'administration forestière, après avoir
originairement poursuivi un usager pour détournement de bois de marronage qui lui ont été délivrés, change, en dernier lieu, l'objet de ses conclu-

____

(1) Conf. arrêt de la cour de cassation, du 7 mai 1830 (Dalloz,
1850, 1, 259; — Baudrillart, Trait. gén., tom. 4, p. 565).

(2) Conf. arrêt de la cour de cassation, du 6 mai 1857 (Dalloz,
1857, 1, 512 ; — Sirey, 1858, 1, 286).

sions, et se borne à demander la confiscation des bois, pour défaut d'emploi dans le délai prescrit par la loi, on ne doit mettre à la charge du prévenu, s'il succombe seulement sur cette dernière question, qu'une partie des frais proportionnée à l'importance qu'elle pouvait avoir dans la cause (1).

Arrêt du 9 janvier 1835. — M. Troplong, pr. — M. le Pr.-gén. concl. — Mᵉ Welche, av. — N° 2581.

N° 63.

FORÊTS C. PALRIE ET AUTRES.

Les règles tracées pour l'exploitation des coupes, et, spécialement, celle qui est établie par l'art. 35

(1) Si le fait du détournement eût été justifié, le prévenu aurait dû être condamné, conformément a l'article 83, § 3, du code forestier, à une amende double de la valeur des bois qu'il aurait vendus ou employés à une autre destination que celle pour laquelle ils lui avaient été accordés. Comme les bois qu'on l'avait d'abord accusé d'avoir détournés étaient en assez grand nombre (en effet, il y avait 95 chons, 64 planches et 5500 bardeaux), l'amende qu'il aurait encourue se serait, sans doute, élevée à une somme très-considérable. Mais la seconde question, celle relative à la confiscation, avait une importance bien moins grande que la précédente, puisque, en faisant valoir ses besoins, le prévenu ne pouvait manquer d'obtenir derechef, par une nouvelle délivrance, les bois que lui retirait l'administration forestière. Aussi, ne fut-

c. forest., sont également applicables à l'exploitation des affouages délivrés aux communes usagères (1). — Dans ce dernier cas, c'est l'entrepreneur de la coupe qui doit être directement poursuivi, et si l'action a été intentée contre les usagers qui ont été trouvés en délit, sans que cette irrégularité ait été réparée en première instance, l'administration forestière doit être déclarée, en appel, non-recevable dans ses poursuites, sauf à elle à se pourvoir autrement dûment, la cour ne pouvant, sans violer la règle des deux degrés de juridiction, ordonner, avant faire droit, la mise en cause de l'entrepreneur.

Arrêt du 28 juillet 1829. — M. Chippel, pr. — M. Masson, subst. du pr.-gén., concl. contr. (*sur la seconde question seulement*); — Mᵉ Antoine, av. — Nᵒ 1721.

Nᵒ 64.

FORÊTS C. GÉRARD ET LA COMMUNE DE HARBERG.

L'entrepreneur d'une coupe affouagère ne peut être déchargé de la responsabilité du délit pour

il condamné qu'à un *seizième* des dépens auxquels avaient donné lieu les poursuites dirigées contre lui.

(1) Ce principe que les usagers doivent être assimilés aux adjudicataires, soit pour les règles qu'ils ont à suivre dans l'exploitation des bois, soit pour la responsabilité des délits qui peu-

7

lequel il est poursuivi, par le motif que des délivrances auraient été faites, par l'administration forestière, à différents individus, soit dans la coupe même dont l'exploitation lui était confiée et où ce délit a été commis, soit dans la portion de forêt limitrophe, et, par conséquent, la preuve testimoniale par lui offerte pour établir ce fait est inadmissible (1).

Arrêt du 50 décembre 1836. — M. Costé, pr. — M. le Pr.-gén. concl. conf. — N° 2556.

N° 65.

FORÊTS C. SCHWARTZ.

Un maire prévenu d'avoir permis ou toléré l'abattage que les usagers de sa commune ont fait individuellement des bois compris dans la coupe qui leur a été délivrée, ne peut être poursuivi, à raison de ce fait, sans une autorisation préalable du conseil-d'État.

vent être commis dans les cantons destinés à leur usage, a été consacré plusieurs fois par la cour de cassation. Arrêts du 25 août 1808 (Dalloz, Jur. gén., V° *Forêts*, p. 739), du 29 juin 1821 et du 14 mars 1829 (Baudrillart, Trait. gén., tom 2, p. 933, et tom. 4, p. 225). = Conf. M. Gagneraux, tom. 1, p. 252.

(1) Conf. arrêts de la cour de cassation, du 2 novembre 1810 et du 20 août 1819 (Dalloz, Jur. gén., V° *Forêts*, p. p. 737 et 738; — Baudrillart, Trait. gén., tom. 2, p. p. 567 et 809).

Arrêt du 21 décembre 1852. — M. Chippel, pr. — M. le Pr.-gén. concl. conf. — Me Mamelet, av. — No 2124.

Nota. Le même jour, trois autres arrêts identiques. Forêts contre : — Laurain, No 2125 ; — Renel, No 2126 ; — Gimé, No 2127.

§ VIII.

De la surveillance des bestiaux admis au pâturage ou panage.

—

No 66.

FORÊTS C. PETT ET LA COMMUNE DE DABO.

La responsabilité que l'art. 72, § 3, c. forest. impose aux communes, pour les délits et contraventions commis par leurs pâtres, pendant le temps de leur service et dans les limites du parcours, s'étend non seulement aux frais, mais aussi à l'amende (1).

(1) Voy. la notice 68. = Ordonn. de 1669 : — Tit. 19, art. 3. « Les officiers assigneront à chacune paroisse, hameau, village ou communauté usagère, une contrée particulière, la plus commode qu'il se pourra, en laquelle, ès lieux défensables seulement, les bestiaux puissent être menés et gardés séparément, sans mélange de troupeaux d'autres lieux, le tout à peine de confiscation des bestiaux, et d'amende arbitraire contre les pâtres, et de privation de leurs charges contre les officiers et gardes qui

Arrêt du 15 avril 1856. — M. de Sansonetti, f.
f. pr. — M. le Pr.-gén. concl. conf. — N° 2500.

Nota. Le même jour, deux autres arrêts semblables. Forêts contre : — Portner et la commune
de Dabo, N° 2501 ; — Hartmann et la même commune, N° 2502.

N° 67.

MÊME ARRÊT.

L'introduction, dans un canton d'une forêt de
l'État, après le temps fixé pour le parcours, d'un
troupeau appartenant à une commune usagère ,
constitue le délit prévu et puni par l'art. 76 c. forest., quand bien même il n'existerait, dans cette
forêt, aucun autre canton défensable où cette commune pût alors exercer son droit d'usage, l'art.

permettront ou souffriront le contraire. » — Art. 9. « Les pâtres et
gardes seront choisis et nommés annuellement, à la diligence
des procureurs d'office ou syndics de chacune paroisse, ou
principaux habitants des hameaux et villages, par les habitants
assemblés, en présence du juge des lieux, qui en délivrera acte,
sans frais, ou du notaire, ou tabellion; et demeurera la communauté responsable de ceux qui seront choisis. » — Tit. 32, art. 7.
« Demeureront les marchands, maîtres de forges, fermiers, usagers,
riverains et autres occupant les maisons, fermes et autres héritages,
dans l'enclos et à deux lieues de nos forêts, responsables civilement de leurs commis, charretiers, pâtres et domestiques. »

76 s'appliquant, sans distinction, à tous les délits qui peuvent être commis, pendant le temps de la surveillance du pâtre, par les animaux dont la garde lui est confiée. Par conséquent, il y a lieu d'annuler le jugement qui aurait décidé que, dans ce cas, les poursuites doivent être dirigées contre les propriétaires des bestiaux, conformément à l'art. 199 c. forest., sous prétexte que l'art. 76 n'a pas entendu réprimer le délit résultant de l'exercice d'un droit de pâturage après le temps fixé pour sa durée annuelle, mais seulement ceux qui sont commis, par la faute ou la négligence du pâtre, à une époque où ce droit peut être légitimement exercé (1).

(1) Voy., sur cette question, trois arrêts de la cour de cassation, des 5 octobre 1828, 8 mai 1850 et 15 mai 1855 (Baudrillart, Trait. gén., tom. 4, p. p. 125 et 367, et tom. 5, p. 170).

ARTICLE III.

DES BOIS DES COMMUNES.

—

De l'exploitation des coupes des bois communaux.

—

N° 68.

FORÊTS C. LA COMMUNE DE HARMONVILLE.

La garantie solidaire à laquelle les communes sont soumises, par l'art. 82 c. forest., pour les condamnations prononcées contre les entrepreneurs des coupes affouagères, s'étend à la fois aux amendes, aux dommages-intérêts et aux frais. Vainement on objecterait que l'amende ne doit atteindre que le délinquant, et que des dommages-intérêts ne peuvent être prononcés contre une commune à raison d'un délit commis dans une forêt dont elle est propriétaire.

Arrêt du 10 décembre 1830. — M. Chippel, pr. — M. Adam, cons. aud., concl. conf. — M° Moreau, av. — N° 1855 (1).

—

(1) La cour de Nanci avait été saisie de la connaissance de cette affaire par suite du renvoi qui lui en avait été fait par la cour de cassation. En première instance, la commune de Har-

N° 69.

Jugé, au contraire, que la responsabilité des communes, à l'égard des entrepreneurs de leurs coupes

monville avait été renvoyée des poursuites dirigées contre elle. Sur l'appel, le tribunal de police correctionnelle d'Epinal ayant restreint aux dommages-intérêts et aux frais la garantie solidaire de cette commune, son jugement fut cassé, le 24 septembre 1830, par les motifs suivants : « La cour :— Attendu que la garantie solidaire des communes, pour les condamnations prononcées contre les entrepreneurs de l'exploitation des coupes affouagères, établie par l'art. 82 c. forest., diffère essentiellement de la responsabilité civile dont parle l'art. 206 du même code, et comprend, dans la généralité de ses termes, l'amende aussi bien que les dommages-intérêts et frais; — Attendu que, néanmoins, le jugement attaqué a refusé d'appliquer à l'amende la garantie solidaire à laquelle était soumise la commune de Harmonville, pour le délit commis par l'entrepreneur de sa coupe affouagère, se fondant, pour le juger ainsi , sur l'art. 206 c. forest.; en quoi, ledit jugement a fait une fausse application dudit art. 206 et violé l'art. 82 du même code etc., etc. » (Dalloz, 1830, 1 , 371 ; — Baudrillart, Trait. gén., tom. 4, p. 422).

Le même jour, 10 décembre 1830 , la cour de Nanci a jugé dans le même sens deux autres affaires qui lui avaient aussi été renvoyées par la cour de cassation. Forêts c. les communes de Harmonville , Punerot , Barizey-au-Plain (N° 1856) et Sartes (N° 1857).

affouagères, ne s'étend pas à l'amende, mais seulement aux dommages-intérêts et restitutions, et que

Conf. arrêts de la même cour royale, des 19 juin 1852 (Forêts c. Jeanson et la commune de Martemont; — M. Chippel, pr. — M. le Pr.-gén. concl. conf. — N° 2028), et 15 avril 1856 (Forêts contre: — Pett et la commune de Dabo, N° 2500; — Portner et la même commune, N° 2501; — Hartmann et la même commune, N° 2502; — M. de Sansonetti, f. f. pr. — M. le Pr.-gén. concl. conf.)(*). Par ces trois arrêts du 15 avril 1856, la cour de Nanci a interprété avec la même rigueur l'art. 72, § 3, c. forest., qui porte que : « Les communes et sections de communes seront responsables des *condamnations pécuniaires* qui pourront être prononcées contre les pâtres, ou gardiens, tant pour les délits et contraventions prévus par le présent titre (tit. 3), que pour tous autres délits forestiers commis par eux, pendant le temps de leur service et dans les limites du parcours. » Elle a pensé que, dans ce cas, la responsabilité des communes devait aussi s'étendre à l'amende encourue par le délinquant. Comme on le voit, cette question a la plus grande analogie avec celle qui est rapportée sous cette notice, ou, pour mieux dire, elles sont toutes deux entièrement identiques. En effet, l'art. 72, § 3, c. forest. ne s'est pas expliqué sur le sens de ce mot *condamnations* d'une manière plus claire et plus précise que l'art. 82, § 2, du même code; ces deux textes ont employé l'un et l'autre cette expression, sans en fixer l'étendue et la portée. Par conséquent, décider que la responsabilité des communes, dans le cas prévu par l'art. 72, s'étend indistinctement à toutes les condamnations prononcées par le jugement, c'est implicitement résoudre la question dans le même sens à l'égard de la garantie solidaire qui leur est imposée,

(*) Voy. la notice 66.

même elles ne peuvent être déclarées responsables de ces deux dernières condamnations, lorsque le délit ayant été commis dans une forêt dont elles sont propriétaires, les dommages-intérêts et restitutions leur sont ainsi dus à elles-mêmes (1).

Arrêt du 30 juin 1829. — M. Chippel, pr. — M. Masson, subst. du pr.-gén., concl. conf. — Me Antoine, av. — N° 1692.

N° 70.

FORÊTS C. LA COMMUNE D'AZELOT.

Lorsque des arbres ont été saisis, comme ayant été coupés en délit dans une coupe délivrée à une

par l'art. 82, pour les délits commis par les entrepreneurs de l'exploitation de leurs coupes affouagères.

Voy. sur cette question : = Observations de la commission de la cour de cassation sur l'art. 72 c. forest. (Chauveau, code forest., p. 430); = Discours de M. Favard de Langlade, rapporteur de la commission de la chambre des députés (Baudrillart, comment., tom. 1, p. p. 226 et 479; — Chauveau, code forest., p. 620); = Exposé des motifs à la chambre des pairs, par M. de Martignac, commissaire du roi (Baudrillart, comment., tom. 1, p. 527; — Chauveau, code forest., p. 107).

(1) Conf. arrêt de la cour de Besançon, du 26 février 1838 (Dalloz, 1839, 2, 97); = M. Garnier, p. 106; — M. Curasson, tom. 1, p. 412, et tom. 2, p. 438 et suiv.; — M. Dalloz, Dict. gén., Vis *Forêts*, n° 962, et *Responsabilité*, n° 421 et suiv.; 472.

commune dans un bois qui lui appartient, le tribunal ne peut en prononcer la confiscation au profit de l'État; il doit ordonner que ces arbres, ou leur valeur, seront rendus à la commune, les restitutions, aux termes de l'art. 204 c. forest., devant toujours appartenir au propriétaire, et la confiscation, d'ailleurs, ne pouvant être prononcée qu'en vertu d'une disposition formelle de la loi (1).

Arrêt du 4 avril 1829. — M. Chippel, pr. — M. Masson, subst. du pr.-gén., concl. conf. — N° 1678.

______

(1) Conf. arrêt de la cour de cassation, du 28 décembre 1821 (Baudrillart, Trait. gén., tom. 2, p. p. 966 et 967).

ARTICLE IV.

POLICE ET CONSERVATION DES BOIS ET FORÊTS.

—

§ 1er.

Police et conservation des bois en général.

—

1° Extractions ou enlèvements prohibés sans autorisation.

N° 71.

FORÊTS C. JACQUOT.

Si, aux termes de l'art. 144 c. forest., la simple extraction de pierres, non suivie d'enlèvement, constitue un fait punissable, cela ne doit s'entendre que du cas où les pierres sont adhérentes à la terre. —Ainsi, les peines prononcées par cet article ne sont point applicables à celui qui a cassé des pierres déjà détachées du sol d'une forêt, quelque vraisemblable que fût son intention d'en opérer plus tard l'enlèvement, la tentative des délits forestiers n'étant point punissable comme le délit lui-même (1).

(1) Voy., en sens conforme, un arrêt de la cour d'Orléans, du 21 février 1829 (Sirey, 1829, 2, 103), ainsi que M. Curasson, tom.

Arrêt du 29 juin 1830. — M. Chippel, pr. —
M. Adam, cons. aud., concl. contr. — Mᵉ Bresson,
av. — Nᵒ 1822.

Nᵒ 72.

FORÊTS C. LOUIS.

Ceux qui ont coupé, sans autorisation, des bruyères,
genêts, herbages, etc., etc., dans une forêt, sont
passibles des peines de l'art. 144 c. forest., quand
bien même l'enlèvement de ces objets n'aurait pas
été effectué (1).

2, p. 391. — Sur la tentative des délits forestiers, en général,
on peut consulter le même auteur, tom. 2, p. p. 429 et 430, et
M. Baudrillart, comment., tom. 2, p. 562.

(1) Conf. arrêts de la cour de Nanci, du 6 novembre 1832
(Forêts c. Mangin et Paquier ; — M. Rolland de Malleloy, f.
f. pr. — M. le Pr.-gén. concl. conf. — Nᵒ 2065), et de la cour
de cassation, du 19 septembre 1832 (Dalloz, 1833, 1, 71 ; —
Journal du Palais, tom. 57, p. 525 ; — Sirey, 1833, 1, 406 ;
— Baudrillart, Trait. gén., tom. 4, p. 587). ⹀ Voy. aussi, en
sens conforme, un autre arrêt de la cour de cassation, du 22
prairial an 7 (Baudrillart, Trait. gén., tom. 1, p. 538).

Ordonn. de 1669 : — Tit. 3, art. 18. « Leur défendons (*c'est
aux grands-maîtres des eaux et forêts que s'adresse cette défense*)
de permettre ni souffrir aucuns fours, fourneaux, façon de cendres, défrichements, arrachis et enlèvements de plants , glands
et faines de nos forêts, contre la disposition de ces présentes, à

Arrêt du 15 mars 1833. — M. Rolland de Mal-leloy, f. f. pr. — M. Pierson, av.-gén., concl. conf. — N° 2172.

peine d'amende arbitraire et de tous dommages et intérêts (*). » — Tit. 27, art. 11. « Faisons très-expresses défenses d'arracher aucuns plants de chênes, charmes ou autres bois, dans nos forêts, sans notre permission et attache du grand-maître, à peine de punition exemplaire et de cinq cents livres d'amende. » — Art. 12. « Défendons à toutes personnes d'enlever, dans l'étendue et aux reins (*aux environs*) de nos forêts, sables, terres, marnes, ou argiles, ni de faire faire de la chaux à cent perches de distance, sans notre permission expresse, et aux officiers de le souffrir, sur peine de cinq cents livres d'amende et de confiscation des chevaux et harnois. » — Art. 27. « Faisons défenses aux usagers et à tous autres d'abattre la glandée, faine et autres fruits des arbres, les amasser ni emporter, ni ceux qui seront tombés, sous prétexte d'usage, ou autrement, à peine de cent livres d'amende. » — Tit. 32, art. 12. « Toutes personnes privées coupant, ou amassant, de jour, des herbages, glands, ou faines, de telle nature et âge que ce soit, et les emportant des forêts, boqueteaux, garennes et buissons, seront condamnés, pour la première fois, à l'amende, savoir : pour faix à col, cent sols ; pour charge de cheval ou bourrique, vingt livres, et, pour harnois, quarante livres; le double, pour la seconde fois, et, la troisième, bannissement des forêts, même du ressort de la maîtrise, et, en tout cas, confiscation des chevaux, bourriques et harnois qui se trouveront chargés. » — Art. 15. « Toutes personnes qui auront coupé, arraché et emporté arbres, branches, ou feuillages, de nos forêts, bois et garennes, et

---

(*) Pareille défense avait été faite aux officiers des eaux et forêts, par l'art. 9 de l'ordonnance de François 1er, du mois de janvier 1548.

Nota. Le même jour, treize autres arrêts identiques. Forêts contre :—Lévêque et Collas, N° 2173 ;

des ecclésiastiques, communautés, ou particuliers, pour noces, fêtes et confréries, seront punis de l'amende et restitution, dommages et intérêts, selon le tour et qualité des bois, ainsi qu'ils le seraient en autre délit (*). »

Une loi du 12 fructidor an II permettait à tous particuliers d'aller ramasser les glands, faines et autres fruits sauvages, dans les forêts appartenant à la nation, en observant, d'ailleurs, les lois concernant leur conservation. Mais, aujourd'hui, l'extraction ou l'enlèvement de productions quelconques du sol forestier ne peut plus avoir lieu, dans les bois de l'État, qu'en vertu d'une autorisation formelle du directeur-général des forêts ; s'il s'agit d'un bois appartenant à un particulier, à une commune, ou à un établissement public, l'autorisation doit être donnée par le propriétaire, le maire ou les administrateurs de cette commune, ou de cet établissement, sauf, dans ce dernier cas, l'approbation du directeur-général des forêts, qui doit, en même temps, régler

(*) Ordonn. de 1518, art. 28 : « Pour obvier au grand dégast et destruction de bois, qui adviennent au moyen des jeunes chesnes et autres arbres, que l'on prend en nosdites forests, tant pour nopces, banquets, festes des paroisses, confrairies, tavernes, qu'autrement : nous défendons à toutes personnes, de quelque estat qu'ils soyent, de prendre, coupper ny abattre cy-après, en nosdites forests, chesnes ny autres arbres, sur peine d'amende arbitraire et de prison : et à tous de les exposer en vente, ou acheter, sur peine de soixante sols parisis d'amende, et aux maistres-gruyers, verdiers, maistres-gardes, ou maistres-sergents ordinaires, officiers desdites eaux et forests, qu'ils ne vendent, délivrent et ne souffrent prendre, coupper et abattre ledit bois en nosdites forests, sur peine de suspension ou privation de leursdits offices, selon l'exigence du cas, et d'amende arbitraire. »

— Lepot, Drosne et Guillot, N° 2174 ; — Brocard, N° 2175 ; — Giroux, Haubert et Cassin, N° 2176 ; — Guillaume, Thiéry et Dupont, N° 2177 ; — Voideville, Garet et autres, N° 2178 ; — Decamus, N° 2179 ; — Journé, N° 2180 ; — Pierrot, N° 2181 ; — Cuny, N° 2182 ; — Compagnon et Grosjean, N° 2183 ; — Michel, N° 2184 ; — Vincent, N° 2185.

N° 73.

FORÊTS C. LÉVÊQUE ET COLLAS.

Il n'y a pas lieu de prononcer des dommages-intérêts contre des individus poursuivis pour avoir arraché, sans autorisation, des herbes dans une forêt, si le préjudice résultant de cette extraction est trop faible pour motiver une semblable condamnation (1).

le mode et les conditions de l'extraction (art. 144 c. forest. et 169 de l'ordonnance d'exécution).

(1) Dans deux autres circonstances (arrêts du 29 décembre 1829, — Forêts c. Ferry ; — M. Chippel, pr. — M. Adam, cons. aud., concl. contr. — N° 1754 ; — et du 12 janvier 1830, — Forêts c. Claudepierre ; — M. Chippel, pr. — M. Adam, cons. aud., concl. — N° 1774), la cour de Nanci s'est fondée sur le même motif pour refuser de prononcer des dommages-intérêts. Il s'agissait, dans la première espèce, d'un voiturier qui avait introduit dans une coupe, contrairement aux clauses du cahier des charges, un chariot attelé d'un bœuf non muselé, et,

Arrêt du 15 mars 1833. — M. Rolland de Malleloy, f. f. pr. — M. Pierson, av.-gén., concl.
contr. — N° 2173.

dans la seconde, d'un individu qui avait coupé et façonné la cime
d'un arbre chablis.

Un député, M. de Montbel, avait proposé, par voie d'amendement, d'ajouter à l'art. 144 c. forest. la sanction des dommages-intérêts qui se trouve dans les art. 147 et 148. « Vous sen-
» tez, disait cet orateur, à quel point les délits prévus dans l'ar-
» ticle que nous discutons peuvent être préjudiciables aux pro-
» priétaires de bois. Nul doute qu'il ne leur fût dû réparation de
» ces dommages par ceux qui les leur auraient causés ; le droit
» commun l'indique, et je pense que la disposition additionnelle
» que je demande se trouve déjà implicitement dans l'art. 144.
» Toutefois, pourquoi ne pas l'y ajouter explicitement, puis-
» qu'elle se trouve placée de cette manière, pour des cas analo-
» gues, à la suite des art. 147 et 148 ? Un des honorables mem-
» bres de la commission m'a fait observer que l'art. 202 suffirait
» pour assurer, d'une manière générale, aux propriétaires de
» bois, le droit dont je réclame, pour eux, l'énonciation formelle
» à la suite de l'art. 144. L'art. 202 est ainsi conçu : *Dans tous*
» *les cas où il y aura lieu* à adjuger des dommages-intérêts, etc.,
» etc. Mais les juges ne seront-ils pas fondés à penser qu'il n'y
» *aura lieu* à adjuger ces dommages-intérêts que *dans les cas* pré-
» vus par la loi, c'est-à-dire, dans la 1ʳᵉ section du titre 10, par
» exemple, par les art. 147 et 148, et non pour ceux que pré-
» voit l'art. 144, puisque celui-ci se trouve dépourvu de la ré-
» serve qu'on a jugé cependant nécessaire d'établir dans les art.
» 147 et 148 ? La chambre reconnaîtra, du moins, qu'il y au-
» rait, pour les personnes qui devront recourir à l'art. 144, uti-
» lité à n'être pas forcées de recourir également à un article pos-

Nota. Le même jour, douze autres arrêts semblables. Forêts contre : — Lepot, Drosne et Guillot, N° 2174 ; — Brocard, N° 2175 ; — Giroux, Haubert et Cassin, N° 2176 ; — Guillaume, Thiéry et Dupont, N° 2177 ; — Voideville et autres , N° 2178 ; — Decamus, N° 2179 ; — Journé , N° 2180 ; — Pierrot, N° 2181 ; — Cuny , N° 2182 ; — Compagnon et Grosjean, N° 2183 ; — Michel, N° 2184 ; — Vincent, N° 2185.

2° Contravention de ceux qui se trouvent avec des instruments tranchants, ou dont les voitures, bestiaux, ou animaux de charge ou monture, sont introduits dans les forêts, hors des chemins ordinaires.

N° 74.

FORÊTS C. GABRIEL.

Le fait, de la part des affouagers, ou de leurs ayant-droit, de s'introduire, avec des instruments tranchants, dans une coupe, sans l'autorisation de l'entrepreneur, pour débiter, façonner et enlever les bois qui leur ont été délivrés, ne constitue pas un

» térieur (l'art. 202) dont, faute d'avoir lu tout le code forestier, » elles pourraient , d'ailleurs , ignorer les dispositions et même l'existence. » Cet amendement de M. de Montbel a été rejeté (Chauveau, code forest., p. 554 ; — Baudrillart, comment. tom. 1, p. 421).

Voy. les citations placées sous la notice précédente.

délit, et, dès lors, on ne peut lui appliquer les peines prononcées par l'art. 146 c. forest. (1).

(1) Cette décision, qui est conforme à deux autres arrêts rendus par la cour de Nanci, sur la même question, le 22 décembre 1837 (Forêts c. Guillot, Mahaut et Godfert; — M. Costé, pr. — M. le Pr.-gén. concl. conf. — N° 2672), et le 19 janvier 1838 (Forêts c. Picardel et Dailly; — M. Costé, pr. — M. le Pr.-gén. concl. conf. — N° 2690), a été annulée par la cour de cassation, le 21 février 1859. Elle est fondée sur les motifs suivants : « La cour : — Attendu que l'introduction, dans une coupe en exploitation, de la part des affouagers, ou de leurs ayant-droit, pour y débiter, façonner et enlever les bois qui leur ont été délivrés, constitue un fait commandé par la nécessité des choses, et ne rentre dans aucune des dispositions de la loi pénale en matière forestière; — Qu'en tout cas, le fait constaté au procès-verbal ne caractérise en aucune manière le délit prévu par l'art. 146 c. forest., invoqué par l'administration; — Rejette l'appel. »

Arrêt de cassation; — La cour : — Attendu que les dispositions de l'art. 146 c. forest. sont générales et absolues, et ne souffrent d'exceptions que celles qui résultent de la nature des choses et des nécessités de l'exploitation; — Que le cessionnaire d'un usager ne peut avoir plus de droits que son cédant, et, conséquemment, qu'il ne peut entrer dans la coupe avec des instruments tranchants qu'avec l'autorisation de l'entrepreneur; — Attendu qu'il résulte des faits de la cause que le prévenu s'est introduit dans la coupe, à titre de cessionnaire des droits d'un usager, suivi de plusieurs ouvriers, porteurs, comme lui, d'instruments tranchants, et qu'il l'a fait, non seulement sans l'autorisation, mais encore contre le gré et malgré la défense expresse de l'entrepreneur; — Que, par là, ce prévenu s'était placé dans le cas prévu et puni par l'art. 146 c. forest.; — Qu'ainsi, c'est en violation formelle des dispositions

Arrêt du 29 décembre 1837. — M. Costé, pr. — M. le Pr.-gén. concl. conf. — N° 2678.

N° 75.

FORÊTS C. DOYOTTE.

Les *serpettes* se trouvant comprises dans la généralité de ces expressions, *et autres instruments de même nature*, employées par l'art. 198 c. forest., un tribunal ne peut, sous prétexte qu'elles n'ont pas été nominativement désignées dans cet article, refuser de prononcer la confiscation de celle dont le délinquant a été trouvé muni (1).

de cet article, que l'arrêt attaqué a renvoyé des fins de la plainte ce même prévenu ; — Casse et annule, etc., etc. (Bullet. crim., 1839, n° 54).

Ordonn. de 1669, tit. 27, art. 54 : « Les usagers et autres personnes trouvés, de nuit, dans les forêts, hors des routes et grands chemins, avec serpes, haches, scies, ou cognées, seront emprisonnés et condamnés, pour la première fois, en six livres d'amende, vingt livres, pour la seconde, et, pour la troisième, bannis de la forêt. »

(1) Conf. arrêt de la cour de Nanci, du 26 août 1836 (Forêts c. Moginet ; — M. de Sansonetti, f. f. pr. — M. le Pr.-gén. concl. conf. — N° 2535).

Ordonn. de 1669, tit. 32, art. 9 : « Outre l'amende, restitution, dommages et intérêts, il y aura toujours confiscation de chevaux, bourriques et harnois qui se trouveront chargés de bois de délit,

Arrêt du 22 décembre 1829. — M. Chippel, pr.
— M. Adam, cons.-aud., concl. conf. — N° 1749.

N° 76.

FORÊTS C. COLSON.

Les tribunaux doivent ordonner la confiscation de
l'instrument qui a servi à commettre le délit, ou le
paiement d'une somme équivalente à sa valeur, encore bien que la saisie n'en ait point été opérée (1).

Arrêt du 9 décembre 1828. — M. Chippel, pr.
— M. Saladin, subst. du pr.-gén., concl. conf.
— N° 1639.

N° 77.

FORÊTS C. MOREAU ET ROTY.

Un individu qui exploite une carrière, ouverte
dans une forêt, par un autre chemin que celui qui

et des scies, haches, serpettes, cognées et autres outils dont les
particuliers coupables et complices seront trouvés saisis.»

(1) Voy., en sens conforme, arrêts de la cour de cassation, du
22 février 1822 (Dalloz, Jur. gén., V° *Forêts*, p. 771, n° 3); —
de la cour de Metz, du 22 septembre 1835 (Sirey, 1837, 2, 117);
— M. Curasson, tom. 2, p. 428. ═Contr. M. Dalloz, Jur. gén.,
V° *Forêts*, p. 805, n° 12 ; — jugement du tribunal correctionnel
d'Yvetot du 30 janvier 1833 (Dalloz, 1834, 3, 41).

lui a été désigné, est passible des peines portées par l'art. 147 c. forest. — L'excuse de force majeure, en pareil cas, n'enlève pas au fait reproché son caractère de criminalité, et la preuve ne peut, dès lors, en être autorisée (1).

Voy., sous la notice précédente, l'art. 9, tit. 32, de l'Ordonnance de 1669.

(1) Cette affaire a été renvoyée à la cour de Nanci par un arrêt de la cour de cassation dont voici le texte : « La cour : — Attendu qu'un procès-verbal, non attaqué, constate qu'Auguste Moreau, voiturier d'Alexis Roty, a été trouvé conduisant un tombereau, attelé d'un cheval, dans la forêt royale de Valtiermont, où il avait pratiqué un chemin, ne suivant pas celui qui avait été désigné pour l'enlèvement des pierres d'une carrière dont Roty était entrepreneur ; — Que la force majeure alléguée ne pouvait enlever à ce fait le caractère de délit, parce que c'était à Roty à se pourvoir, devant l'administration, pour obtenir un autre chemin que celui qui lui avait été désigné, et que, jusqu'à ce qu'ils l'eussent obtenu, ils ne pouvaient, sans contrevenir à l'art. 147 c. forest., traverser la forêt sur un autre point; d'où il suit qu'en admettant les prévenus à la preuve de la force majeure par eux alléguée, le jugement attaqué a violé ledit art. 147; — Casse et annule le jugement rendu, par le tribunal de police correctionnelle de St.-Mihiel, etc., etc. » (Arrêt du 23 mai 1833; — Dalloz, 1833, 1, 293; — Baudrillart, Trait. gén., tom. 4, p. 628 ; — Sirey, 1833, 1, 813).

Conf. arrêt de la cour de cassation, du 31 mai 1833 (Baudrillart, Trait. gén., tom. 4, p. 630). — La cour suprême a consacré le même principe à l'égard de l'adjudicataire; elle a décidé, par un arrêt du 5 décembre 1833 (Dalloz, 1834, 1, 64), que l'adjudicataire qui exploite une coupe de bois de

Arrêt du 26 juillet 1835.—M. Rolland de Malleloy,
f. f. pr. — M. le Pr.-gén. concl. conf. — N° 2255.

N° 78.

FORÊTS C. RICHARD.

Un individu poursuivi pour contravention aux
dispositions de l'art. 147 c. forest., ne peut être
condamné à des dommages-intérêts, s'il ne résulte
pas du procès-verbal qu'ils soient susceptibles d'être
appréciés en argent (1).

Arrêt du 27 février 1835. — M. Troplong, pr. —
M. Bresson, av.-gén., (*s'en est rapporté à la prudence*) ; — N° 2404.

3° Prohibition de porter ou d'allumer du feu.

N° 79.

FORÊTS C. MANNEL ET MEUNIER.

Des individus qui ont rassemblé, au moyen de
mèches allumées, un essaim d'abeilles, découvert

l'État hors des chemins indiqués par le cahier des charges, est
passible de l'amende et de dommages-intérêts, encore bien que
les chemins désignés soient devenus impraticables, si, d'ailleurs,
il ne s'est pas pourvu près de l'administration pour en obtenir
d'autres. Telle est aussi, sur ce point, la jurisprudence de la
cour de Nanci. Voy. la notice 30.

(1) Dans l'espèce, le procès-verbal de reprise constatait que

dans le creux d'un arbre situé dans une forêt, sont passibles des peines de l'art. 148 c. forest., encore bien qu'ils allèguent que ces mèches ne produisaient pas de flammes, mais seulement de la fumée, et qu'ainsi elles ne pouvaient occasioner aucun accident (1).

les animaux trouvés en délit avaient cassé et écrasé, dans un taillis de 20 ans, 60 brins verts de semis de hêtre et de charme.

(1) Conf. arrêt de la cour de cassation, du 5 avril 1816 (Baudrillart, Trait. gén., tom. 2, p. 671).—Voy. aussi, dans le même sens, un autre arrêt de la cour suprême, du 26 août 1809 (Baudrillart, Trait. gén., tom. 2, p. 297;—Gagneraux, tom. 1, p. 324).

Ordonn. de 1669, tit. 27, art. 32: « Faisons aussi défenses à toutes personnes de porter et allumer feu, en quelque saison que ce soit, dans nos forêts, landes et bruyères, et celles des communautés et particuliers, à peine de punition corporelle et d'amende arbitraire, outre la réparation des dommages que l'incendie pourrait avoir causés, dont les communautés et autres qui ont choisi les gardes demeureront civilement responsables. »

Déclaration du Roi, du 13 novembre 1714 :—« Louis, par la grâce de Dieu, etc., etc.; nous avons, par l'art. 32 du titre 27 de notre Ordonnance du mois d'août 1669, fait défenses à toutes personnes de porter du feu, ou d'en allumer, dans nos forêts, landes et bruyères, et dans celles des communautés et particuliers, à peine de punition corporelle; et comme la qualité des peines corporelles qui doivent être ordonnées en ce cas n'est pas déterminée par cet article, nous avons été informé que plusieurs de nos juges des eaux et forêts se trouvent souvent embarrassés sur le genre de peines qu'ils doivent prononcer contre ceux qui ont contrevenu aux défenses portées par cet article; et étant important de lever toute difficulté à ce sujet, nous avons résolu d'expliquer expres-

Arrêt du 7 décembre 1852. — M. Chippel, pr. —
M. le Pr.-gén. concl. conf. — N° 2084.

sément la qualité des peines auxquelles nos juges doivent les
condamner, et nous avons jugé devoir déclarer en même temps les
peines auxquelles doivent être condamnés ceux qui mettent le
feu dans les landes et bruyères, et dans les autres lieux des forêts,
parce que nous avons appris qu'encore que ces peines soient
portées expressément par des ordonnances des Rois nos prédécesseurs , on prétend qu'elles ont été abrogées , sous prétexte
que nous n'en avons pas rappelé les dispositions par notredite
Ordonnance de 1669. Sur quoi nous avons estimé qu'il était
d'autant plus nécessaire d'expliquer nos intentions, que les fréquents incendies arrivés depuis peu dans quelques-unes de nos
forêts , et dans celles des communautés et des particuliers, nous
obligent à redoubler nos soins pour la conservation des bois et
forêts de notre royaume, qui ont souffert une grande diminution
pendant la dernière guerre. A ces causes et autres à ce nous
mouvant, de notre certaine science , pleine puissance et autorité
royale, nous avons, par ces présentes, signées de notre main, dit,
déclaré et ordonné , disons , déclarons et ordonnons, voulons et
nous plaît , que les pâtres et tous autres qui seront convaincus
d'avoir porté du feu, ou d'en avoir allumé, dans nos forêts, landes
et bruyères , et celles des communautés et des particuliers , ou
d'avoir fait du feu plus près d'un quart de lieue desdits bois, landes
et bruyères , soient punis, pour la première fois, de la peine du
fouet, et de celle des galères, en cas de récidive: voulons que ceux
qui, de dessein prémédité , auront mis le feu dans les landes et
bruyères, et dans les autres lieux desdits bois et forêts, soient
punis de mort, et que tous ceux qui auront causé des incendies
dans lesdits bois et forêts , soient condamnés , outre les peines
ci-dessus, en telle amende qui sera arbitrée par nos juges, et aux

N° 80.

FORÊTS C. BROSY.

Le fait d'avoir allumé du feu à moins de 200 mètres de distance d'une forêt, en dehors et près d'un mur construit, avant la promulgation du code forestier, pour supporter une chaudière, est passible des peines prononcées par l'art. 148 du même code, et, par suite, il y a lieu d'annuler le jugement qui aurait décidé le contraire, sous prétexte que ce mur doit être assimilé aux constructions dont il est question dans l'art. 153, § 3, du code précité (1).

dommages et intérêts soufferts par les propriétaires desdits bois. Enjoignons à nos officiers des eaux et forêts de faire faire de fréquentes tournées, tant le jour que la nuit, par les sergents et gardes des bois, pour prévenir de pareils désordres. Si donnons en mandement, etc., etc. »

Arrêté du Directoire exécutif, du 25 pluviôse an 6:═«Considérant que les forêts nationales sont exposées à être dévastées par des incendies, presque toujours l'effet de la malveillance des riverains; qu'il est de l'intérêt même des communes riveraines d'en arrêter les effets désastreux.....;—Arrète ce qui suit:......Art. 3. Les dispositions de l'art. 32 du titre 27 de l'Ordonnance de 1669, qui défendent de porter ou d'allumer du feu dans les forêts, continueront d'être exécutées selon leur forme et teneur.—Art. 4. Les agents forestiers et les municipalités riveraines sont chargés de prévenir les délits de cette espèce, d'en rechercher, dénoncer les auteurs, et de les poursuivre suivant la rigueur des lois.»

Voy. les articles 434, 436 et 458 du code pénal.

(1) Conf. arrêt de la cour de cassation, du 25 juin 1835 (Dal-

Arrêt du 14 août 1835. — M. de Bouvier, f. f. pr.
— M. le Pr.-gén. concl. conf. — Nᵒ 2434.

§ II.

Dispositions applicables seulement aux bois et forêts soumis au régime forestier.

—

Nᵒ 81.

FORÊTS C. PITOIZELLE.

Le fait d'avoir reconstruit, sans autorisation, un ancien four à chaux placé à moins d'un kilomètre de distance d'une forêt communale, constitue un nouvel œuvre et rentre ainsi sous l'empire des dispositions prohibitives de l'art. 151 c. forest. (1).

loz, 1835, 1, 379; — Journal du Palais, tom. 65, p. 520). Voy. la note précédente.

(1) Ordonn. de 1669 : — Tit. 27, art. 19. « Défendons aux marchands ventiers, usagers et à toutes autres personnes de faire cendres dans nos forêts, ni dans celles des ecclésiastiques ou communautés, aux usufruitiers et à nos officiers de le souffrir, à peine d'amende arbitraire et de confiscation des bois vendus, ouvrages et outils, et privation de charges contre les officiers, s'il n'y a lettres-patentes vérifiées sur l'avis des grands-maîtres. » — Art. 23. « Les cercliers, vanniers, tourneurs, sabotiers, et autres de pareille condition, ne pourront tenir ateliers dans la distance

Arrêt du 50 décembre 1856. — M. Costé, pr. —
M. le Pr.-gén. concl. conf.—Mᵉ Maire, av.—Nᵒ 2554.

Nᵒ 82.

MÊME ARRÊT.

Le tribunal ne peut, tout en ordonnant la démolition de cette construction et en prononçant l'amende
établie par la loi, accorder au prévenu un délai pour
se pourvoir de l'autorisation nécessaire, et suspendre
pendant ce temps l'exécution de son jugement.

Nᵒ 85.

FORÊTS C. DIDELOT.

Jugé, dans le même sens, que lorsqu'un individu
est poursuivi pour avoir fait commencer la construction d'une maison à moins de 500 mètres de distance
d'une forêt royale, avant l'expiration des six mois
dans lesquels il doit être statué sur la demande qu'il
a présentée à cet effet, le tribunal ne peut, sans violer l'art. 155 c. forest., lui accorder un délai pour se
faire autoriser à laisser subsister les constructions

d'une demi-lieue de nos forêts, à peine de confiscation de leurs
marchandises et de cent livres d'amende. » = Voy. aussi, sous
la notice 72, l'article 18, tit. 5, de la même ordonnance.

qu'il a indûment entreprises, et surseoir jusque là
à statuer sur les poursuites ; il doit ordonner sur-le-
champ la destruction des travaux (1).

Arrêt du 29 décembre 1829. — M. Chippel, pr.—
M. Troplong, av.-gén., concl. — N° 1751.

N° 84.

MÊME ARRÊT.

Dans ce cas, les poursuites de l'administration forestière n'ont pas pour effet d'anéantir, ni même de
suspendre la demande en autorisation. De là il résulte que, si, au moment du jugement ou de l'arrêt,
plus de six mois se sont écoulés depuis la date du visa
prescrit par l'art. 178 de l'ordonnance d'exécution,
sans qu'il ait été prononcé sur cette demande, le prévenu ayant acquis le droit de construire, il n'y a plus

---

(1) Ordonn. de 1669 : — Tit. 27, art. 17. « Toutes maisons
bâties sur perches, dans l'enceinte, aux reins et à demi-lieue des
forêts, par des vagabonds et inutiles, seront incessamment démo-
lies, et leur sera fait défenses d'en bâtir à l'avenir, dans la distance de deux lieues de nos bois et forêts, sur peine de punition corporelle. » — Art. 18. « Défendons à toutes personnes de faire
construire à l'avenir aucuns châteaux, fermes et maisons, dans
l'enclos, aux rives et à demi-lieue de nos forêts, sans espérance
d'aucune remise ni modération des peines d'amende et des
confiscations du fonds et des bâtiments. »

lieu de lui appliquer les dispositions pénales de l'art. 153 c. forest.

N° 85.

FORÊTS C. ROCH.

Un individu qui, sans autorisation préalable, a augmenté d'une boutique de maréchal-ferrant une maison construite à 55 mètres seulement d'une forêt royale, n'est passible d'aucune peine, ce fait rentrant dans l'exception établie par le § 3 de l'art. 153 c. forest., et, par conséquent, c'est à tort qu'on invoquerait contre le prévenu les dispositions de l'arrêt du conseil, du 9 août 1723, et celles de l'art. 73 de la loi du 21 avril 1810, sous prétexte qu'il s'agit ici d'un cas qui n'a pas été prévu par ce code (1-2).

(1) Cet arrêt défendait à toutes personnes, de quelque qualité et condition qu'elles fussent, et à toutes les communautés ecclésiastiques et laïques, régulières et séculières, économes, administrateurs, recteurs et principaux des colléges, etc., etc., d'établir à l'avenir aucuns fourneaux, forges, martinets et verreries, augmentation de feu et de marteau, sinon en vertu de lettres-patentes, bien et dûment vérifiées, à peine de trois mille livres d'amende et de démolition des fourneaux, forges, martinets et verreries, et de confiscation des bois, charbons, mines et ustensiles servant à leur usage.

Loi du 21 avril 1810, art. 73 : « Les fourneaux à fondre les minerais de fer et autres substances métalliques, les forges et

Arrêt du 13 décembre 1831.—M. Chippel, pr.—
M. le Pr.-gén. concl. conf. — Me Laflize, av. — No
1970.

martinets pour ouvrer le fer et le cuivre, les usines servant de pa-
touillets et bocards, celles pour le traitement des substances salines et pyriteuses, dans lesquelles on consomme des combusti-
bles, ne pourront être établis que sur une permission accordée
par un règlement d'administration publique. » Aux termes de
l'art. 96 de la même loi, l'infraction à cette disposition doit être
punie d'une amende de 500 fr., au plus, et de 100 fr., au moins,
et d'une détention qui ne peut excéder la durée fixée par le code
de police correctionnelle.

(2) Dans l'espèce jugée par cet arrêt, l'administration forestière prétendait que les art. 151 et suiv. du code forestier,
qui défendent de construire, sans autorisation préalable, des
usines à feu et des maisons à proximité des forêts, n'avaient
d'autre but que de prévenir les incendies, et d'empêcher des
délits qu'il serait presque toujours impossible de constater,
puis qu'on pourrait très-facilement faire disparaitre le bois
qui en proviendrait ; que ces dispositions prohibitives avaient
été uniquement établies dans l'intérêt du sol forestier ; mais que
l'arrêt du conseil, du 9 août 1723, avait été rendu, au contraire,
dans l'intérêt général des habitants ; qu'il avait surtout voulu
leur assurer le bois nécessaire à leur consommation, en soumet-
tant à certaines conditions la construction ou l'augmentation des
usines qui ont besoin, pour leur alimentation, d'une quantité
considérable de combustible. Aussi, ajoutait—elle, cet arrêt défend, d'une manière générale et absolue, de former à l'avenir
aucun établissement de cette nature, sans en avoir préalablement
obtenu l'autorisation du Gouvernement, quand bien même l'em-
placement sur lequel on se proposerait de le construire ne serait

N° 86.

FELLERATH C. FORÊTS.

L'exploitant de la scierie sur les chantiers de laquelle
il existe des tronces non reconnues, ni marquées, est
seul passible de l'amende que l'art. 158 c. forest. prononce contre ce genre de délit.

Arrêt du 31 mars 1829. — M. Chippel, pr.— M.
Masson, subst. du pr.-gén., concl. conf.— N° 1675.

N° 87.

GANDARD C. FORÊTS.

Le propriétaire d'une verrerie, légalement établie,
qui a fait augmenter, sans autorisation, le nombre des

pas situé dans le voisinage d'une forêt; car il ne fait aucune distinction à cet égard. Or, comme le cas qu'il prévoit n'a pas été réglé
par le code forestier, il faut, par conséquent, reconnaître que ses
prescriptions sont encore aujourd'hui obligatoires. L'administration ne reproduisit plus, en appel, le moyen tiré des dispositions
de la loi du 21 avril 1810 , qu'elle avait cru devoir invoquer en
première instance, quoiqu'elle soit évidemment inapplicable aux
matières forestières: Le tribunal de police correctionnelle d'Epinal, dont la cour de Nanci confirma le jugement, en adoptant les
motifs sur lesquels il est fondé , décida que le fait imputé au
prévenu rentrait dans l'exception prévue par l'art. 155, § 3, du

places, ou creusets, qui y ont été construits dans l'origine, ne doit pas être condamné aux peines prononcées par l'arrêt du conseil du 9 août 1723 (1), s'il est démontré par l'expertise qui a été ordonnée à cet effet, qu'il n'y a pas eu augmentation de feu, la quantité de bois nécessaire à l'alimentaion de l'usine n'étant pas plus considérable qu'autrefois, et que l'accroissement de produits, résultant de la construction des nouveaux creusets, n'est dû qu'à un perfectionnement de l'industrie qui ne porte aucune atteinte à l'intérêt public.

Arrêt du 50 mars 1830. — M. Chippel, pr. — M. Adam, cons. aud., concl. conf. — Me Fabvier, av. — N°s 1753, 1801.

code forestier, et il le renvoya, en conséquence, des poursuites dirigées contre lui. — Conf. M. Curasson, tom. 2, p. 16.

(1) Cet arrêt a été rapporté sous la notice 85.

ARTICLE V.

DES POURSUITES EXERCÉES AU NOM DE L'ADMINISTRATION FORESTIÈRE OU DES PARTICULIERS.

—

De la procédure en matière de contraventions et de délits forestiers.

—

Formes, signification et effets des procès-verbaux, citations et exploits.

N⁰ 88.

FORÊTS C. SOUTER.

La disposition de l'art. 162 c. forest. qui veut que les maires et autres fonctionnaires dénommés en l'art. 161, signent le procès-verbal de la perquisition faite en leur présence, sauf au garde, en cas de refus de leur part, à en faire mention au procès-verbal, n'est pas prescrite, par la loi, à peine de nullité (1).

(1) Loi du 29 septembre 1791, tit. 4, art. 8 : « Lorsqu'un procès-verbal de séquestre aura été fait en présence d'un officier municipal, ledit officier y sera dénommé, et le garde prendra sa signature avant l'affirmation, à moins que ledit officier ne sache ou ne veuille signer, et, alors, il en sera fait mention. »

Arrêté du Directoire exécutif, du 4 nivôse an V : — Art. 1ᵉʳ. « Tout garde forestier qui jugera utile ou nécessaire à la recher-

Arrêt du 18 décembre 1835. — M. Moreau, pr. — M. Bresson, av.-gén., concl. conf. — Mᵉ Louis, av. — Nᵒ 2467.

che des bois coupés en délit ou volés, d'en faire perquisition dans un bâtiment, maison, atelier, ou cour adjacente, requerra le premier officier ou agent municipal, ou son adjoint, ou commissaire de police du lieu, de l'accompagner dans cette perquisition, et désignera, dans l'acte qu'il dressera à cette fin, l'objet de la visite ainsi que les personnes chez lesquelles elle devra avoir lieu. » — Art. 2. « L'officier, agent ou adjoint municipal, ou commissaire de police, ainsi requis, ne pourra se refuser d'accompagner sur-le-champ le garde forestier dans la perquisition. Il sera tenu, en outre, conformément à l'art. 8 du titre 4 de la loi du 29 septembre 1791, de signer le procès-verbal de perquisition du garde avant l'affirmation, sauf au garde à faire mention du refus qu'il en ferait. » — Art. 3. « Tout officier, agent ou adjoint municipal qui contreviendra, soit à l'une, soit à l'autre des dispositions de l'article précédent, sera, par le commissaire du Directoire exé-cutif près l'administration municipale du canton, dénoncé à l'administration centrale du département, laquelle sera tenue de suspendre le contrevenant de ses fonctions, conformément à l'art. 194 de l'acte constitutionnel (*), et d'en rendre compte sur-le-champ au ministre de la police générale, pour, sur son rapport, être, par le Directoire exécutif, statué sur la traduction de l'officier suspendu devant les tribunaux. » — Art. 4. « Tout com-

(*) Constitution du 5 fructidor an III, art. 194 : « Les ministres peuvent aussi suspendre les administrations de département qui ont contrevenu aux lois ou aux ordres des autorités supérieures ; et les administrations de département ont le même droit à l'égard des membres des administrations municipales. »

N° 89.

FORÊTS C. VEUVE RAYEL.

Les dispositions du code de procédure civile relatives aux formalités des exploits ne sont pas appli-

missaire de police qui se trouvera dans le cas de l'article précédent sera, par le commissaire du Directoire exécutif près l'administration municipale, dénoncé tant à l'administration municipale elle-même, qui sera tenue de le destituer, conformément à l'art. 26 du code des délits et des peines, qu'à l'accusateur public, qui procèdera à son égard ainsi qu'il est réglé par les art. 284 et suivants du code des délits et des peines (*). »

Voy. l'art 16 du code d'instruction criminelle.

(*) Code des délits et des peines du 3 brumaire an IV : — Tit. 2, art. 26. « Les commissaires de police sont destituables au gré de l'administration municipale. »—Tit. 4, art. 284. « En cas de négligence des officiers de police judiciaire dans l'exercice de leurs fonctions, il (l'accusateur public) les avertit, ou les réprimande fraternellement, suivant les circonstances. — En cas de récidive, il les fait citer devant le tribunal criminel, qui, après les avoir entendus, leur enjoint publiquement d'être plus exacts à l'avenir, et les condamne aux frais de la citation ainsi que de la signification du jugement. » — Art. 285. « Si un officier de police judiciaire s'est rendu coupable, dans l'exercice de ses fonctions, d'un délit dont la peine n'est ni afflictive, ni infamante, l'accusateur public le cite, par un mandat de comparution, devant le tribunal criminel, qui, dans ce cas, prononce comme tribunal correctionnel, sans, néanmoins, qu'il puisse y avoir appel de ses jugements. » — Art. 286. « Si un officier de police judiciaire s'est rendu coupable, dans l'exercice de ses fonctions, d'un délit emportant peine afflictive, ou infamante, l'accusateur public remplit

cables, d'une manière absolue, aux matières correctionnelles (1).—Ainsi, est valable un exploit de signification dont le garde forestier a déclaré avoir laissé
copie à la *demoiselle* de la prévenue, quoique celle-
ci n'ait point de fille, si, d'ailleurs, il est certain,
malgré cette énonciation erronée, que la partie a
eu connaissance de cette notification.

Arrêt du 4 juillet 1834. — M. Troplong, pr.—
M. le Pr.-gén. concl. conf. — Me Moreau, av. —
N° 2332.

(1) Voy., sur cette question, les arrêts suivants : — de la cour
de Nanci, des 4 avril et 30 juin 1829 (voy. la notice suivante), et
29 novembre 1831 (notice 166) ; —de la cour de cassation, des
5 mai 1809 (Baudrillart, Trait. gén., tom. 2, p. 273), 2 avril
1819 Sirey, 1819, 1, 516 ; — Baudrillart, Trait. gén., tom.
2, p. 794 ; — Gagneraux, tom. 1, p. 358), 15 février 1821
Baudrillart, Trait. gén., tom. 2, p. 891 ; — Gagneraux, tom.
1, p. 383, § 4), 30 décembre 1825 (Baudrillart, Trait. gén.,
tom. 3, p. 597 ; — Gagneraux, tom. 1, p. 358, § 5), 25 janvier 1828 Sirey, 1828, 1, 221 ; — Baudrillart, Trait. gén.,
tom. 4, p. 38), 15 janvier 1830 (Sirey, 1830, 1, 203), et 20
juin 1838 (Sirey, 1838, 1, 735); = de la cour de Grenoble,
du 8 mai 1824 (Sirey, 1825, 2, 166); — de la cour de Toulouse, du 27 décembre 1826 (Sirey, 1827, 2, 240). — Voy.
aussi M. Curasson, tom. 2, p. 83, et les arrêts rapportés par
M. Dalloz, Jur. gén., V° *Exploit*, p. 712 et suiv.

à son égard les fonctions d'officier de police judiciaire, et, après avoir
décerné contre lui les mandats d'amener et d'arrêt, il l'envoie devant le
directeur du jury de l'arrondissement dans lequel le délit a été commis.»

N° 90.

FORÈTS C. LA COMMUNE D'AZELOT.

Jugé de même que les formalités prescrites, pour la validité des exploits, par le code de procédure civile, ne sont pas applicables, en général, aux matières correctionnelles. — Spécialement, il n'est pas nécessaire, à peine de nullité, en matière forestière, que l'exploit original d'une citation donnée à une commune soit visé par le maire, surtout lorsque cet acte constate que c'est au maire lui-même, en parlant à sa personne, que la copie a été remise (1).

(1) La commune d'Azelot ayant formé opposition à cet arrêt, qui avait été rendu par défaut, la cour de Nanci jugea, dans un sens contraire à sa première décision, la question sur laquelle elle était de nouveau appelée à prononcer. Par ce second arrêt, qui porte la date du 30 juin 1829 (*) (M. Chippel, pr. — M. Masson, subst. du pr.-gén., concl. contr. — N° 1692), elle décida que le visa du maire sur l'exploit original d'une citation qui lui est signifiée, en sa qualité, étant le seul moyen légal de connaître si la commune qu'il représente a été réellement assignée, cette formalité devait être considérée comme un élément substantiel de l'acte, et qu'il fallait, par conséquent, quoiqu'elle ne fût pas exigée par le code d'instruction criminelle, l'observer,

(*) Cet arrêt est rapporté dans Sirey, 1829, 2, 352. — Le même jour, 30 juin 1829, autre arrêt semblable de la cour de Nanci (Boulet c. Forêts; — N° 1693).

Arrêt du 4 avril 1829. — M. Chippel, pr. — M.
Masson, subst. du pr.-gén., concl. conf. — N° 1678.

à peine de nullité, en matière forestière, comme en matière civile.
Voici, au surplus, les motifs sur lesquels cet arrêt est fondé : —
« Considérant que le code d'instruction criminelle n'ayant pas
réglé les formes de tous les actes de procédure auxquels peuvent
donner lieu les actions correctionnelles, il ne peut pas y être
arbitrairement suppléé ; mais il faut en conclure que le législateur
a voulu, pour les cas non prévus, laisser subsister ce qui avait
été prescrit de droit commun, par le code de procédure civile ;
qu'ainsi, par exemple, le code d'instruction criminelle n'ayant
rien disposé sur les règles à suivre en matière, soit d'intervention,
soit de signification de jugements par défaut, il y a lieu de rendre
applicables aux procédures correctionnelles les articles 466, 474
et 156 du code de procédure civile ; et c'est ce qu'a jugé la cour
de cassation, par arrêt du 18 juillet 1817 (Bullet. crim., n° 66),
et la cour de Nanci, par arrêt du 19 avril 1815 (N° 289) ; —
Considérant que, ce principe une fois admis, il s'agit, en la cause,
pour apprécier la validité de la citation donnée au maire d'Azelot,
de reconnaître si le code d'instruction criminelle a réglé les
formes des citations de manière à se suffire à lui-même, c'est-à-
dire, à empêcher tout recours quelconque au code de procédure
civile ; — Considérant que l'art. 182, en exigeant qu'une citation
soit donnée au prévenu, n'indique en aucune manière quels doivent être les éléments substantiels de cet acte ; que, néanmoins,
au nombre de ceux indispensables à connaître et à fixer, se
trouve, en première ligne, le mode légal dont la personne citée
doit être touchée de l'exploit ; d'où il suit que le code d'instruction criminelle gardant sur ce point le plus complet silence, il
faut, pour ce cas, comme pour ceux précédemment cités, avoir
recours au droit commun fixé par l'art. 69 du code de procédure

civile; — Vainement on oppose que l'art. 184 du code d'instruction criminelle a prévu la seule nullité dont peut être entachée la
procédure antérieure au jugement ; cet article, uniquement relatif à l'abréviation des délais, en matière de citations correctionnelles, doit être renfermé dans cette spécialité, et l'on doit en
conclure, au contraire, que si la loi a annulé la procédure, par
cela seul que les délais de citation n'auraient pas été observés,
à plus forte raison a-t-elle dû reconnaître les nullités résultant
de ce que le prévenu n'aurait pas été touché de la citation elle-
même ; — Considérant qu'il est constant, en fait, dans la cause,
que l'exploit original de la citation donnée au maire d'Azelot ne
contient pas le visa prescrit, à peine de nullité, par les articles
69, § 5, et 70 du code de procédure civile; qu'ainsi, ce visa étant
une garantie indispensable pour faire preuve légale que la personne du maire a été touchée de l'exploit, et, par conséquent,
pour établir que la commune a été réellement assignée, il y a
lieu d'annuler et de considérer comme non-avenues la procédure
et la condamnation par défaut antérieurement prononcée, etc.,
etc. » == Sur le pourvoi de l'administration forestière, cet arrêt a
été cassé, le 14 janvier 1830, par les motifs suivants : « La cour :
— Attendu que les formes dans lesquelles les citations doivent
être données, en matière correctionnelle, sont déterminées par
les art. 182, 183 et 184 du code d'instruction criminelle ; qu'aucun de ces articles ne prononce la nullité des citations, et qu'il
suffit que le prévenu ait eu connaissance qu'il était cité devant le
tribunal correctionnel pour répondre sur le fait qui lui était
imputé ; d'où il suit que les dispositions du code de procédure
civile relatives aux formalités des exploits, en matière civile, ne
sont pas applicables en matière correctionnelle ; — Attendu que,
dans l'espèce, la citation a été donnée au maire de la commune
d'Azelot, en parlant à sa personne ; que la notification du jugement par défaut obtenu contre lui, sur cette citation, lui a été
faite de la même manière, sans qu'il ait non plus apposé son

N° 91.

FORÊTS C. DUPAL.

Lorsque la citation donnée à un prévenu est datée, et qu'il y a seulement erreur dans l'énonciation du mois de sa signification, cette erreur ne peut être une cause de nullité de l'exploit, surtout si le défendeur comparaît à l'audience pour laquelle il a été cité.

Arrêt du 4 janvier 1834. — M. Troplong, pr. — M. le Pr.-gén. concl. conf. — Me Mamelet, av. — N° 2289

N° 92.

FORÊTS C. SCHVALLER.

On est non-recevable à demander pour la première fois en appel la nullité d'un procès-verbal,

visa sur cet acte ; qu'il est constant qu'il a reçu cette notification, puisqu'elle a été suivie de son opposition ; qu'il a, dès lors, connu l'action intentée contre lui, et qu'en prononçant la nullité de la citation, pour défaut de visa, en vertu des art. 69 et 70 du code de procédure civile, l'arrêt attaqué a fait une fausse application de ces articles, et violé les articles 182, 183 et 184 du code d'instruction criminelle ; — Par ces motifs : — Casse, etc., etc. » (Sirey, 1830, 1, 154 ; — Baudrillart, Trait. gén., tom. 4, p. 338).

surtout lorsqu'on a déclaré, devant les premiers juges, qu'on s'en rapportait à leur prudence.

Arrêt du 15 mars 1833.—M. Rolland de Malleloy, f. f. pr. — M. Pierson, av.-gén., concl. conf. — N° 2171.

N° 93.

VALLET C. FORÊTS.

La circonstance que *le parlant à* a été laissé en blanc dans la copie d'une citation qui, d'ailleurs, réunit les conditions exigées par l'art. 172 c. forest., ne peut entraîner la nullité de cet acte, surtout lorsque la copie qui en a été délivrée est représentée à l'audience par le prévenu lui-même (1).

Arrêt du 21 décembre 1832. — M. Chippel, pr. —M. le Pr.-gén. concl. conf. — N° 2131.

N° 94.

LE MINISTÈRE PUBLIC C. MARTIN ET PÉTIT.

Ces mots, *le garde a signé, après lecture faite*, contenus dans l'acte d'affirmation d'un procès-verbal qui n'a pas été écrit de la main du garde rapporteur,

---

(1) Conf. arrêt de la cour de cassation, du 18 novembre 1813 (Dalloz, Jur. gén, V° *Exploit*, p. 712, § 3 ;—Baudrillart, Trait. gén., tom. 2, p. 606); = M. Curasson, tom. 1, p. 230.

n'indiquent pas suffisamment que c'est au garde que la lecture a été faite, et entraînent, par suite, la nullité du procès-verbal.

Arrêt du 28 mai 1833.—M. Rolland de Malleloy, f. f. pr. — M. Poirel, av.-gén., concl. contr. — Mᶜ Antoine, av. — N° 2212 (1-2).

(1) Cet arrêt est rapporté dans le recueil imprimé des arrêts de la cour de Nanci, p. 141, et dans celui de M. Dalloz, 1834, 2, 211.

(2) S'il est indispensable, dans ce cas, que l'acte d'affirmation énonce, d'une manière claire et positive, que c'est au garde rapporteur qu'il a été donné lecture du procès-verbal, on doit décider, par suite du même principe, qu'il est également nécessaire, sous peine de nullité, qu'il constate que c'est par le fonctionnaire public devant lequel le rapport a été affirmé que cette lecture a été faite. Ainsi, il ne suffirait pas de dire que le garde *a ouï la lecture de son procès-verbal*. (Arrêt de la cour de cassation, du 17 juin 1830; — Sirey, 1830, 1, 577; — Baudrillart, Trait. gén., tom. 4, p. 392).

Loi du 25 décembre 1790, art. 1ᵉʳ: « Tous les gardes des bois et forêts reçus dans les maîtrises ou gruries royales, dans les ci-devant juridictions des salines et dans les ci-devant justices seigneuriales, sont tenus, sous les peines portées par les ordonnances, de faire, dans la forme qu'elles prescrivent, des rapports ou procès-verbaux de tous les délits et contraventions commis dans leurs arrondissements respectifs. Les procès-verbaux seront rédigés en double minute, et seront affirmés, dans le délai de vingt-quatre heures, soit devant le plus prochain juge de paix, ou l'un de ses prud'hommes assesseurs; et, dans le cas où ils ne seraient point en fonctions, devant le maire ou autre officier de la municipalité la plus voisine du lieu du délit, soit devant un des juges du tribunal du district dans le ressort duquel le délit aura été commis.»

Loi du 29 septembre 1791 , tit. 4, art. 7 : « Ils (les gardes) signeront leurs procès-verbaux, et les affirmeront, dans les vingt-quatre heures, par-devant le juge de paix du canton de leur domicile, et, à son défaut, par-devant l'un de ses assesseurs. »

Loi du 28 floréal an X, art. 11 : « L'affirmation des procès-verbaux des gardes champêtres et forestiers continuera d'être reçue par les juges de paix ; les suppléants pourront, néanmoins, la recevoir pour les délits commis dans le territoire de la commune où ils résideront, lorsqu'elle ne sera pas celle de la résidence du juge de paix. Les maires, et, à défaut des maires, leurs adjoints pourront recevoir cette affirmation, soit par rapport aux délits commis dans les autres communes de leurs résidences respectives, soit même par rapport à ceux commis dans les lieux où résident le juge de paix et ses suppléants, quand ceux-ci sont absents. »

On lit dans l'exposé des motifs de cette dernière loi : « Que l'art. 11, en laissant aux juges de paix , et en accordant à leurs suppléants le droit exclusif de recevoir l'affirmation des procès-verbaux des gardes champêtres et forestiers, pour les délits commis dans les lieux de leurs résidences respectives, rend aussi les maires et adjoints aptes à recevoir cette affirmation dans les autres communes ; que cette disposition, fortement sollicitée par l'administration générale des forêts, était devenue nécessaire depuis la nouvelle circonscription des justices de paix. Les délits, ajoutait l'orateur du Gouvernement , se commettent souvent à une assez grande distance du lieu où réside le juge de paix ; l'intempérie des saisons, la fatigue et d'autres obstacles ne permettent pas toujours à un garde de faire, incontinent après la découverte d'un délit, plusieurs lieues pour en rendre compte. D'un autre côté, tout le temps employé en voyages de cette espèce est perdu pour la surveillance , et souvent il arrive qu'on saisit l'intervalle pendant lequel le garde vaque à l'affirmation d'un délit pour en commettre d'autres. Enfin, s'il importe de maintenir la brièveté du délai de l'affirmation, pour éviter toutes les manœuvres intermédiaires des délinquants, il faut, cependant, reconnaître qu'un délai de vingt-quatre heures deviendrait souvent trop court, si le juge de paix était seul capable de recevoir l'affirmation des procès-verbaux dans toute l'étendue du canton. Dans un tel état de choses, il n'y a qu'avantage à conférer cette aptitude au maire ou adjoint de la commune où le délit s'est commis, lorsque ni le juge, ni ses suppléants ne résident dans cette commune. »

Quelques tribunaux, se fondant sur ces mots, *quand ceux-ci sont absents*, qui terminent l'art. 11 de la loi du 28 floréal an X, avaient décidé qu'il fallait, dans tous les cas, pour que les officiers municipaux pussent recevoir l'affirmation des procès-verbaux des gardes, que l'absence du juge de paix et de ses suppléants eût été préalablement constatée. La question fut soumise au grand-juge qui la décida en ces termes : « L'art. 11 de la loi du 28 floréal an X autorise les maires et adjoints à recevoir l'affirmation des procès-verbaux des gardes champêtres et forestiers, dans leurs communes respectives, autres que celles du juge de paix et de ses suppléants, lors même que les uns et les autres sont présents dans leur commune. La circonstance de l'absence du juge de paix et de ses suppléants ne devient nécessaire que par rapport à l'attribution que donne encore cet article aux maires et adjoints de recevoir les affirmations des procès-verbaux, même pour délits commis dans les lieux où résident le juge de paix et ses suppléants. C'est dans ce dernier cas seulement que l'attribution des maires et adjoints est subordonnée à l'absence du juge de paix et de ses suppléants ; mais toutes les fois qu'il s'agit de délits commis dans des communes autres que celles de la résidence du juge de paix et de ses suppléants, les maires et adjoints de ces communes ont caractère pour recevoir l'affirmation de ces pro-

N° 95.

FORÊTS C. FISCHER.

L'art. 165 c. forest. n'exige pas que les gardes
fassent constater, dans l'acte d'affirmation des procès-
verbaux qu'ils ont seulement signés, la cause qui les
a empêchés de les écrire eux-mêmes ; dans ce cas,

cès-verbaux. En leur donnant ce caractère, la loi a voulu prévenir les inconvénients qui seraient résultés de la suppression des
assesseurs, et de l'augmentation d'étendue des arrondissements
des justices de paix ; et son but ne serait point rempli , si les
maires et adjoints ne pouvaient recevoir l'affirmation que dans
le cas où le juge de paix et ses suppléants seraient absents de
leurs communes respectives. » Cette décision ministérielle a été
adressée, sous forme de circulaire, à **MM.** les conservateurs, le
27 floréal an **XI,** n° 143.

La loi du 5 janvier 1791 voulait que les gardes qui ne savaient
pas écrire fissent rédiger leurs rapports par le greffier du juge de
paix du canton où le délit avait été commis. Mais cette disposition
législative a été abrogée par l'art. 165 c. forest.; aujourd'hui , les
gardes peuvent faire écrire leurs procès-verbaux par toute personne
investie de leur confiance. La loi exige seulement, dans ce cas, que
le fonctionnaire public qui en reçoit l'affirmation en donne préalablement lecture au garde rapporteur, et qu'il soit fait mention
de l'accomplissement de cette formalité. (Arrêt de la cour de
cassation, du 18 juin 1829; — Baudrillart, Trait. gén. , tom. 4,
p. 259 ; — Sirey, 1830, 1, 354).

il suffit, pour la validité du procès-verbal, qu'il énonce l'affirmation qui en a été faite devant l'officier public compétent, ainsi que la lecture qui en a été préalablement donnée par ce fonctionnaire au garde rapporteur (1).

Arrêt du 7 décembre 1832. — M. Chippel, pr. — M. le Pr.-gén. concl. conf. — N° 2085.

Nota. Le même jour, trente-cinq arrêts semblables. Forêts contre : — Kler, N° 2086; — Lux, N° 2087; — Muller, N° 2088 ; — Sitz, N° 2089 ; — Housser, N° 2090; — Monoré et Ristrophe, N° 2091 ; — Muller, N° 2092; — Linguenheld, N° 2093 ; — Ferrot, N° 2094; — Marchal, N° 2095 ; — Vilhelm, N° 2096; — Stengel, N° 2097 ; — Christophe, N° 2098; — Gière, N° 2099; — Dillenschneider, N° 2100; — Pelt, N° 2101; — Linguenheld et Vürtz, N° 2102; — Meyer, N° 2103; — Ruffenach, N° 2104 ; — Kürtz, N° 2105; — Dach, N° 2106; — Lambourg, N° 2107 ; — Kalisch, N° 2108; — Pelt, N° 2109; — Linguenheld, N° 2110; — Meyer, N° 2111 ; — End, N° 2112; — Spengler, N° 2113 ; — Messemer, N° 2114 ; — Kumeneau, N° 2115; — Muller et Spengler, N° 2116; — Linguenheld et Fixary, N° 2117; — Omignon et

(1) Conf. arrêts de la cour de cassation, du 1er août 1828 (Dalloz, 1828, 1, 364; — Baudrillart, Trait. gén., tom. 4, p. 104), et du 18 juin 1829 (Dalloz, 1829, 1, 275; — Sirey, 1830, 1, 354; — Baudrillart, Trait. gén., tom. 4, p. 260); = M. Curasson, tom. 2, p. 49.

Georges, Nº 2118 ; — Precler, Nº 2119 ; — Boucher, Nº 2119 bis.

Nº 96.

FORÊTS C. ETIENNE ET PIERRON.

Il n'est pas nécessaire, à peine de nullité, que la copie du procès-verbal soit donnée en tête de la citation ; celle qui en a été donnée par acte séparé remplit suffisamment le vœu de l'art. 172 c. forest., lorsqu'il est constaté, non-seulement dans l'original, mais encore dans la copie de la citation, qu'elle a été portée au domicile du prévenu (1).

Arrêt du 28 juillet 1829. — M. Chippel, pr. — M. Masson, subst. du pr.-gén., concl. — Mᵉ Moreau, av. — Nº 1718.

Nota. Un autre arrêt semblable a été rendu à la même audience. Forêts c. Catabelle, Nº 1720.

(1) Voy., sur cette question, deux arrêts de la cour de cassation, du 6 mars 1834 (Dalloz, 1834, 1, 144 ; — Baudrillart, Trait. gén., tom. 5, p. 22), et du 22 février 1839 (Dalloz, 1839, 1, 231).

Loi du 29 septembre 1791, tit. 9, art. 9 : « Il sera donné copie des procès-verbaux aux prévenus ; les assignations indiqueront le jour fixe de l'audience, qui sera la première après la huitaine, etc., etc. »

N° 97.

GUÉRIN ET KELLER C. MARC ET AUTRES.

L'acte d'affirmation doit être daté, à peine de nullité du procès-verbal. — Si cette date a été omise, le tribunal ne peut, en annulant le procès-verbal, refuser d'admettre la preuve testimoniale offerte pour y suppléer (1).

Arrêt du 30 juillet 1833. — M. Rolland de Malleloy, f. f. pr. — M. le Pr.-gén. concl. conf. — Me Moreau, av. — N° 2237.

(1, Conf., sur cette seconde question, arrêts de la cour de cassation, des 9 mai 1807 (Baudrillart, Trait. gén., tom. 2, p. 149; — Gagneraux, tom. 1, p. 363, § 8), 3 juin 1809 et 30 novembre 1811 (Dalloz, Jur. gén., V° *Foréts*, p. 793, note 1re), 31 décembre 1811 (Baudrillart, Trait. gén., tom. 2, p. 463; — Gagneraux, tom. 1, p. 363, § 7), 24 février 1820 (Baudrillart, Trait. gén., tom. 2, p. 831; — Gagneraux, tom. 1, p. 363. § 8), 21 juin 1821 (Baudrillart, Trait. gén., to . 2, p. 932; — Gagneraux, tom. 1, p. 363, § 7), 27 décembre 1823 (Baudrillart, Trait. gén., tom. 3, p. 180; — Gagneraux, tom. 1, p. 364, § 11), 28 août 1824, 14 octobre et 1er décembre 1826 (Baudrillart, Trait. gén., tom. 3, p. p. 278, 469 et 477); = M. Garnier, p. 206; —M. Curasson, tom. 2, p. 39 et suiv.; — M. Baudrillart, comment., tom. 2, p. 292.

Voy. l'art. 154 du Code d'instruction criminelle.

N° 98.

GAZARETH C. FORÊTS.

Lorsque deux gardes ont concouru à la rédaction du même procès-verbal, l'affirmation qu'ils en ont faite devant le maire du lieu de la résidence de l'un d'eux seulement remplit suffisamment le vœu de l'art. 165 c. forest., alors surtout que le délit n'entraînant pas une condamnation de plus de cent francs, il suffisait, pour la validité du procès-verbal, qu'il fût signé et affirmé par un seul garde.

Arrêt du 22 décembre 1837. — M. Costé, pr. — M. le Pr.-gén. concl. conf. — N° 2671.

N° 99.

FORÊTS C. CHEVALIER ET JACQUIN.

Le lieu où un délit forestier est constaté n'est pas seulement celui où l'on retrouve le corps même du délit. On doit aussi comprendre sous cette dénomination tout lieu dans lequel il a été procédé à des recherches, ou à des opérations, ayant pour résultat de faire connaître les délinquants. — En conséquence, est valable l'affirmation prêtée, par le garde rédacteur d'un procès-verbal, devant l'adjoint du maire de la commune où ont eu lieu des perquisitions de cette nature.

Arrêt du 8 février 1833. — M. Rolland de Malleloy, f. f. pr. — M. le Pr.-gén. concl. conf. — N°
2142 (1).

N° 100.

FORÊTS C. BURNOT.

Dans le délai de quatre jours, fixé, par l'art 170
c. forest., pour l'enregistrement des procès-verbaux,
on ne doit pas compter les jours fériés (2).

Arrêt du 9 décembre 1828. — M. Chippel, pr. —
M. Saladin, subst. du pr.-gén., concl. conf. — N°
1640.

(1) Cet arrêt est rapporté dans le recueil imprimé des arrêts de la cour de Nanci, p. 161. Il a aussi été publié par
M. Dalloz, 1834, 2, 218.

(2) Conf. arrêts de la cour de Nanci, du 26 décembre 1838
(Forêts c. Didier; — M. Mourot, pr. — M. Garnier, av.-gén.,
concl. conf. — N° 2783), et de la cour de cassation, du 18
février 1820 (Baudrillart, Trait. gén., tom. 2, p. 828); —
M. Curasson, tom. 2, p. 52; — M. Gagneraux, tom. 1,
p. 351, § 3.

Loi du 22 frimaire an VII, art. 25 : « Dans les délais fixés
pour l'enregistrement des actes et des déclarations, le jour de
la date de l'acte, ou celui de l'ouverture de la succession,
ne sera point compté. — Si le dernier jour du délai se trouve
être un décadi, ou un jour de fête nationale, ou s'il tombe
dans les jours complémentaires, ces jours-là ne seront point
comptés non plus. »

N° 101.

AUBRY C. FORÊTS.

L'omission, dans la copie d'un procès-verbal, de la mention de l'enregistrement, ne peut entraîner la nullité de la citation (1).

Arrêt du 6 novembre 1832. — M. Rolland de Malleloy, f. f. pr. — M. le Pr.-gén. concl. conf. — Me d'Ubexi, av. — N° 2068.

N° 102.

FORÊTS C. ROUFFENACH ET AUTRES.

Un tribunal peut, sans méconnaître la foi due à un procès-verbal, entendre à l'appui les gardes qui l'ont rédigé, lorsqu'il s'agit uniquement d'apprécier l'opinion émise par ces derniers sur les faits qu'ils ont constatés dans leur rapport (2).

(1) Conf. arrêts de la cour de cassation, des 26 vendémiaire an VIII (Dalloz, Jur. gén., V° *Exploit*, p. 702), 30 janvier 1834 (Dalloz, 1834, 1, 105; — Baudrillart, Trait. gén., tom. 5, p. 13), et 7 mai 1835 (Dalloz, 1835, 1, 296; — Baudrillart, Trait. gén., tom. 5, p. 164); = M. Baudrillart, comment., tom. 2, p. 289.

Contr. arrêt de la cour de Bordeaux, du 8 mars 1833 (Dalloz, 1834, 2, 84).

(2) Voy. arrêts de la cour de cassation, des 9 mars et 9 mai

Arrêt du 30 décembre 1836. — M. Costé, pr. —
M. le Pr.-gén. concl. — N° 2555.

N° 103.

FORÊTS C. POIRSON.

On ne doit pas étendre la foi due aux procès-
verbaux à l'opinion que le garde a émise, dans son
rapport, sur le prétendu dommage résultant du
délit qu'il a constaté; par conséquent, un tribunal
peut décider, malgré cette opinion du garde, que
le délit n'a occasioné aucun dommage, s'il ne trouve
pas dans la cause d'indices suffisants pour en faire
présumer l'existence (1).

1807, 19 mars 1813, 24 février et 21 juillet 1820, 1er mars
1822 et 8 octobre 1825 (Baudrillart, Trait. gén., tom. 2, p. p.
155, 149, 552, 851, 859, et tom. 5, p. p. 24 et 389; — Gagneraux, tom. 1, p. p. 563 et 564, § § 8 et 10).

(1) Dans l'espèce, le procès-verbal de reprise énonçait que le
prévenu avait laissé, dans sa coupe, après le délai fixé, pour la
vidange, par le cahier des charges, un certain nombre de rames
non confectionnées *qui empêchaient la végétation du taillis*. —
Voy. sur cette question : — M. Dalloz, Jur. gén., V° *Forêts*,
p. p. 736, art. 5, n° 2, et 788, n° 1er et suiv.; — M. Curasson,
tom. 2, p. 59 et suiv. ; — Discours de M. Favard de Langlade,
rapporteur de la commission de la chambre des députés (Baudrillart, comment., tom. 1, p. 64); — Discours de M. Chifflet
à la chambre des députés (Baudrillart, comment., tom. 1, p. 113;

Arrêt du 14 juillet 1829. — M. Chippel, pr. — M. Masson, subst. du pr.-gén., concl. — N° 1701.

Nota. Sept autres arrêts semblables ont été rendus à la même audience. Forêts contre : — Poirson, N° 1702; — Richy, N° 1703; — Vincé, N° 1704; — Forfillaire, N° 1705; — Junique, N° 1706; — Toussaint, N° 1707; — Viriot, N° 1708.

N° 104.

FORÉTS C. PREVOT.

Aux termes de l'art. 176 c. forest., tout procès-verbal rédigé et signé par deux agents ou gardes forestiers devant faire foi jusqu'à inscription de faux des faits matériels relatifs au délit qu'il constate, lorsqu'il réunit toutes les conditions prescrites par la loi, un tribunal ne peut, dès lors, admettre la preuve testimoniale offerte par le prévenu pour établir son *alibi* au moment du délit (1).

— Chauveau, code forest., p. 213); = arrêt de la cour de cassation, du 15 décembre 1808 (Baudrillart, Trait. gén., tom. 2, p. 239).

(1) Un arrêt de la cour de cassation, du 10 avril 1806, a décidé qu'on ne pouvait, sans le secours de l'inscription de faux, être admis à prouver l'*alibi* des gardes forestiers, à l'époque indiquée par leurs procès-verbaux. (Baudrillart, Trait. gén., tom. 2, p. 75; — Gagneraux, tom. 1, p. 367, § 12). = La même cour a jugé, par arrêt du 24 octobre 1806, que les allé-

Arrêt du 15 février 1833.—M. Rolland de Malleloy, f. f. pr. — M. le Pr.-gén. concl. conf. —
N° 2151.

gations et dénégations d'un prévenu ne pouvaient prévaloir
contre un procès-verbal en bonne forme et non argué de faux.
(Baudrillart, Trait. gén., tom. 2, p. 95 ; — Gagneraux, tom. 1,
p. 567, § 15). ═ Sur la foi due aux procès-verbaux, voy.
M. Curasson, tom. 2, p. 58 et suiv.;—M. Baudrillart, comment.,
tom. 2, p. 292 et suiv., ainsi que les arrêts cités dans M. Gagneraux, tom. 1, p. 566 et suiv.

Ordonnance de François Ier, du mois de mars 1515, art. 73 :
« Ordonné est que chacun sergent sera cru par son serment des
prises qu'il fera, où il n'escherra qu'amende pécuniaire : car
il convient que les sergens quierent les malfaicteurs le plus coye-
ment qu'ils peuvent ; et s'ils alloient quérir tesmoins, les malfaicteurs s'en pourroient aller avant qu'ils revinssent, et ne peuvent pas tousiours trouver tesmoins pour témoisgner de leurs
prises, si ainsi n'est qu'il y ait menaces entre le sergent et ce-
luy qui sera prins, telles que les maistres des forests voient que
les sergens le feroient pour grever icelui. »

Ordonn. de 1669, tit. 10, art. 8 : « Le nombre des sergents
sera divisé en deux parties, qui comparaîtront alternativement
à l'audience de la maîtrise ou de la gruerie, même aux assises,
suivant l'ordre des officiers, pour les informer de l'état de leurs
gardes, y présenter, affirmer et faire enregistrer les rapports
qu'ils pourront lors avoir en leurs mains, sur lesquels voulons
que les officiers puissent condamner à peine pécuniaire, quoiqu'il n'y ait aucune preuve, ni information, pourvu que les
parties accusées ne proposent point de cause suffisante de récusation. »

Loi du 29 septembre 1791 : — Tit. 9, art. 13. « Les procès-

N° 105.

FORÊTS C. GÉANT.

Un procès-verbal ne fait pas foi jusqu'à inscription de faux de la date des faits qui y sont rapportés, lorsque la fixation de cette date est purement conjecturale, et qu'elle se trouve, d'ailleurs, en contradiction avec les vraisemblances de la cause (1).

Arrêt du 5 décembre 1834. — M. Troplong, pr. — M. le Pr.-gén. concl. conf. — Me Volland, av. — N° 2371.

verbaux feront preuve suffisante dans tous les cas où l'indemnité et l'amende n'excèderont pas la somme de cent livres, s'il n'y a pas inscription de faux, ou s'il n'est pas proposé de cause valable de récusation. » — Art. 14. « Si le délit est de nature à emporter une plus forte condamnation, le procès-verbal devra être soutenu d'un autre témoignage. »

Voy. aussi l'art. 154 du code d'instruction criminelle.

(1) Voy., en sens contraire, M. Curasson, tom. 2, p. 63, et deux arrêts de la cour de cassation, du 1er février 1822 et du 29 octobre 1824. (Baudrillart, Trait. géu., tom 3, p. p. 9 et 290 ; — Gagneraux, tom. 1, p. p. 347, § 13, et 367, § 8).

ARTICLE VI.

De la prescription en matière de délits forestiers

N° 106.

FORÊTS C. DUPAL.

Lorsqu'il y a erreur, dans la copie d'une citation, sur l'indication du mois de sa signification, le prévenu ne peut s'en prévaloir pour prétendre que le délit qu'on lui impute est prescrit, s'il résulte des énonciations de l'exploit original que cette citation a dû lui être signifiée avant que la prescription ne fût acquise (1).

Arrêt du 4 janvier 1834. — M. Troplong, pr. — M. le Pr.-gén. concl. conf. — M° Mamelet, av. — N° 2289.

N° 107.

FORÊTS C. DRIOT ET DURAND.

L'art. 185 c. forest., qui fixe à trois mois le délai de la prescription, pour les contraventions et délits

(1) Le prévenu avait été cité, *le 31 juillet* 1832, ainsi que le constatait l'exploit original, pour l'audience du 13 *août* sui-

en matière forestière, ne se réfère qu'au cas où trois mois se sont écoulés sans poursuites, depuis le jour de la constatation du délit; mais, si des poursuites régulières ont eu lieu dans ce délai, ce n'est plus, comme pour les délits ordinaires, que par leur interruption pendant trois années que la prescription peut s'acquérir (1).

Arrêt du 7 novembre 1834. — M. Troplong, pr. — M. Garnier, subst. du pr.-gén., concl. contr. — N° 2347.

N° 108.

MOISSON C. FORÊTS.

L'action en répression d'un délit forestier, quoique intentée avant que la prescription ne fût acquise,

vant. Mais, dans la copie qui lui avait été signifiée, on avait donné, par erreur, à cette citation, la date du 31 *août* 1832.

(1) Voy. l'art. 638 du code d'instruction criminelle. — Conf. arrêts de la cour de Nanci, du 26 décembre 1835 (Gazin c. Forêts; — M. Riston, f. f. pr. — M. Bresson, av.-gén., concl. conf. — N° 2470), de la cour de cassation, des 6 février 1824 (Baudrillart, Trait. gén., tom. 3, p. 206; — Gagneraux, tom. 1, p. 381, § 13; — Dalloz, Jur. gén., V° *Forêts*, p. 796), 6 février 1830 (Baudrillart, Trait. gén., tom. 4, p. 345; — Journal du palais, tom. 47, p. 311; — Dalloz, 1830, 1, 117), 8 mai 1830. (Dalloz, 1830, 1, 260; — Sirey, 1831, 1, 391; — Baudrillart, Trait. gén., tom. 4, p.

doit néanmoins être déclarée non-recevable, lorsque, dans les conclusions originaires, on a cité un texte de loi non applicable au délit constaté, et que cette erreur n'a été réparée, dans de nouvelles conclusions prises en cause d'appel, qu'après l'expiration du délai fixé pour la prescription, une telle rectification devant être considérée comme une action nouvelle qui ne peut plus être utilement exercée (1).

Arrêt du 28 mai 1833. — M. Rolland de Malleloy, f. f. pr. — M. Poirel, av.-gén., concl. contr. — Me d'Ubexi, av. — No 2211.

---

367), et 1er mars 1832 (Dalloz, 1832, 1, 147; — Baudrillart, Trait. gén., tom. 4, p. 544); = M. Curasson, tom. 2, p. 455; — M. Baudrillart, comment. tom. 2, p. 309 et suiv.

(1) Un procès-verbal régulier, dressé par un garde forestier, le 15 août 1832, constatait que Moisson avait traîné, sur le devant d'un chariot attelé de deux bœufs, et sur 100 mètres de longueur d'un taillis d'un an de recru, un chêne provenant de la coupe affouagère de la forêt communale de Grandvillers, et qu'après avoir chargé cet arbre sur sa voiture, il avait traversé un espace de 150 mètres, dans le même taillis, pour gagner le grand chemin, et écrasé une quantité de jeunes brins de chêne et de hêtre. Le 18 octobre suivant, Moisson fut cité, en vertu de ce procès-verbal, *pour répondre et se voir condamner sur les réquisitions prises au bas dudit procès-verbal,* lesquelles tendaient *à ce qu'il fût déclaré convaincu du délit qui y était constaté,* et condamné à l'amende, avec restitution et dommages-intérêts, *le tout conformément aux articles* 211, 192, 198 et 202 du code forestier. Par jugement du tribunal

correctionnel d'Épinal, en date du 3 novembre de la même
année, Moisson fut condamné, en exécution des articles 192,
197 et 202 du code forestier, cités dans les réquisitions qui
avaient été prises contre lui au bas du procès-verbal en vertu
duquel il était poursuivi, en cinquante francs d'amende et à
pareille somme de dommages-intérêts. Mais comme il était propriétaire de l'arbre qu'il avait enlevé (et, en effet, il fut reconnu plus tard que c'était par erreur qu'on lui en avait contesté
la propriété en première instance), les dispositions pénales
qu'on avait invoquées contre lui ne pouvaient évidemment lui
être appliquées. Aussi, lorsque cette affaire se présenta devant
la cour de Nanci, par suite de l'appel interjeté par le prévenu,
M. le premier avocat-général Poirel rectifia cette erreur et
conclut à l'application de l'article 39 du code forestier, qui porte
que : « La traite des bois se fera par les chemins désignés au
cahier des charges, sous peine, contre ceux qui en pratique-
raient de nouveaux, d'une amende dont le minimum sera de
cinquante francs, et le maximum de deux cents francs, outre
les dommages-intérêts. » Mais, par un arrêt du 28 mai 1833,
dont on va transcrire le texte, Moisson fut renvoyé de l'action
intentée contre lui. — « La cour : —Attendu que les poursuites
dirigées contre le prévenu, par-devant le tribunal d'Épinal,
avaient pour objet un seul délit, l'enlèvement frauduleux d'un
chêne, dans la forêt de Grandvillers, et non la dégradation
des brins du taillis écrasés par la voiture qui le transportait ;
que Moisson a justifié de la propriété légitime de cet arbre, par
un certificat du maire de cette commune; qu'ainsi ce prétendu
délit n'existe pas ; — Attendu que l'administration forestière
n'est plus recevable à intenter contre lui une nouvelle action, à
raison du seul délit qui peut lui être imputé, à la date du procès-verbal, parce que, aux termes de l'art. 185 c. forest.,
les actions en réparation de délits et contraventions se prescrivent par trois mois, à compter du jour où ils ont été constatés ;

que, conséquemment, le délit constaté au mois d'août était, au mois de novembre suivant, hors de toutes poursuites ; que, sous aucun prétexte, elles ne peuvent aujourd'hui être reprises, puisqu'elles n'ont eu pour but, au mois de novembre, qu'un délit qui n'existait pas, et que celui qu'elles pouvaient atteindre n'a pas été compris dans les conclusions de l'inspecteur forestier, et se trouve, conséquemment, prescrit ; — Par ces motifs : — Reçoit l'appel ; y faisant droit, annule le jugement de première instance ; renvoie Louis Moisson des poursuites dirigées contre lui, et condamne l'administration forestière aux dépens. »

Sur le pourvoi de M. le Procureur-général, cet arrêt a été cassé, le 5 décembre 1833, par les motifs suivants : « La cour : — Attendu que, par l'assignation délivrée au prévenu avant que la prescription de trois mois, établie par l'art. 185 c. forest., ne fût acquise, la police correctionnelle s'est trouvée saisie de la connaissance du délit résultant des faits constatés par le procès-verbal du 15 août ; — Que ces faits constituent le délit prévu et puni par l'art. 147 c. forest., et non le délit de coupe et d'enlèvement d'arbre auquel s'applique l'art. 192, cité dans l'assignation ; — Attendu que l'erreur dans la citation de la loi pénale peut être réparée en tout état de cause, soit en première instance, soit en appel, et que les conclusions prises, par suite de la rectification de cette erreur, ne forment pas une action nouvelle, et à laquelle, à raison de leur date, on puisse valablement opposer la prescription de l'art. 185 ; — Attendu qu'en jugeant le contraire, et en déclarant que l'administration forestière était non-recevable à changer les conclusions relativement au texte de la loi pénale, parce que ce changement constituait une nouvelle action, et n'avait eu lieu que lorsque plus de trois mois étaient écoulés depuis le procès-verbal du 15 août, la cour royale de Nanci a faussement appliqué, et, par suite, violé l'art. 185, et qu'elle a également violé l'art.

ARTICLE VII.

DES DÉLITS FORESTIERS DANS TOUS LES BOIS, EN GÉNÉRAL,
ET DES COMDAMNATIONS QU'ILS ENTRAÎNENT.

—

§ Ier.

Des délits de coupe ou enlèvement d'arbres.

—

N° 109.

FORÊTS C. DUMONT.

Pour déterminer ce qui constitue un fagot dans
le sens de l'art. 194 c. forest., on doit avoir égard au
mode employé par les délinquants pour la coupe et
l'enlèvement du bois au-dessous de deux décimètres
de tour, et non à la quantité de bois coupé et enlevé ;
et, par exemple, si un procès-verbal a constaté
l'enlèvement d'un certain nombre de fagots, il n'est
pas permis au tribunal de réduire ces fagots à raison

147, en n'appliquant pas les peines qu'il prononce au délit
constaté par le procès-verbal, etc., etc. » (Baudrillart, Trait.
gén., tom. 4, p. 670 ; — Dalloz, 1834, 1, 50).

des charges d'homme qu'ils peuvent former, et de ne condamner les délinquants qu'à une amende de deux francs par chaque charge d'homme (1).

Arrêt du 27 août 1833. — M. Mourot, pr. — M. le Pr.-gén. concl. conf. — N° 2241.

Nota. Le même jour, autre arrêt identique. Forêts c. Morot, N° 2242.

N° 110.

FORÊTS C. PICHENET.

Jugé, au contraire, que le mot *fagot,* ou charge d'homme, dont parle l'art. 194 c. forest., ne com-

---

(1) Conf. arrêts de la cour de cassation, des 20 mars 1828 (Dalloz, 1828, 1, 182; — Sirey, 1828, 1, 426; — Baudrillart, Trait. gén., tom. 4, p. 63), 29 janvier 1829 (Dalloz, 1829, 1, 126), 20 février 1829 (Baudrillart, Trait. gén., tom. 4, p. 192; — Dalloz, 1829, 1, 126), 15 mars 1832 (Bullet. crim., n° 96; — Dalloz, 1832, 1, 209; — Sirey, 1832, 1, 683; — Baudrillart, Trait. gén., tom. 4, p. 548), et 18 juillet 1834 (Dalloz, 1834, 1, 448; — Baudrillart, Trait. gén., tom. 5, p. 62).

Ordonn. de 1669, tit. 32, art. 5 : « Pour chacune charretée de merrein, bois quarré de sciage ou de charpenterie, l'amende sera de quatre-vingts livres; pour la charretée de bois de chauffage, quinze livres; pour la somme ou charge de cheval ou bourrique, quatre livres; et, pour le fagot ou fouée, vingt sols. »

prend que la quantité de bois qu'une seule personne peut emporter proportionnellement à ses forces physiques. Ainsi, la circonstance qu'au moment où un délinquant a été surpris, la charge qu'il portait à dos se trouvait divisée en plusieurs fagots, ne donne pas lieu à prononcer contre lui autant d'amendes qu'il y a de fagots dans cette charge ; on ne doit, dans ce cas, le condamner qu'à une seule amende, sans égard à la division de la charge en plusieurs fagots, ou parties séparées.

Arrêt du 21 décembre 1833.— M. Troplong, pr. — M. le Pr.-gén. concl. contr.— N° 2281 (1-2).

Nota. Le même jour, autre arrêt semblable. Forêts c. Damiens et Viant, N° 2282.

(1) Cet arrêt a été recueilli par M. Dalloz, 1834, 2, 152.

(2) La cour de Nanci a résolu en ces termes la question qui lui était soumise : — « Considérant que, des termes de l'art. 194 c. forest., il résulte que le législateur, pour la coupe ou enlèvement de bois ayant moins de deux décimètres de tour, a établi trois sortes d'amendes, eu égard aux trois modes d'enlèvement qu'il a prévus, savoir : par bête attelée, par bête de somme et par charge d'homme ; que chacune de ces amendes continue à rester seule applicable aussi longtemps que le bois coupé ou enlevé n'excède pas, en quantité, ce que comporte le mode d'enlèvement auquel cette amende correspond; que les expressions par lesquelles ces trois modes ont été désignés indiquent les limites extrêmes en deça desquelles il ne peut jamais y avoir lieu à une augmentation de peine, à moins de circonstances particulières, qui seraient formellement déclarées aggravantes ;

— Considérant que si la loi a placé dans la même catégorie la coupe ou enlèvement d'un fagot et d'une charge d'homme, son but a été de prévenir l'impunité de quiconque n'aurait coupé, ou enlevé, qu'une quantité de bois insuffisante pour former une charge d'homme, et d'assurer la répression du délit prévu par l'art. 194, quelque minime qu'il puisse être ; — Considérant que l'art. 194, qui punit d'une amende de deux francs, par fagot, fouée, ou charge d'homme, quiconque a coupé ou enlevé du bois ayant moins de deux décimètres de tour, doit être entendu en ce sens, que l'amende, pour un simple fagot, sera la même que pour une charge d'homme ; que, par cette disposition, le législateur a voulu établir, dans la gravité de cette espèce de délit, un minimum et un maximum, dont tous les degrés intermédiaires entraineraient l'application d'une peine uniforme ; que la seule conséquence rationnelle qu'il soit possible d'en tirer, est que le délinquant qui n'a coupé, ou enlevé, que la quantité de bois équivalente à un fagot, devra supporter la même amende que s'il en avait coupé ou enlevé assez pour en former une charge d'homme ; mais que s'il y a lieu à deux francs d'amende, toutes les fois que la quantité de bois coupé, ou enlevé, ne descend pas au-dessous de ce que comporte l'expression *fagot*, ou *fouée*, par contre, il ne saurait y avoir lieu à une amende plus forte, tant que cette quantité n'excède pas celle qu'exprime le mot *charge d'homme* ; — Considérant que, cette interprétation une fois admise, il importe peu de s'occuper de la forme qu'il plaît au délinquant de donner au bois qu'il a coupé, ou enlevé ; que ce serait, en effet, une chose oiseuse de s'enquérir s'il l'a divisé en plusieurs faisceaux, ou s'il l'a réuni en un faisceau unique, dès que la quantité, qui, seule, dans ce cas, forme l'élément du délit reste la même ; que vouloir multiplier la peine en proportion de cette division, et appliquer autant d'amendes de deux francs qu'il y aurait de fractions d'un même tout liées séparément, ce serait faire consister l'aggravation du délit dans la ligature ; — Considérant que, pour justifier un pareil mode d'incrimination, ce serait en vain qu'on supposerait que *l'amende de deux francs a été fixée à raison du moyen employé par les prévenus, pour la coupe ou l'enlèvement des bois au-dessous de deux décimètres de tour, et non point à raison de la quantité du bois coupé, ou enlevé ;* qu'une telle supposition ne pourrait s'autoriser, ni du texte de l'art. 194, ni de l'esprit général qui a présidé à la confection du code forestier ; que, si l'on réfléchit à la manière dont est rédigé l'art. 194, on s'aperçoit que le mot *chaque*, employé pour les deux premières catégories dont il y est question, ne se retrouve plus à côté du mot *fagot*, où le complément de la phrase aurait dû le ramener, si le législateur avait eu l'intention de lui conserver le même sens que précédemment ; que la suppression qui en a été faite parait donc avoir eu pour motif d'empêcher que, par une interprétation abusive de l'art 194, on ne prononçât toujours autant d'amendes qu'il aurait été coupé, ou enlevé, de fagots; que, d'un autre côté, il résulte clairement des discussions parlementaires auxquelles a donné lieu le code forestier, que les amendes qu'il prononce ont été fixées en raison de l'importance du préjudice causé par le délit ; qu'il n'y a qu'un seul cas où le mode de la coupe et de l'enlèvement de bois puisse déterminer l'aggravation de l'amende ; que ce cas est prévu par l'art. 201 c. forest.; mais qu'il ne saurait en être ainsi dans l'espèce actuelle, puisque la manière de couper et d'enlever le bois est la même, soit que le délinquant se propose d'en faire une charge composée de deux fagots liés séparément, soit qu'il veuille n'en faire qu'un seul faisceau ; —Que, fût-il vrai qu'en certains lieux, les brins dont on compose les fagots soient ordinairement d'une plus forte dimension que ceux qui entrent dans la composition des charges, dès l'instant que cette dimension n'excède pas celle indiquée par l'art. 194, il ne saurait jamais y avoir lieu qu'à l'amende unique prononcée par cet article, puisque cette peine n'en serait pas moins la seule

applicable, lors même que, s'agissant d'une charge d'homme
de la proportion la plus grande, elle se trouverait entièrement
formée de brins d'une circonférence approchant le plus près possible, sans pourtant l'atteindre, de celle dont parle l'art. 194;
que ce serait avec tout aussi peu de raison qu'on alléguerait que
les fagots se composent le plus souvent d'essences choisies,
puisque l'art. 194 ne fait aucune distinction entre elles, et qu'à
la différence de l'art. 192, il les confond toutes dans la même
disposition; qu'il est tellement vrai que de telles considérations
n'ont été d'aucun poids dans l'esprit du législateur, qu'il n'a
pas voulu prévoir le cas où les charretées et les charges de
bêtes de somme seraient composées de fagots, cas pour lequel il y aurait eu la même raison de multiplier les amendes
en proportion du nombre de fagots; — Qu'en supposant
même que l'enlèvement d'une charge d'homme composée de
plusieurs fagots présenterait plus de facilité, la justice et le
bon sens se refuseraient toujours à voir dans cette circonstance futile, extrinsèque au délit, en ce sens qu'aucune disposition de la loi ne l'a déclarée aggravante, un motif rationnel
de doubler, quadrupler et quelquefois sextupler la peine;
— Considérant que, si la loi n'a pas tracé de règles pour
constater la longueur et la circonférence des fagots, ce n'est pas
une raison d'en conclure, d'une manière absolue, que les juges
ne peuvent jamais réduire eux-mêmes le nombre des fagots en
charges d'homme; qu'en effet, ce raisonnement, uniquement fondé
sur la crainte d'une réduction arbitraire, ne saurait s'appliquer
aux cas où, comme dans l'espèce actuelle, la prévenue ayant été
surprise portant elle-même le bois coupé en délit, l'évidence
du fait fournit la preuve incontestable que les fagots portés
n'excèdent pas une charge d'homme; que, dans les autres cas, tels,
par exemple, que celui où le délinquant est surpris en forêt,
après la coupe, mais avant l'enlèvement du bois, ou bien celui où
le bois ayant été coupé et enlevé à l'insu des gardes, n'a pu être

saisi que dans son habitation, le juge, s'il ne trouve dans les procès-verbaux que des évaluations en fagots, ne devra pas, sans
doute, les réduire lui-même en charges d'homme, puisqu'il est
dépourvu des moyens d'éclairer cette opération ; mais qu'il ne
doit pas davantage les prendre pour base de la condamnation, et
prononcer autant d'amendes qu'il y a de fagots ; que sanctionner
de telles évaluations, hormis le cas où il n'y a qu'un seul fagot,
ce serait investir les gardes du droit de multiplier les amendes
selon leur bon plaisir, et d'éluder, suivant leur caprice, la disposition de l'art. 194 qui ne soumet la charge d'homme qu'à une
amende de deux francs ; que le seul moyen d'obvier à cet arbitraire intolérable est d'obliger les gardes à faire, le cas échéant,
leurs évaluations par charge ; que, si les tribunaux n'ont pas mis-
sion pour donner directement aux employés de l'administration
forestière les instructions que réclame l'entière et franche exécution de la loi, ils peuvent toujours, usant d'un droit qui leur appartient, ordonner la comparution des gardes rapporteurs à
l'audience, et leur demander la réduction en charges d'homme
des fagots ou fouées dont ils ont constaté la coupe ou l'enlèvement ; — Considérant que le procès-verbal du 16 mai 1832
constate qu'Elisabeth Pichenet portait sur son dos, au moment de
la reprise, deux fagots de bois mort, au-dessous de deux décimètres de tour, provenant de la forêt royale de Puvenelle ; que cette
déclaration emporte forcément par elle-même, et sans qu'il soit
besoin d'autres renseignements, la preuve évidente que ces deux
fagots n'excédaient pas une charge d'homme ; que si, à la fin de
leur procès-verbal, les deux gardes rapporteurs, appréciant le
dommage causé, ont considéré ces deux fagots comme deux
charges, c'est, de leur part, une méprise dont la preuve ressort
suffisamment du fait matériel constaté, et qui provient de ce qu'ils
ont méconnu le sens des mots *charge d'homme*, employés par
l'art. 194 ; qu'en effet, cette expression ne signifiant autre chose,
sinon un fardeau proportionné aux forces physiques de celui qui

le porte , il est impossible, légalement parlant, qu'un individu enlève deux charges à la fois ; qu'ainsi, le procès-verbal établit lui-même la preuve que le mot *charge* n'y a pas été employé dans le sens légal , mais comme synonyme de faisceau ou fagots ; — Par ces motifs : — Rejette la requête d'appel. »

Pourvoi de la part de l'administration forestière. — Le 18 juillet 1834, arrêt de la cour de cassation ainsi conçu : « La cour : — Vu l'art. 194 c. forest. ; — Attendu qu'il résulte textuellement de cet article que la coupe ou l'enlèvement de chaque fagot de bois, quel que soit le volume dudit fagot, est punissable d'une amende de deux francs ; — Attendu, dès lors, qu'en réduisant à deux francs seulement l'amende encourue par le délinquant, pour la coupe ou l'enlèvement de deux fagots, sur le prétexte que ces deux fagots n'excédaient pas à eux deux le volume ou le poids d'une simple charge d'homme, l'arrêt attaqué a faussement interprété le sens de cet article et en a violé les dispositions ; — Casse, etc., etc. » (Baudrillart, Trait. gén., tom. 5, p. 62 ; — Dalloz, 1834, 1, 448).

Plusieurs années auparavant, la cour de Nanci avait déjà résolu cette question dans le même sens. (Arrêts du 6 décembre 1831 ; — Forêts contre : — Brigeot , N° 1964 ; — Contaux et Brigeot, N° 1965, et Thomas, N° 1966 ; — M. Chippel, pr.— M. le Pr.-gén. concl. contr.) Cette décision fut annulée, comme la précédente, sur le pourvoi de l'administration forestière. Comme l'arrêt de cassation auquel elle a donné lieu contient quelques motifs qui ne se trouvent pas dans celui que l'on vient de transcrire, on a pensé qu'il serait peut-être utile de le rapporter. Il est conçu en ces termes : « La cour : — Vu l'art. 194 c. forest.; — Considérant qu'il résulte de cet article que la coupe ou enlèvement de chaque fagot de bois, quel que soit le volume dudit fagot, est punissable d'une amende de deux francs ; — Que le législateur n'a point autorisé les tribunaux à réduire le nombre des fagots coupés, ou enlevés, à raison

N° 111.

FORÊTS C. FRANCHE.

Le fait d'avoir ramassé et réuni en fagots plusieurs brins de bois coupés, d'après les ordres de l'admi-

du nombre de charges d'homme; que, si telle eût été son intention, il eût déterminé des règles pour constater la longueur et la circonférence des fagots, comme il l'a fait, par l'art. 192, pour fixer l'amende pour enlèvement d'arbres ayant deux décimètres de tour et au-dessus; mais que l'amende est fixée a raison du mode employé par les prévenus, pour la coupe et l'enlévement du bois au-dessous de deux décimètres de tour, et non point à raison de la quantité de bois coupée, ou enlevée; — Considérant que, dans l'espéce, un procès-verbal du 30 décembre 1830, régulier et non attaqué, ayant constaté que le nommé Joseph Brigeot, fils, âgé de seize ans, était porteur de deux fagots, coupés et enlevés dans le canton de Marie Chanois de la forêt royale de Haie, le prévenu avait encouru une amende de deux francs par chaque fagot; — Que, cependant, la cour royale de Nanci, chambre des appels de police correctionnelle, confirmant, par son arrêt du 6 décembre 1831, le jugement par défaut du tribunal correctionnel de Nanci, rendu le 14 mars précédent, sans avoir aucune base pour évaluer le volume desdits fagots, a décidé que les deux fagots ne composaient qu'une charge d'homme, et n'a condamné le prévenu et son père, comme civilement responsable, qu'à une amende de deux francs; — En quoi, l'arrêt attaqué a manifestement violé l'art. 194 c. forest.; — Par ces motifs: — Casse, etc., etc. » (Arrêt du 15 mars 1832; — Baudrillart, Trait. gén., tom. 4, p. 548 ; — Dalloz, 1832, 1, 209 ; — Sirey, 1832, 1, 683).

nistration, dans une forêt de l'État, constitue un enlèvement réel, dans le sens des art. 194 et 198 c. forest., et non une simple tentative de ce délit, encore bien que le prévenu ait été empêché, par une circonstance quelconque, d'emporter sa charge hors de la forêt (1).

Arrêt du 9 janvier 1835. — M. Troplong, pr. — M. le Pr.-gén. concl. conf. — 2380.

N° 112.

LE MINISTÈRE PUBLIC C. VÉTIER.

Le fait, de la part d'un individu, d'avoir été trouvé, dans une forêt, coupant, avec une serpe, du bois, pour en faire une charge, constitue deux délits distincts, savoir : le délit prévu par l'art. 194 c. forest., et le délit puni d'une peine plus forte par l'art. 146 du même code, délit résultant de la présomption établie par la loi contre ceux qui sont trouvés, dans les bois et forêts, hors des routes et chemins ordinaires, avec des serpes, haches, scies ou autres instruments de cette nature. Dans ce cas, on doit appliquer cumulativement chacune des amendes prononcées par les art. 146 et 194, la disposition de l'art. 365 du code d'instruction criminelle qui veut qu'en cas de

______

(1) Voy. la notice 151.

concours de plusieurs délits, la peine la plus forte soit seule appliquée, ne pouvant être invoquée en matière de délits forestiers (1).

Arrêt du 28 mai 1828. — M. Chippel, pr. — M. Thieriet, av.-gén., concl. conf. — N°. 1581.

N° 113.

FORÊTS C. ARNOULD.

D'après l'art. 193, § 1er, c. forest., les arbres coupés en délit, dans les bois, devant être mesurés sur la souche, si elle existe, lorsqu'ils ont été enlevés et façonnés, le tribunal ne peut, dans ce cas, en arbitrer lui-même la grosseur, d'après les documents du procès, sous prétexte que le mesurage n'en a pas été fait, comme le prescrit l'art. 192, à un mètre, mais seulement à six décimètres du sol (2).

(1) Conf. arrêt de la cour de Nanci, du 9 décembre 1828 (Forêts c. Colson; — M. Chippel, pr. — M. Saladin, subst. du pr.-gén., concl. conf. — N° 1639). ═ Contr. arrêts de la cour de cassation, du 21 novembre 1828 (Dalloz, 1829, 1, 24; — Sirey, 1829, 1, 116; — Baudrillart, Trait. gén., tom. 4, p. 137), et du 22 décembre 1837 (Dalloz, 1858, 1, 179; — Sirey, 1858, 1, 920); ═ M. Dalloz, Jur. gén., V° *Forêts*, p. 773, n° 2; — M. Garnier, p. 177; — M. Curasson, tom. 2, p. 598.

(2) Conf. arrêts de la cour de cassation, des 12 juin 1812,

Arrêt du 7 décembre 1833. — M. Troplong, pr.
— M. le Pr.-gén. concl. conf. — Nᵒ 2276.

Nᵒ 114.

NICOLLE C. FORÊTS.

Lorsqu'un procès-verbal constate qu'après avoir reconnu, dans une forêt, l'enlèvement de onze brins de chêne coupés en délit, le garde a trouvé, dans le fourneau d'un individu, du bois vert dont l'écorce et la circonférence ne lui ont pas laissé de doute sur l'identité de ce bois avec celui du délit, néanmoins, si la quantité de bois trouvée dans le fourneau ne représente tout au plus qu'un seul des brins d'arbres coupés en contravention, dans ce cas, il est permis au tribunal de ne considérer comme constant, à la charge du prévenu, que la coupe et l'enlèvement de ce brin ; il peut, sans méconnaître la foi due au procès-verbal, ne pas tirer des faits qui y sont rapportés la même conclusion que le garde, touchant la culpabilité du prévenu à l'égard des dix autres brins coupés en délit.

Arrêt du 8 juin 1838.—M. Costé, pr.—M. le Pr.-gén. concl. contr. — Mᵉ Jeanclaude, av. —Nᵒ 2741.

14 janvier 1830 (Baudrillart, Trait. gén., tom. 2, p. 488, et tom. 4, p. 339), et 18 juillet 1834 (Dalloz, 1834, 1, 448 ; — Baudrillart, Trait. gén., tom. 5, p. 65).

N° 115.

MÊME ARRÊT.

Des arbres trouvés à 25 mètres du domicile du prévenu, sur un terrain qui n'est pas reconnu lui appartenir, ne peuvent lui être imputés à délit.

N° 116.

FORÊTS C. NICOLAS.

Un individu prévenu d'avoir enlevé des bois de futaie, dans une laie, ou tranchée, dont le taillis seulement lui a été vendu, ne peut être renvoyé des poursuites, sous prétexte qu'il a agi de bonne foi, ou que le fait qui lui est imputé, en supposant qu'il ait eu lieu dans une intention frauduleuse, constituerait un crime et non un délit (1).

Arrêt du 16 août 1831. — M. Chippel, pr. — M. le Pr.-gén. concl. conf. — Me Antoine, av. — N° 1921.

(1) Voyez la notice 152. — Le vol de bois dans les ventes avait été rangé au nombre des crimes par le code pénal de 1810. Mais, depuis la loi du 28 avril 1832, ce fait ne constitue plus qu'un simple délit (art. 388, § 2, c. pén.)

N° 117.

MÊME ARRÊT.

Le fait, de la part de cet individu, d'avoir façonné et confondu avec les bois qu'il a achetés ceux qui ne lui ont point été vendus, constitue l'enlèvement prévu et puni par les art. 192 et 198 c. forest., encore bien qu'il n'ait pas lui-même coupé les arbres dont il a ainsi disposé.

N° 118.

FORÊTS C. GROSDIDIER.

Lorsqu'il résulte d'un procès-verbal régulier que deux brins de chêne, ayant chacun 20 centimètres de tour, d'après le mesurage qui en a été fait à un mètre du sol, à l'instant et sur le lieu même du délit, ont été coupés par un individu qui a été surpris en flagrant délit par le garde, il n'appartient pas au tribunal, sous prétexte qu'il n'a pas été procédé à un ressouchetage contradictoire avec le prévenu, de déclarer arbitrairement que la dimension de ces deux brins était moins considérable que celle qui est indiquée au procès-verbal (1).

______

(1) Voy. sur cette question : — Arrêts de la cour de Nanci, du 6 novembre 1832 (Forêts c. Guillaume ; — M. Rolland de

Arrêt du 8 mars 1833. — **M. Rolland de Malleloy,** f. f. pr. — **M. Pierson,** av.-gén., concl. conf. — N° 2163.

Nota. Le même jour, la cour de Nanci a rendu deux autres arrêts semblables. Forêts contre : — Collignon, N° 2164 ; — Lefèvre, N° 2165.

N° 119.

FELLERATH C. FORÊTS.

L'enlèvement de bois dans une coupe délivrée à des usagers constitue, soit un vol ordinaire, soit le délit prévu par l'art. 192 c. forest., et non celui dont il est question dans l'art. 83 du même code (1).

Malleloy, f. f. pr. — M. le Pr.-gén. concl. conf. — N° 2066), de la cour de cassation, des 29 février 1812 (Baudrillart, Trait. gén., tom. 2, p. 476 ; — Gagneraux, tom. 1, p. 347, § 7), et 17 juin 1824 (Baudrillart, Trait. gén., tom. 3, p. 239 ; — Gagneraux, tom. 1, p. 346, § 4); = M. Curasson, tom. 2, p. 62.

(1) Par arrêt du 25 ventôse an XII, la cour de cassation a jugé que le vol de bois coupés et façonnés dans une vente ne constituait pas un délit forestier, et que, dès lors, on ne pouvait lui appliquer les dispositions pénales de l'art. 37, tit. 2, de la loi du 28 septembre 1791 (*); que ce fait avait été tex-

(*) Loi du 28 septembre 1791, tit. 2, art. 37 : « Le vol, dans les bois tallis, futaies et autres plantations d'arbres des particuliers ou communautés, exécuté à charge de bête de somme ou de charrette, sera

Arrêt du 51 mars 1829. — M. Chippel, pr. — M. Masson, subst. du pr.-gén., concl. conf. — N° 1675.

N° 120.

FORÊTS C. FRANÇAIS.

Lorsque douze brins de chêne, qui ont été reconnus à leur âge, leur écorce et leur quantité, pour provenir d'un délit, ont été trouvés au domicile d'un individu, le tribunal ne peut, sans méconnaître la

tuellement et nommément prévu par l'art. 11 de la loi du 25 frimaire an VIII (*), qui prononçait des peines plus graves contre le vol de choses reposant sur la foi publique (Baudrillart, Trait. gén., tom. 1, p. 674).

puni par une détention qui ne pourra être de moins de trois jours, ni excéder six mois. Le coupable paiera, en outre, une amende triple de la valeur du dédommagement dû au propriétaire. »

(*) Loi du 25 frimaire an 8, art. 11 : « Tout vol de charrues, instruments aratoires, chevaux et autres bêtes de somme, bétail, vaches, ruches d'abeilles, marchandises et effets exposés sur la foi publique, soit dans les campagnes, soit sur les chemins, ventes de bois, foires, marchés et autres lieux publics, sera puni des mêmes peines énoncées au précédent article. » L'art. 10 de la même loi, auquel renvoie la disposition finale du texte que l'on vient de transcrire, est conçu en ces termes : « Tout vol commis dans un terrain clos et fermé, si ledit terrain ne tient pas immédiatement à une maison habitée, sera puni d'une peine qui ne pourra être moindre de trois mois, ni excéder une année d'emprisonnement, s'il a été commis le jour, ou qui ne pourra être moindre de six mois, ni excéder deux années, s'il a été commis la nuit. »

Voy. l'art. 388 du code pénal.

foi due au procès-verbal, admettre le prévenu à prouver par témoins que ce bois lui a été vendu, surtout lorsqu'il s'est opposé au ressouchetage que le garde voulait en faire pour le convaincre de son identité (1).

Arrêt du 15 décembre 1829. — M. Chippel, pr. — M. Troplong, av.-gén., concl. conf. — N° 1743.

N° 121.

FORÊTS C. COLSON.

La restitution du bois coupé en délit ne suffit pas pour compenser le dommage que son enlèvement peut occasioner, et, par conséquent, le délinquant doit être condamné à des dommages-intérêts, quand bien même ce bois aurait été saisi par le garde.

(1) Un arrêt de la cour de cassation, du 3 avril 1830, a décidé que, lorsqu'un procès-verbal, faisaut foi jusqu'à inscription de faux, constate la reconnaissance d'arbres coupés en délit, les juges ne peuvent, sans violer la foi due à cet acte, admettre le prévenu à prouver que ces arbres sont sa propriété. (Sirey, 1830, 1, 303; — Baudrillart, Trait. gén., tom. 4, p. 355). = Le contraire semble résulter d'un arrêt rendu par la même cour, le 13 février 1833 (*) (Sirey, 1833, 1, 193; — Baudrillart, Trait. gén., tom. 4, p. 607).

(*) M. Baudrillart a donné à cet arrêt la date du 15 février 1833.

Arrêt du 9 décembre 1828. — M. Chippel, pr.
— M. Saladin, subst. du pr.-gén., concl. conf. —
N° 1639.

N° 122.

VILLEMIN C. FORÊTS.

Si un procès-verbal constate qu'il a été trouvé,
chez un particulier, huit perches de chêne, qui ont
été reconnues provenir d'un délit, par suite du ressouchetage de quatre de ces perches seulement, on
ne doit prononcer contre le prévenu qu'une condamnation proportionnée au nombre de perches dont
l'identité avec celles coupées en délit a été établie (1).

Arrêt du 27 décembre 1833. — M. Troplong, pr.
— M. le Pr.-gén. concl. contr. — Mᵉ Antoine, av.
— N° 2283.

N° 123.

FORÊTS C. BURNOT.

Lorsque l'administration forestière a conclu, en
première instance, à une condamnation qui n'est
pas proportionnée au nombre et à la circonférence

______

(1) Conf. arrêt de la cour de cassation, du 4 mai 1820
(Dalloz, Jur. gén., Vᵒ *Forêts*, p. 791, note 7; — Baudrillart,
Trait. gén., tom. 2, p. 847).

(175)

des brins d'arbres qui ont été coupés en délit, elle peut, sur l'appel, rectifier son calcul et augmenter, dans de nouvelles conclusions, le chiffre de l'amende et des dommages-intérêts (1).

Arrêt du 9 décembre 1828. — M. Chippel, pr.

(1) La cour de cassation a décidé, par un arrêt du 17 mai 1834, que l'art. 202 c. forest., qui porte que, lorsqu'il y a lieu d'adjuger des dommages-intérêts, ils ne peuvent être inférieurs à l'amende simple prononcée par le jugement, s'exprime en termes impératifs et constitue, en matière forestière, un droit particulier et spécial auquel les tribunaux doivent se conformer, quelles que soient les conclusions prises devant eux pour dommages-intérêts, et quand même ils seraient fixés par erreur à un taux moindre que l'amende encourue par les délinquants. (Dalloz, 1834, 1, 447; — Baudrillart, Trait. gén., tom. 4, p. 49). = Jugé, en sens contraire, par la cour de Nanci, le 17 avril 1839 (*) (Forêts c. Florentin et Tridon; — M. Mourot, pr. — M. le Pr.-gén. concl. — N° 2826), que le chiffre des dommages-intérêts, à la différence de celui de l'amende, doit toujours être fixé d'une manière invariable par les conclusions prises, en première instance, au nom de l'administration forestière. Cette jurisprudence est en opposition avec huit autres arrêts rendus par la même cour royale, le 14 juillet 1829. (Forêts contre : — Poirson, N° 1701; — le même, N° 1702; — Richy, N° 1703; — Vincé, N° 1704; — Forfillaire, N° 1705; — Junique, N° 1706; — Toussaint, N° 1707; — Viriot, N° 1708; — M. Chippel, pr. — M. Masson, subst. du pr.-gén., concl.) En effet, il semble en résulter que l'administration forestière peut, en cause d'appel, réclamer des dom-

(*) Cet arrêt a été publié dans le recueil de M. Dalloz, 1839, 2, 237.

— M. Saladin, subst. du pr.-gén., concl. conf. —
N° 1640.

§ II.

*Arbres éhouppés, écorcés, mutilés, ébranchés. — Enlèvement de
chablis et bois de délit.*

—

N° 124.

FORÊTS C. VALTER.

Il n'est pas nécessaire, pour que l'article 196 c.
forest. puisse être appliqué, que toutes les branches
principales d'un arbre aient été coupées ; il suffit
d'en avoir abattu une seule, pour être passible des
peines que cet article prononce (1).

mages-intérêts, quand bien même elle n'aurait pris aucunes
conclusions à cet égard devant les premiers juges.

(1) Voy., en sens conforme, huit arrêts de la cour de Nanci,
du 8 novembre 1828. (Forêts contre : — Niederleidner, N°
1625 ; — Valter, N° 1626 ; — Billand, N° 1627 ; — Boucber
et Feyerdag, N° 1628 ; — Stiltz, N° 1629 ; — End, N° 1630 ;
— Eichhorn, N° 1631 ; — Roux, N° 1632 ; — M. de Roguier,
f. f. pr. — M. Troplong, av.-gén., concl. conf.)

Ordoun. de 1669, tit. 32, art. 2 : « Ceux qui auront
éhouppé, ébranché et deshonnoré des arbres, payeront la
même amende au pied le tour que s'ils les avaient abattus par
le pied. »

Arrêt du 8 mars 1828. — M. Chippel, pr. — M. Troplong, av.-gén., concl. conf. — N° 1551.

Nota. Le même jour, quatre autres arrêts identiques. Forêts contre : — Valter, N° 1552 ; — Lux, N° 1553 ; — Schmitt, N° 1554 ; — Latzer, N° 1555.

N° 125.

FORÊTS C. VALTER.

Par *branches principales* d'un arbre, on doit entendre celles qui sont nécessaires à son existence ou à sa prospérité (1). Mais il ne suffit pas, pour qu'on doive les considérer comme telles, que le garde les ait ainsi désignées dans son procès-verbal ; il faut de plus qu'il ait fait connaître les raisons sur lesquelles il s'est fondé pour leur donner cette qualification. Telle serait, par exemple, l'indication de la position et de la circonférence de ces branches relativement à celles du tronc de l'arbre dont elles faisaient partie (2).

Voy. aussi, sous la notice 72, l'art. 15, tit. 32, de la même ordonnance.

(1) Conf. arrêts de la cour de Nanci, du même jour, 8 mars 1828. Forêts contre : — Valter, N° 1551 ; — Lux, N° 1555.

(2) Conf. arrêt de la cour de Nanci, du 8 mars 1828. Forêts c. Latzer, N° 1555.

Arrêt du 8 mars 1828. — M. Chippel, pr. — M. Troplong, av.-gén., concl. conf. — Nº 1552.

Nº 126.

FORÊTS C. LATZER.

Par conséquent, si le procès-verbal énonce qu'une branche principale a été coupée, sans en indiquer en même temps la dimension, ou sans ajouter quelque autre renseignement qui puisse en faire connaître l'importance et l'utilité, il y a lieu, dans ce cas, d'ordonner l'audition du garde, afin de compléter par sa déposition orale ce qu'il y a d'insuffisant à cet égard dans son rapport (1).

Arrêt du 8 mars 1828. — M. Chippel, pr. — M. Troplong, av.-gén., concl. — Nº 1555.

Nº 127.

LE MINISTÈRE PUBLIC C. FIOL.

L'art. 192 c. forest. et le tarif qui y est annexé ne s'appliquent pas aux branches, quelle que soit, d'ailleurs, leur dimension, mais seulement aux arbres coupés en délit (2). — Ainsi, l'amende à la-

____

(1) Voy. la notice 102.
(2) Lorsqu'il s'agit de l'enlèvement d'une *branche principale*,

quelle donne lieu l'enlèvement d'une branche de hêtre de trois décimètres de tour ne doit pas être réglée d'après l'espèce et la circonférence de la branche coupée ; elle doit être fixée, conformément à l'art. 194, qui est seul applicable dans cette circonstance, d'après le nombre présumé de charges de bêtes de somme, de fagots, ou de charges d'homme que cette branche a pu fournir.

Arrêt du 30 juin 1829. — M. Chippel, pr. — M. Masson, subst. du pr.-gén., concl. conf. — N° 1694.

Nota. La cour de Nanci a rendu cinq autres arrêts semblables à la même audience. Le ministère public contre : — Han, N° 1695 ; — Pape et autres, N° 1696 ; — Berlocher, N° 1697 ; — Latzer et autres, N° 1698 ; — Linck, N° 1699.

N° 128.

FORÊTS C. PROTOT.

Les dommages-intérêts ne peuvent jamais être inférieurs à l'amende simple encourue par le délin-

il faut, il est vrai, recourir, pour l'application de l'amende, aux règles établies par l'article 192 du code forestier ; mais, dans ce cas, ce n'est pas la circonférence de la *branche* coupée, mais celle de l'*arbre* dont elle faisait partie, que l'on doit prendre pour base de l'évaluation de l'amende encourue par le délinquant (art. 196 c. forest.)

quant, et, par suite, on doit annuler le jugement qui les aurait arbitrés à 6 f. 60 c., dans une espèce où le prévenu avait été condamné, pour avoir coupé deux branches principales d'un arbre, à une amende simple de 54 f. 50 c. (1).

Arrêt du 30 août 1831. — M. Chippel, pr. — M. le Pr.-gén. (*s'en est rapporté à la prudence sur la question de savoir s'il y avait lieu, ou non, de prononcer des dommages-intérêts*); — N° 1929.

N° 129.

FORÊTS C. CONTOIS.

Des individus qui ont dépecé et emporté, en partie, un arbre de neuf décimètres de tour, déjà abattu, sont passibles des mêmes peines que s'ils l'eussent eux-mêmes coupé sur pied, quel que soit, d'ailleurs, le moyen qu'ils ont employé pour l'enlever, et quand bien même ils auraient fait chacun une charge à dos du bois qui en provenait, l'art. 194 c. forest. n'étant applicable qu'à la coupe ou à

Sur la question que l'on vient de rapporter, on peut consulter deux arrêts de la cour de cassation, du 12 brumaire an XI et du 27 octobre 1815 (Baudrillart, Trait. gén., tom. 1, p. 603, et tom. 2, p. 664).

(1) Conf. arrêt de la cour de cassation, du 17 mai 1834 (Dalloz, 1834, 1, 447); — M. Garnier, p. 242.

Voy., sous la notice II, l'art. 8, tit. 32, de l'Ordonnance de 1669.

l'enlèvement des bois qui ont moins de deux décimètres de circonférence (1).

Arrêt du 27 août 1833. — M. Mourot, pr. — M. le Pr.-gén. concl. conf. — N° 2243.

N° 130.

FORÊTS C. ZIMMERMANN ET HOUSSER.

Jugé, dans le même sens, que le fait de s'être approprié, en le façonnant pour son usage, un arbre abattu dans une forêt, constitue le délit d'enlèvement de chablis prévu par l'art. 197 c. forest., et qu'ainsi c'est à tort que le prévenu serait acquitté sous le prétexte que ce fait ne rentre dans aucune des dispositions prohibitives de la loi (2).

(1) Ordonn. de 1669, tit. 17, art. 2 : « Le garde-marteau et le sergent à garde veilleront à la conservation des bois chablis, et empêcheront qu'ils ne soient pris, enlevés, ou ébranchés, par les usagers et autres, sous prétexte de coutume et usage, quel qu'il puisse être ; et, en cas qu'il s'en rencontre de coupés par troncs, ou ébranchés, ils en feront leur rapport, de même que s'ils avaient été abattus sur pied, et les officiers les condamneront au pied le tour, à peine d'amende arbitraire et d'en répondre en leurs noms. »

Voy. les notices 130, 151 et 155.

(2) Voy., en sens conforme, un autre arrêt rendu, à la même audience, par la cour de Nanci (Forêts c. Chevreux et autres, N° 2150), ainsi que les décisions rapportées sous les notices 129, 131 et 135.

Arrêt du 15 février 1833. — M. Rolland de Malleloy, f. f. pr. — M. le Pr.-gén. concl. conf. — N° 2145.

Nota. Le même jour, autre arrêt semblable. Forêts c. Christophe, N° 2148 (1).

N° 131.

FORÊTS C. PARMENTIER ET GONDFERT.

Jugé, *dans le même sens*, que le fait d'avoir découpé et façonné un arbre chablis est un enlèvement réel, dans le sens de l'art. 197 c. forest., et que, dès lors, on doit annuler le jugement qui aurait acquitté le prévenu par la raison que ce fait ne peut être considéré que comme une simple tentative d'enlèvement non punie par la loi.

Arrêt du 19 avril 1833. — M. Rolland de Malleloy, f. f. pr. — M. Poirel, av.-gén., concl. conf. — N° 2194.

N° 132.

FORÊTS C. CLAUDEPIERRE.

L'art. 197 c. forest. n'est point applicable à l'individu qui a seulement enlevé la cime d'un arbre

(1) Cet arrêt est inséré dans le recueil de M. Dalloz, 1834, 2, 218.

chablis, alors surtout que le procès-verbal n'indique
ni la grosseur de cette cime, ni la circonférence de
l'arbre dont elle faisait partie; dans ce cas, l'amende
doit être calculée, conformément à l'art. 194, d'après
le nombre présumé de charges de bois que le prévenu a retirées de la cime coupée.

Arrêt du 12 janvier 1830. — M. Chippel, pr.
M. Adam, cons.-aud., concl. conf. — Me Antoine,
av. —N° 1774.

N° 133.

FORÊTS C. VALENCE.

Celui qui a été trouvé ébauchant et convertissant
en pelles une pièce de bois de hêtre coupée en délit,
dans une forêt royale, est passible, par ce seul fait,
de l'application de l'art. 197 du code forestier. Il ne
peut être soustrait aux condamnations que cet article
prononce, sous le prétexte qu'il ne serait pas constant
qu'il eût abattu lui-même l'arbre, et, par suite, il y a
lieu d'annuler le jugement qui se bornerait à appliquer au prévenu l'art. 146, relatif seulement aux individus qui sont trouvés, avec des instruments tranchants,
hors des routes et chemins ordinaires des forêts (1).

(1) **La connaissance de cette affaire a été attribuée à la
cour de Nanci par un arrêt de la cour de cassation dont voici
la teneur : « La cour : — Vu l'art. 197 c. forest.; — Attendu**

Arrêt du 12 janvier 1830. — M. Chippel, pr.
— M. Adam, cons.-aud., concl. conf. — N° 1773.

que, par cet article, le législateur a voulu punir et réprimer
celui qui, sans avoir abattu les bois, s'empare de ceux appelés
chablis et bois de délit, qu'il aurait trouvés abattus, et dont l'administration forestière a seule le droit de disposer ; — Attendu
qu'il résulte d'un procès-verbal du 23 décembre 1827, régulier
et non attaqué, qu'un garde forestier, parcourant la forêt royale
de Gérardmer, trouva, dans ladite forêt, Augustin Valence,
ouvrier en bois, qui ébauchait une pièce de bois-hêtre, coupée
en délit, qui avait été lancée au pied de la forêt et était marquée
du marteau de délit du garde-général, duquel arbre ledit Valence
avait déjà tiré cinquante-une pelles ; — Que le fait de ce façonnage
était un délit, puisqu'il avait évidemment pour objet l'enlèvement
de l'arbre ; qu'il était même déjà entièrement soustrait à l'État,
qui ne pouvait plus s'en ressaisir, puisqu'il était dénaturé lors
du procès-verbal ; — Qu'y ayant ainsi vol d'un arbre marqué
du marteau du garde, le prévenu avait commis le délit prévu par
l'art. 197, quoiqu'il n'eût pas lui-même abattu l'arbre, et avait
encouru les peines portées par les art. 192 et 198 c. forest. ; —
Attendu que le tribunal correctionnel d'Épinal, sur l'appel du
jugement du tribunal de Saint-Dié, du 5 mars 1828, par son
jugement du 11 septembre suivant, en reconnaissant que le délit
de façonnage était constant, a, cependant, refusé d'appliquer à
ce délit les articles précités, sous prétexte qu'il n'était pas
prouvé que le prévenu eût coupé lui-même l'arbre-hêtre dont
s'agit, et que ce tribunal s'est contenté d'appliquer l'art. 146 c.
forest., qui ne doit l'être qu'à l'individu qui s'est trouvé dans les
bois, hors des routes et chemins ordinaires, avec des instruments
tranchants, sans en faire usage ; en quoi, ledit jugement a manifestement violé les art. 197, 192 et 198 c. forest., et fait une

§ III.

Du délit de dépaissance

—

N° 134.

FORÊTS C. GENGRICK.

Un propriétaire dont les animaux ont été trouvés en dépaissance dans une forêt, sous la garde de ses domestiques, ne peut être condamné à l'amende prononcée par l'art. 199 c. forest., mais seulement aux restitutions, dommages-intérêts et frais, lorsque rien n'autorise à penser qu'il ait donné à ses domestiques l'ordre de commettre ce délit (1).

fausse application de l'art. 146 dudit code ; — Par ces motifs : — Casse et annule le jugement rendu, par le tribunal correctionnel d'Épinal, le 11 septembre 1828, etc., etc. » (Arrêt du 24 septembre 1829; — Baudrillart, Trait. gén., tom. 4, p. 308; — Dalloz, 1829, 1, 359 et 360).

Voy. les notices 129, 130 et 131. — Conf. arrêt de la cour de cassation, du 7 mars 1829 (Baudrillart, Trait. gén., tom. 4, p. 219); — M. Curasson, tom. 2, p. 421.

(1) Conf. M. Dalloz, Jur. gén., V° *Forêts*, p. 803, n° 13; — M. Garnier, p. 239.

Contr. arrêts de la cour de Nanci, du 27 décembre 1831 (Forêts c. Blanpied et autres; — M. Chippel, pr. — M. le Pr.-

Arrêt du 9 novembre 1833. — M. Troplong, pr.
— M. Bouchon, subst. du pr.-gén., concl. contr.
— N° 2259.

gén. concl. conf. — N° 1975) ; — de la cour de cassation, des 6
avril et 21 septembre 1820 (Dalloz, Jur. gén., V° *Amende*, p.
390 ; — Baudrillart, Trait. gén., tom. 2, p. p. 841 et 873), 23
août 1822 (Dalloz, Jur. gén., V° *Forêts*, p. 800; — Baudrillart,
Trait. gén., tom. 3, p. 79), 29 mai 1829 (Baudrillart, Trait.
gén., tom. 4, p. 250), et 3 novembre 1832 (Dalloz, 1833, 1,
174 ; — Sirey, 1833, 1, 502 ; — Baudrillart, Trait. gén., tom.
4, p. 595;—Journal du palais, tom. 57, p. 427 ;— M. Curasson, tom. 2, p. p. 422 et 440.

Voy. aussi la discussion parlementaire à laquelle a donné
lieu l'art. 206 du code forestier. (M. Garnier, p. 245 ;
— M. Chauveau, code forest., p. 620 et suiv.; — M. Baudrillart, comment., tom. 2, p. 573 et suiv. ; — M. Curasson,
tom. 2, p. 438 et suiv.; — M. Gagneraux, tom. 1, p. 415 et
suiv.)

Ordonnance de 1518, art. 14 : « Combien qu'il ne soit loi-
sible à aucun de mettre et tenir en nosdites forests haras ny
autre bestail, soit gros ou menu, toutesfois plusieurs personnes,
par tolérance ou dissimulation de noz officiers, et autrement,
indeuement ont par cy devant mis et tenus haras et grande
quantité de bestail en nosdites forests et taillis d'icelles, dont
nosdites forests sont grandement dommagées et gatées : Avons,
à ceste cause, défendu et défendons à toutes gens, de quelque
estat qu'ils soyent, de laisser aller, mettre ne tenir en nosdites
forests haras, bœufs, vaches, brebis, moutons, pourceaux,
chèvres et autre bestail, en quelque manière que ce soit, sur
peine d'amende arbitraire, et aussi sur peine de confiscation
du bestail qui sera mis et trouvé ès taillis desdites forests ; et

N° 135.

FORÊTS C. LAVEUVE.

Si les animaux trouvés en dépaissance dans un bois étaient attelés à une voiture qui n'a séjourné que momentanément dans la forêt, on ne doit pas, dans ce cas, prononcer des dommages-intérêts, cette

enjoignons ausdits officiers de nosdites eauës et forests, chacun en leur esgard, d'estre diligens et soigneux de prendre et amener en justice le bestail qu'ils trouveront en nosdites forests, sans y différer ne dissimuler par dons, promesses, affection ny autrement, sur peine de privation de leurs offices et de punition corporelle. Toutesfois, n'entendons par ceste présente nostre ordonnance, défendre aux ayans droict d'usage de mettre leurdit bestail en nosdites forests, hors les taillis, temps et saisons défendus, et selon la condition de leurdit usage. »

Ordonn. de 1669, tit. 32, art. 10 : « Les bestiaux trouvés en délit, ou hors des lieux, des routes et chemins désignés, seront pareillement confisqués; et où les bêtes ne pourraient être saisies, les propriétaires seront condamnés en l'amende, qui sera de vingt livres pour chacun cheval, bœuf ou vache, cent sols pour chacun veau, et trois livres pour mouton ou brebis, le double pour la seconde fois, et, pour la troisième, le quadruple de l'amende, bannissement des forêts contre les pâtres et autres gardes et conducteurs, desquels, en tout cas, les maîtres, pères, chefs de famille, propriétaires, fermiers et locataires des maisons y résidant, demeureront civilement responsables. »

circonstance faisant présumer qu'il n'a pu résulter
du délit un dommage suffisant pour donner lieu à
une semblable condamnation.

Arrêt du 8 mars 1833. — M. Rolland de Malleloy,
f. f. r. — M. Pierson, av.-gén., concl. — Mᶜ Moreau, av. — N° 2162.

Nᵘ 156.

FORÊTS C. DAVRAINVILLE.

Jugé, au contraire, que quoique les animaux ne
soient restés que momentanément dans la forêt où ils
ont été surpris en délit de pâturage, et qu'ainsi il y
ait lieu de présumer qu'ils n'ont pu y causer un
dommage très-sensible, le tribunal n'en est pas
moins obligé de condamner le prévenu à des dommages-intérêts (1).

Arrêt du 23 décembre 1828. — M. Chippel, pr.
— M. Saladin, subst. du pr.-gén., concl. conf. —
Mᵉ Antoine, av. — N° 1648.

____

(1) Voy., en sens conforme, deux arrêts de la cour d'Orléans,
des 19 avril et 16 août 1828 (Dalloz, 1828, 2, 115; — Sirey,
1829, 2, 126); = un arrêt de la cour de cassation, du 14
octobre 1803 (Baudrillart, Trait. gén., tom. 1, p. 660); —
M. Garnier, p. 240; — M. Curasson, tom. 2, p. 437.

N° 137.

FORÊTS C. HOMMEL ET OHVALD.

Lorsqu'un procès-verbal régulier constate qu'il a été trouvé, en délit de dépaissance, dans une forêt, six bœufs, dont le garde n'a pu connaître les propriétaires, si ceux-ci ont présenté ensemble au juge de paix une requête ayant pour objet d'obtenir mainlevée provisoire de la saisie de ces animaux, sans, néanmoins, indiquer le nombre de bœufs qui appartient à chacun d'eux, cette réclamation commune les soumet, pour l'application de la peine, à une sorte de solidarité qui rend cette répartition inutile. Ainsi, c'est à tort que le tribunal déclarerait que cette requête ne supplée qu'en partie, sous ce rapport, à l'insuffisance du procès-verbal, et que, dans le doute, on doit présumer que chacun des prévenus n'est propriétaire que d'un des animaux saisis.

Arrêt du 8 mars 1833. — M. Rolland de Malleloy, f. f. pr. — M. Pierson, av.-gén., concl. conf. — N° 2167.

N° 138.

FORÊTS C. BLANPIED ET AUTRES.

On peut être admis à prouver que le taillis où a été commis le délit de pâturage pour lequel on est poursuivi a au moins dix années de croissance, encore bien que le procès-verbal constate qu'il n'est âgé que de huit ans (1).

Arrêt du 13 décembre 1851. — M. Chippel, pr. — M. le Pr.- gén. concl. contr. — N° 1972.

N° 139.

LARCHER C. FORÊTS.

Les tranchées doivent être considérées comme une dépendance de la forêt dans laquelle elles sont pratiquées, et, dès lors, on ne peut, sans se rendre passible des peines portées en l'art. 199 c. forest., y mener paître des bestiaux avant qu'elles aient été reconnues et déclarées défensables.

Arrêt du 18 octobre 1828.— M. de Roguier, f. f. pr. — M. Thieriet, av.-gén., concl. conf. — N° 1618.

N° 140.

FORÊTS C. PETIT.

Les dommages-intérêts encourus pour délits de dépaissance, dans les bois âgés de moins de dix ans,

(1) Conf. arrêt de la cour de cassation, du 7 floréal an XII (Dalloz, Jur. gén., V° *Forêts*, p. 789, note 1re;— Baudrillart, Trait. gén., tom. 1 , p. 676).

ne peuvent être inférieurs à l'amende prononcée par le dernier paragraphe de l'art. 199 c. forest., cette peine, quoique double de celle portée par le même article contre les délits de même nature commis dans les bois au-dessus de cet âge, n'étant, cependant, que l'amende simple qui doit, aux termes de l'art. 202 du même code, être prise pour règle des dommages-intérêts (1).

Arrêt du 9 novembre 1833. — M. Troplong, pr. — M. Bouchon, subst. du pr.-gén., concl. conf. — N° 2257.

Nota. Le même jour, autre arrêt semblable. Forêts c. Maury, N° 2258.

N° 141.

FORÊTS C. MITAINE ET AUTRES.

Un individu poursuivi pour avoir fait paître des bestiaux dans un taillis de trente-deux ans ne doit

---

(1) Conf. arrêts de la cour de Nanci, du 7 novembre 1834 (Forêts contre : — Driot et Durand, N° 2347; — Lhuillier et autres, N° 2348; — Grison, N° 2349; — M. Troplong, pr. — M. Garnier, subst. du pr-gén., concl. conf.); = de la cour de cassation, des 17 février 1832 (Dalloz, 1833, 1, 40; — Sirey, 1832, 1, 629; — Baudrillart, Trait. gén., tom. 4, p. 542), 19 avril 1833 (Dalloz, 1833, 1, 571; — Baudrillart,

pas être condamné à des dommages-intérêts, l'âge du bois où le pâturage a eu lieu ne permettant pas de supposer que le délit ait pu occasioner quelque préjudice.

Arrêt du 8 mars 1833. — M. Rolland de Malleloy, f. f. pr. — M. Pierson, av.-gén., concl. contr. — Me Antoine, av. — N° 2166.

N° 142.

Quoique l'art 199 c. forest. ne distingue pas, pour l'amende, le lieu du pâturage, et qu'il n'établisse, sous ce rapport, aucune différence entre les taillis et les chemins, on peut, cependant, y avoir égard pour l'application des dommages-intérêts. Ainsi, lorsqu'un procès-verbal constate qu'un individu a fait paître sa vache dans l'intérieur d'un taillis et son cheval sur un chemin pratiqué dans la même forêt, il n'y a pas lieu de prononcer des dommages-intérêts à l'égard du cheval, la nature du terrain où cet animal a été trouvé en dépaissance ne permettant pas de croire qu'il ait pu causer quelque dommage.

Trait. gén., tom. 4, p. 623), 1er février 1834 (Dalloz, 1834, 1, 185; — Baudrillart, Trait. gén., tom. 5, p. 14), et 2 août 1834 (Baudrillart, Trait. gén., tom. 5, p. 70; — Journal du palais, tom. 60, p. 173).

Arrêt du 15 mars 1833. — M. Rolland de Malleloy, f. f. pr. —M. Pierson, av.-gén., concl. contr.
— N° 2172.

N° 143.

MÊME ARRÊT.

Si, aux termes de l'art 202 c. forest., les dommages-intérêts ne peuvent être inférieurs à l'amende
simple prononcée par le jugement, il ne faut pas en
conclure qu'ils doivent égaler les amendes réunies
qui peuvent résulter de plusieurs délits constatés par
le même procès-verbal ; dans ce cas, c'est seulement
l'amende du délit auquel ils se rapportent qu'il faut
prendre pour base de leur évaluation. Ainsi, par
exemple, si le procès-verbal constate à la fois que le
prévenu coupait de l'herbe et faisait paître ses bestiaux dans une forêt, on ne doit avoir aucun égard à
l'amende du premier délit, pour déterminer les dommages-intérêts dont le second est passible.

ARTICLE VIII.

Des condamnations en matière forestière.

—

N° 144.

FORÊTS C. DE GUAITA.

Un délit forestier dont les poursuites ont commencé avant la promulgation du code, n'en tombe pas moins, pour sa répression, sous les dispositions de la loi nouvelle, s'il est seulement jugé depuis qu'elle a été mise en vigueur.

Arrêt du 8 novembre 1828. — M. de Roguier, f. f. pr. — Me Bresson, père, av. — N° 1624.

N° 145.

FORÊTS C. COLOMBÉ ET AUTRES.

A l'égard des délits dont les rapports ont été dressés avant que le code forestier ait été mis en vigueur, et qui sont jugés depuis sa publication, il y a lieu d'appliquer le principe que les faits prohibés par l'ancienne loi cessent d'être punissables, lorsqu'ils n'ont pas été incriminés par la loi nouvelle, et que ceux qui ont été rangés, par les deux législations,

(195)

au nombre des délits, doivent être punis de la peine la moins sévère (1).

Arrêt du 9 décembre 1828. — M. Rolland de Malleloy, f. f. pr. — M. de Roguier, cons. aud., concl. conf. — Mᵉ Fabvier, av. — Nᵒ 1637.

Nᵒ 146.

FORÊTS C. GÉRARD.

Lorsque, devant la cour, l'agent forestier cite, dans ses conclusions, un texte de loi autre que celui qui a été invoqué en première instance, cette rectification ne peut être considérée comme une demande nouvelle formée pour la première fois en appel, si le fait sur lequel la cour est appelée à statuer est le même que celui qui a été déféré aux premiers juges (2).

Arrêt du 4 décembre 1835. — M. Moreau, pr. — M. Bresson, av.-gén., concl. conf. — Mᵉ Fabvier, av. — Nᵒ 2454.

(1) Conf. arrêts de la cour de Nanci, du 28 juillet 1829 (Forêts contre : — Etienne et Pierron, Nᵒ 1718 ; — Colin et Catabelle, Nᵒ 1719 ; — Catabelle, Nᵒ 1720 ; — M. Chippel, pr. — M. Masson, subst. du pr.-gén., concl.)

(2) Conf. arrêt de la cour de cassation, du 5 décembre 1833 (Baudrillart, Trait. gén., tom. 4, p. 670 ; — Dalloz, 1834, 1, 50). Cet arrêt a été rapporté sous la notice 108.

ARTICLE IX.

Des aggravations de peines

—

N° 147.

FORÊTS C. SAINTOT.

Le mot *nuit*, employé dans l'art. 201 c. forest., doit s'entendre de l'intervalle qui s'écoule entre le coucher et le lever du soleil. — Ainsi, un délit que le procès-verbal constate avoir été commis le 25 mai, à trois heures du matin, doit être puni d'une amende double, puisque alors le soleil était couché (1).

Arrêt du 17 juillet 1832. — M. Chippel, pr. — M. le Pr.-gén. concl. conf. — N° 2041.

(1) Conf. arrêts de la cour de Nanci, du 15 mars 1833 (Forêts c. Schvaller ; — M. Rolland de Malleloy, f. f. pr. — M. Pierson, av.-gén., concl. conf. — N° 2171), et du 4 janvier 1834 (Forêts c. Boll ; — M. Troplong, pr. — M. le Pr.-gén. concl. conf. — N° 2288) ; — de la cour de cassation, du 28 mai 1812 (Baudrillart, Trait. gén., tom. 2, p. 488 ; — Dalloz, Jur. gén., V° *Forêts*, p. 806, note 6), et du 22 janvier 1829 (Dalloz, 1829, 1, 117 ; — Baudrillart, Trait. gén., tom. 4, p. 172 ; — Sirey, 1829, 1, 171); — M. Garnier, p. 241.

Voy., sous la notice 45, l'art. 5, tit. 32, de l'Ordonnance de 1669.

N° 148.

FORÊTS C. JOLIBOIS.

Le détenteur d'un arbre qui a été coupé en délit, dans une forêt, et qui est reconnu avoir été scié, est passible de la double amende, aux termes des art. 192 et 201 c. forest., quoiqu'il n'ait pas été vu sciant lui-même l'arbre, et il y a lieu, par conséquent, d'annuler le jugement qui n'aurait prononcé qu'une simple amende contre ce détenteur (1).

(1) Cette affaire a été renvoyée devant la cour de Nanci par un arrêt de la cour de cassation dont voici la teneur : « La cour : —Vu les art. 176, 192 c. forest., et 201 du même code, lequel est ainsi conçu : Les peines seront également doublées, lorsque les délits, ou contraventions, auront été commis la nuit, ou que les délinquants auront fait usage de la scie, pour couper les arbres sur pied ; — Attendu qu'il résulte des dispositions de cet article que l'usage de la scie, pour couper des bois de délit, est une circonstance aggravante, qui impose aux tribunaux l'obligation de prononcer une amende double, dans le cas où cette circonstance est établie ; — Attendu qu'il est constaté, par un procès-verbal régulier et non argué de faux, que Louis-Barthelémy Jolibois avait coupé, avec une scie, quatre chênes en délit, savoir : deux de quatre décimètres de tour, et deux de vingt-cinq centimètres aussi de tour, à un mètre du sol ; — Que, dès lors, ce délit devait être puni de l'amende double, aux termes de l'art. 201 précité ; que, cependant, Jolibois n'a été condamné, par le jugement attaqué,

Arrêt du 16 mars 1830. — M. Chippel, pr. —
M. Adam, cons. aud., concl. conf. — N° 1798.

qu'à l'amende simple, sous le prétexte qu'il n'était pas constant,
en fait, que le prévenu avait fait usage de la scie ; — Attendu que les juges, tout en reconnaissant que Jolibois était
auteur du délit, ont, néanmoins, écarté un fait matériel légalement constaté, et en admettant une preuve contre le contenu
d'un procès-verbal régulier, et en ne prononçant pas l'amende
double, ont violé les dispositions des art. 176, 192 et 201 c.
forest. ; — Par ces motifs : — Casse et annule le jugement
rendu, le 30 novembre 1829, par le tribunal de police correctionnelle de Saint-Mihiel, etc., etc. » (Arrêt du 16 janvier
1830 ; — Baudrillart, Trait. gén., tom. 4, p. 339 ; — Bullet.
crim., n° 19).

Conf. arrêts de la cour de Nanci, du 16 février 1830 (Forêts c. Robert ; — M. Chippel, pr. — M. Adam, cons. aud.,
concl. conf. — N° 1788) (*) ; du 7 décembre 1833 (Forêts c.

(*) La cour de Nanci a été saisie de la connaissance de cette
affaire par un arrêt de renvoi de la cour de cassation, en date du 10
décembre 1829. Cet arrêt s'exprime en ces termes: « La cour : —
Vu l'art. 408 du code d'instruction criminelle ; — Vu l'art. 201 du
code forestier, ainsi conçu: Les peines seront également doublées,
lorsque les délits, ou contraventions, auront été commis la nuit, ou que
les délinquants auront fait usage de la scie, pour couper les arbres sur
pied ; — Attendu, en fait, qu'un procès-verbal régulier, et dont les
énonciations n'ont pas été contestées, constate qu'au jour marqué dans
leur rapport, le brigadier forestier et les deux gardes qui l'accompa-
gnaient ont reconnu, dans la forêt royale de Valliermont, contrée de
la Saucisse-Mare, le délit *d'un chêne moderne tout vert, scié et enlevé*
depuis plusieurs jours, portant douze décimètres de tour, à huit décimètres
quatre centimètres du sol, hauteur à laquelle il avait été scié ; que les

Cambrecelle ; — M. Troplong, pr. — M. le Pr.-gén. concl. conf. — N° 2275), et du 26 juin 1835 (Le ministère public c.

mêmes gardes, s'étant munis d'une scie, *ont scié un morceau d'un décimètre d'épaisseur, de toute la surface de l'étoc, dont le corps avait été distribué en cinq troncs propres à faire planches* ; que , s'étant ensuite rendus à Ancerville , en présence de l'adjoint de la commune, chez Jean-Baptiste Robert, ils ont trouvé, dans son jardin potager , attenant à sa maison, *trente-deux planches, toutes vertes, de bois de chêne, fraîchement sciées* et empilées avec d'autres planches sèches, en chêne, et vertes, en cerisier; — Que Robert a déclaré que les planches vertes de chêne provenaient d'un chêne de la forêt royale de Valliermont, contrée de la Saucisse-Mare ; — Que, de leur côté , les gardes ayant trouvé une planche de pattes, épaisse de quatre centimètres, et l'ayant posée sur un morceau de l'étoc apporté de la forêt, ils ont reconnu , par la cicatrice de la planche et de l'étoc, que *c'était la planche du chêne moderne , objet des recherches*; — Qu'enfin, sommé de venir assister au ressouchement, Robert s'y est refusé, en disant que *ladite planche était bien celle que cherchaient lesdits gardes, et que le morceau dont ils étaient munis en faisait foi* ; — Que, par suite de ce procès-verbal et de la saisie à lui déclarée, Robert ayant été traduit devant le tribunal correctionnel de Bar-le-Duc, pour s'y voir condamner, par corps, en 48 francs d'amende et aux restitutions et dommages-intérêts , conformément aux dispositions combinées des art. 192, 198, 201, 202 et 211 c. forest., le tribunal correctionnel , tout en reconnaissant la vérité des faits constatés par le rapport, et confirmés par les aveux de Robert , mais ne trouvant pas , dans *la possession des planches provenant d'un chêne scié*, la preuve que c'était lui qui eût commis le délit, lorsqu'il résultait évidemment du rapport, auquel foi est due en justice , qu'il en était l'auteur ou le complice , sans admettre ni rejeter le soutien vague de Robert que l'arbre lui avait été vendu et amené chez lui, l'a condamné à la simple amende de 24 francs, comme s'il eût été question d'un arbre seulement coupé en délit , à 12 francs de restitution et 24 francs de dommages-intérêts , tandis qu'il aurait dû être condamné à la double amende par lui encourue ; — Qu'en effet, l'art. 201 c. forest., calqué sur l'art. 5, tit. 32, de l'Ordonn. de 1669, exige seulement, pour l'application de la double amende y portée , que

Riff; — M. de Bouvier, f. f. pr. — M. le Pr.-gén. concl. conf. — N° 2422) (*). — Voy. aussi, dans le même sens, deux arrêts

le délit forestier y énoncé ait été commis la nuit, ou bien au moyen de la scie; — Que, sans doute, il n'y a pas de délit sans délinquant; mais que la loi n'exige pas, pour sa condamnation, ou celle de son complice, que l'un ou l'autre ait été vu sciant l'arbre, ou aidant et assistant l'auteur de ce délit; — Que, cependant, sur l'appel du jugement de Bar-le-Duc, interjeté par l'administration des forêts, le tribunal de St.-Mihiel, sur le motif que, pour l'application de l'art. 201, il faut qu'il *soit prouvé, par le procès-verbal*, que le délinquant a fait usage de la scie, pour couper l'arbre sur pied, et que, dans la cause, rien ne tend à établir, en fait, que le prévenu, chez qui on a trouvé les planches provenant de l'arbre *qu'on dit avoir été scié*, ait fait *lui-même usage de la scie*, a confirmé le jugement de première instance et s'en est approprié les vices; — Que ce tribunal d'appel, en paraissant révoquer en doute l'emploi de la scie, lorsque l'usage de cet instrument de destruction était si évidemment et si légalement établi, s'est écarté de la foi due au procès-verbal, et qu'en jugeant que la double amende, encourue aux termes des art. 192 et 201 c. forest., ne peut être prononcée que contre ceux qui ont été vus faire usage de la scie, ou à l'égard desquels il est prouvé, par le procès-verbal, qu'ils en ont fait eux-mêmes usage, a commis un excès de pouvoir, ajouté à la loi une disposition qui ne s'y trouve pas, et violé formellement l'art. 201 c. forest.; — Par ces motifs: — Casse et annule le jugement rendu, le 21 septembre dernier, et en dernier ressort, par le tribunal correctionnel de St.-Mihiel, etc., etc. » (Baudrillart, Trait. gén., tom. 4, p. 524; — Dalloz, 1830, 1, 19).

(*) L'affaire dans laquelle la cour de Nanci a rendu cette décision lui a aussi été renvoyée par la cour de cassation. L'arrêt qui lui en a attribué la connaissance est conçu en ces termes: « La cour: — Vu les art. 182 et 202 du code d'instruction criminelle, 159, 171, 184 et 198 du code forestier, et 56 de la loi sur la pêche fluviale; — Attendu qu'il résulte de la combinaison de ces articles que le ministère public exerce, concurremment avec l'administration des forêts, l'action en réparation de tous les délits forestiers; que cette action en réparation comprend, non seulement l'application des peines encourues par les délinquants, mais

de la cour de cassation, du 20 juin 1806 (Baudrillart, Trait. gén., tom. 2, p. 84; — Gagneraux, tom. 1, p. 547, § 8), et du 20 juillet 1815 (Baudrillart, Trait. gén., tom. 2, p. 660).

L'usage de la scie avait aussi été rangé au nombre des circonstances aggravantes par l'art. 5, tit. 32, de l'Ordonnance de 1669 (*). La construction grammaticale de ce texte a donné lieu à une question qui a été successivement résolue, en sens opposé, par la cour de Nanci et par la cour de cassation. Comme ces mots : « Si les délits se trouvent avoir été commis *depuis le coucher jusques au lever du soleil* », qui commencent cet article, ne sont séparés par aucune particule disjonctive de ceux-ci : « *par scie ou par feu* », qui les suivent immédiatement, la cour de Nanci avait pensé qu'il fallait, pour que le doublement de l'amende pût être prononcé, qu'à la circonstance aggravante résultant de l'emploi du feu ou de la scie se joignit, *en outre*, celle de la nuit. Voici en quels termes elle s'est exprimée sur ce point dans un arrêt du 24 décembre 1823 : — « Considérant que l'art. 5, tit. 32, de l'Ordonnance de 1699, invoqué par le ministère public, ne paraît pas applicable; que cet article indique, il est vrai,

encore la condamnation aux dommages-intérêts et aux restitutions, qui, selon l'art. 198, doit toujours être prononcée ; — Qu'il suit de là , qu'en refusant de prononcer, sur l'appel du ministère public, la condamnation aux dommages-intérêts et aux restitutions , et en réservant sur ce point l'action de l'administration forestière, l'arrêt attaqué a faussement interprété, et, par suite, violé les articles de loi précités ; — Par ces motifs: — Casse et annule l'arrêt rendu, le 21 janvier dernier, par la cour royale de Metz, chambre correctionelle, etc., etc. » (Arrêt du 8 mai 1833; — Baudrillart, Trait. gén., tom. 5, p. 164; — Sirey, 1833, 1, 739). — Il paraît que la fin de non-recevoir sur laquelle la cour de Metz s'est fondée, pour rejeter le chef d'appel relatif aux restitutions et aux dommages-intérêts, n'a pas été reproduite devant la cour de Nanci; car il n'en est nullement question dans son arrêt.

(*) Voy. cet article sous la notice 45.

comme passibles d'une amende double, les délits commis par
scie, ou par feu ; mais qu'il exige aussi qu'ils l'aient été depuis
le coucher jusqu'au lever du soleil, et rien ne constate que les
arbres enlevés par Ferry aient été coupés la nuit ; il est dit au
rapport qu'ils étaient abattus depuis quelques jours ; or, ils
peuvent l'avoir été de jour comme de nuit, et, dans cette
incertitude, la version la plus favorable au prévenu doit être
accueillie ; qu'il est certain, cependant, que l'ordonnance a
voulu et qu'elle a dû punir d'une peine plus sévère les délits
forestiers commis à la scie, et parce qu'ils sont plus difficiles à
surveiller et à découvrir, et parce que cette manière d'abattre
est, après le feu, la plus funeste à la recrue du taillis ; que cette
intention peut se présumer ; mais qu'on ne peut dire qu'elle résulte du texte de l'art. 5, dont les trois premières lignes, qui
indiquent les circonstances d'après lesquelles la peine se détermine, ne présentent ni expression ni particule disjonctives,
desquelles on puisse induire que la circonstance de la nuit peut
se détacher de l'emploi de la scie ; que l'arrêt de cassation cité
par le ministère public est inapplicable, en ce que la même
circonstance de la nuit, qui n'existe pas, ou qui, du moins,
doit être présumée ne pas exister ici, caractérisait le fait qu'il
rappelle ; qu'on ne peut, à la vérité, disconvenir qu'on se
trouve, au cas actuel, dans l'alternative ou d'ajouter au délit,
par l'application de l'art. 5, une circonstance qui n'existe pas,
ou, en invoquant l'art. 1er (*), de nier l'existence de l'instrument qui a servi à le commettre ; mais qu'il devient donc indispensable alors d'interpréter la loi ; que cette nécessité rappelle
aussitôt le principe qu'en matière criminelle, on ne peut ajouter à sa rigueur ; que, si elle présente de l'ambiguïté, du doute,
il doit s'interpréter en faveur de l'accusé ; ainsi, tout en conve-
nant que le délit imputé à Ferry mériterait une peine plus

(*) Voy. cet article sous la notice 42.

sévère, parce qu'il s'y joint une circonstance aggravante, la cour ne croit pas pouvoir prendre sur elle de baser sa condamnation sur un article qui ne lui paraît pas applicable ; elle le croit d'autant moins, que l'obligation qui lui est imposée de lire au condamné, et d'insérer, dans ses arrêts, le texte pénal, afin qu'il s'assure que les dispositions n'en ont pas été étendues ou méconnues, ne permettrait pas aux juges une citation hasardée, qui aggraverait son sort, augmenterait sa peine, et dont il serait trop facile d'apercevoir et de relever l'inexactitude, etc., etc. »—(Forêts c. Ferry; — **M. Rolland de Malleloy, f. f. pr. — M. Thieriet, av.-gén.**, concl. contr. — N° 1001). — La cour de Nanci a rendu, à la même audience, deux autres arrêts identiques. (Forêts contre:—Connot et Charoyer, N°1000; — Bourion, N° 1003.

Sur le pourvoi de **M. le Procureur-général**, est intervenu, le 7 février 1824, l'arrêt suivant de la cour de cassation : « La cour : —Vu les ordonnances des 21 janvier 1518 et 9 avril 1588, sur l'administration des eaux et forêts (*);—Vu l'art. 1er, tit. 32, de l'Ordonn. de 1669, qui détermine la quotité de l'amende ordinaire pour délits commis depuis le lever jusqu'au coucher du soleil, sans feu et sans scie, par personnes privées, n'ayant charges, usages, ateliers, ou commerce, dans les bois de l'État ; — L'art. 5 du même titre, portant que l'amende sera double, si les délits ont été commis depuis le coucher jusqu'au lever du soleil, par scie, ou par feu, soit par les agents, ou autres personnes employées à l'exploitation des forêts et des ateliers des bois en provenant ; — Vu, enfin, l'art. 54 du tit. 27 de la même ordonnance (**), portant que les usagers et autres personnes trouvés, *de nuit*, dans les forêts, hors les routes et grands chemins, *avec scie*, seront *emprisonnés* et condamnés,

---

(*) Voy. la note de la page 17.
(**) Voy. cet article sous la notice 74.

pour la première fois, à six livres d'amende ; — Et attendu que
du rapprochement et de la combinaison de ces trois articles de
l'ordonnance il résulte que, suivant le vœu de la loi, clairement
manifesté par l'ensemble de ses dispositions, l'amende ordinaire,
prononcée par l'art. 1ᵉʳ, est restreinte aux simples délits commis
de jour, sans emploi du feu ou de la scie, et par d'autres que
ceux qui, en raison de leurs fonctions ou de leurs rapports avec
les forêts, ont plus de facilité pour y commettre des délits ; —
Que l'amende double, portée en l'art. 5, est encourue pour
tout délit forestier, accompagné d'une des circonstances aggravantes spécifiées audit article, et commis *la nuit*, *OU par scie*,
OU par feu, *OU* par des personnes en qui leur qualité
seule présente une circonstance aggravante ; — Que, dans le
concours de *deux* de ces circonstances, prévu par l'art. 34 du
tit. 27 de l'ordonnance, ce n'est pas seulement à une plus
forte amende, c'est à l'emprisonnement que sont assujettis ceux
qui sont trouvés, *de nuit* et *munis de scie*, dans les forêts, hors
les routes et grands chemins ; — Qu'il suffit donc qu'un délit
forestier ait été commis avec *la scie*, même en plein jour, pour
que la double amende doive être prononcée contre les délinquants ; — Que cette interprétation des susdits articles de l'ordonnance est d'autant mieux fondée, que leurs dispositions
ont été puisées dans les anciennes ordonnances de 1518 et
1588 qui, après avoir prononcé une amende simple pour le
bois pris ou abattu en délit, dans les forêts royales, de jour,
sans feu et sans scie, prononcent une amende double quant
aux arbres abattus *de nuit*, *OU par scie*, *OU par feu* ; — Et
attendu, en fait, qu'un procès-verbal, régulier et non attaqué,
signale Joseph-Jacques Ferry comme ayant *coupé*, *à la scie*,
trois chênes et un hêtre, dans la forêt royale de Tannières, et
que, d'après l'article 5 du tit. 32 de l'ordonnance, sainement
entendu, le fait *seul* de l'emploi de cet instrument, pendant le
jour comme pendant la nuit, rendait le délinquant susceptible

N° 149.

FORÊTS C. VALTER.

Cette mention , *le prévenu se trouve en état de récidive,* insérée dans un jugement de condamnation , remplit suffisamment le vœu de l'art. 200 c. forest. , encore bien qu'elle ne soit pas accom-

de la *double* amende ; — Que , cependant, la cour royale de Nanci, tout en le reconnaissant coupable d'un délit grave, ne lui a appliqué que la peine d'un délit ordinaire, et , sous prétexte que la loi exige pour le *doublement* de l'amende, le *concours* de *deux* circonstances aggravantes , n'a condamné Ferry qu'à l'amende *ordinaire*; — En quoi , ladite cour royale a fait une fausse application de l'art. 1ᵉʳ et violé l'art. 5 du tit. 32 de l'Ordonn. de 1669; — Par ces motifs : — Casse, etc., etc. » (Baudrillart, Trait. gén., tom. 3, p. 207; — Dalloz, Jur. gén., Vᵒ *Forêts*, p. 806, note 5).

Cette question ne peut plus se présenter aujourd'hui. En effet, l'art. 200 c. forest., qui s'est exclusivement occupé de la circonstance de la récidive, porte que *la peine sera toujours doublée*, si, dans les douze mois précédents, il a été rendu contre le délinquant , ou contrevenant , un premier jugement pour délit, on contravention, en matière forestière. Les circonstances de la scie et de la nuit sont, il est vrai, énumérées toutes deux dans l'art 201 ; mais quoiquelles soient placées ensemble dans le même texte , une seule suffit, comme l'indique la particule disjonctive *ou* qui les sépare , pour que le délinquant soit passible de la double amende.

pagnée de l'indication de la nature et de la date de la condamnation antérieure (1).

Arrêt du 8 mars 1828. — M. Chippel, pr. — M. Troplong, av.-gén., concl. conf. — Nᵒ 1551.

Nota. Le même jour, autre arrêt semblable. Forêts c. Schmitt, Nᵒ 1554.

Nᵒ 150.

FORÊTS C. MAYER.

La circonstance de la récidive, à la différence de celles qui n'ont pas été comme elle *spécialisées* par la loi, doit toujours entraîner le doublement d'une amende déjà doublée, et non celui de l'amende simple, en cas de concours de plusieurs circonstances aggravantes. Ainsi, par exemple, si à la circonstance de la récidive se joint celle de l'usage de la scie, dans ce cas, l'amende devra être quadruplée (1).

(1) Conf. arrêt de la cour de Nanci, du 7 décembre 1832 (Romary c. Forêts; — M. Chippel, pr. — M. le Pr.-gén. concl. conf. — Nᵒ 2085). = Contr. arrêt de la même cour royale, du 9 février 1830 (Forêts c. Spengler; — M. Chippel, pr. — M. Adam, cons. aud., concl. contr. — Nᵒ 1785).

Voy., sous la notice 44, l'art. 6, tit. 32, de l'Ordonnance de 1669.

(1) Contr. arrêt de la cour d'Orléans, du 5 mai 1829 (Dalloz, 1829, 2, 215; — Sirey, 1829, 2, 185). — Voy., aussi en sens contraire, la notice suivante.

Arrêt du 15 février 1833. — M. Rolland de Mal-leloy, f. f. pr. — M. le Pr.-gén. concl. contr. — N° 2146.

Nota. Le même jour, autre arrêt identique. Forêts c. Kumeneau et Messemer, N° 2147.

N° 151.

FORÊTS C. RISTROPHE.

Ces mots, *les peines seront doublées,* employés dans les art. 200 et 201 c. forest., signifient que l'amende encourue pour le délit, considéré isolément, doit être répétée autant de fois qu'il y a de circonstances aggravantes constatées par le procès-verbal. Ainsi, elle devra être répétée trois fois, c'est-à-dire triplée, si, par exemple, à la circonstance de la récidive se joint celle de la nuit, et, par suite, il y a lieu d'annuler le jugement qui, dans ce cas, l'aurait seulement appliquée deux fois, sous le prétexte que, dans les art. 200 et 201, la loi ne prononce que le doublement et non le triplement de l'amende, quel que soit, d'ailleurs, le nombre des circonstances aggravantes dont le délit a été accompagné (1).

(1) Conf. arrêts de la cour de Nanci, du 29 juin 1830 (Forêts contre : — Gina et Becker, N° 1823 ; — Fréund, N° 1824; —Fangel, N° 1825; — Meyer, N° 1826; — M. Chippel, pr.— M. Adam, cons. aud., concl. conf.);= de la cour d'Orléans, du

Arrêt du 17 mars 1837. — M. Costé, pr. — M. Garnier, subst. du pr.-gén., concl. conf. — Me Louis, av. — No 2584.

5 mai 1829 (Dalloz, 1829, 2, 215; — Sirey, 1829, 2, 183); — M. Garnier, p. 240. — L'arrêt rapporté sous la notice précédente avait admis, à l'égard d'une circonstance aggravante, celle de la *récidive*, une distinction qui a été implicitement rejetée par celui dont on vient de présenter l'analyse.

ARTICLE X.

Des excuses, de la remise ou modération de la peine.

—

N° 152.

FORÊTS C. HENRY ET CAUSSIN.

Les exceptions d'erreur et de bonne foi ne peuvent être admises par les tribunaux en matière de délits forestiers (1). — Ainsi, un ouvrier qui, dans

(1) Conf. arrêts de la cour de Nanci, du 16 août 1831 (Voyez la notice 116); = de la cour de cassation, des 9 vendémiaire an VII (Bullet. crim., n° 28; — Baudrillart, Trait. gén., tom. 1, p. 551), 6 février 1807 (Baudrillart, Trait. gén., tom. 2, p. 118), 18 mai 1809 (Bullet. crim., n° 91; — Baudrillart, Trait. gén., tom. 2, p. 274), 5 mai 1815 (Dalloz, Jur. gén., V° *Forêts*, p. 809; — Baudrillart, Trait. gén., tom. 2, p. 656), 4 mai 1820 (Baudrillart, Trait. gén., tom. 2, p. 849), 24 mai 1821 (Baudrillart, Trait. gén., tom. 2, p. 917), 20 juin 1823 (Baudrillart, Trait. gén., tom. 3, p. 152), 23 juin 1827 (Sirey, 1828, 1, 81; — Baudrillart, Trait. gén., tom. 3, p. 519), 11 juillet 1817 (Bullet. crim., n° 62; — Baudrillart, Trait. gén., tom. 2, p. 724), 1ᵉʳ mai 1829 (Dalloz, 1829, 1, 234; — Baudrillart, Trait. gén., tom. 4, p. 244; — Sirey, 1829, 1, 374), 4 août 1827 (Baudrillart, Trait. gén., tom. 3, p. 566), 2 mai 1833 (Journal du Palais, tom. 59, p. 387; — Dalloz, 1833, 1, 252; — Baudrillart, Trait. gén., tom. 4, p.

une coupe affouagère, a commencé d'abattre un arbre réservé, est passible des peines de l'art. 196

626), 10 août 1833 (Dalloz, 1833, 1, 355), 7 septembre 1833 (Dalloz, 1833, 1, 362; — Baudrillart, Trait. gén., tom. 4, p. 655), 8 mars 1834 (Journal du Palais, tom. 59, p. 387; — Dalloz, 1834, 1, 186; — Baudrillart, Trait. gén., tom. 5, p. 22', et 29 mai 1835 (Dalloz, 1835, 1, 358); — M. Dalloz, Jur. gén., V° *Forêts*, p. 803, n° 15; — M. Curasson, tom. 2, p. 430; — M. Baudrillart, comment., tom. 2, p. 367.

Contr. arrêts de la cour de cassation, des 15 novembre 1805 et 9 octobre 1806 (Baudrillart, Trait. gén., tom. 2, p. p. 43 et 93).

Ordonnance de 1669 : — Tit. 32, art. 14. « Défendons aux officiers d'arbitrer les amendes et peines, ni les prononcer moindres que ce qu'elles sont réglées par la présente ordonnance, ou les modérer ou changer après le jugement, à peine de répétition contre eux, de suspension de leurs charges, pour la première fois, et de privation, en récidive. » — Art. 15. « Ne sera fait don, remise ou modération, pour telle cause que ce soit, des amendes, restitutions, intérêts et confiscations, avant qu'elles soient jugées, ni après, pour quelque personne que ce puisse être : défendons d'en expédier lettres ou brevets, et aux parlements et chambres des comptes de les registrer et y avoir égard, et aux grands-maîtres et officiers des maîtrises de les exécuter, à peine de privation de leurs charges et d'en répondre en leurs propres et privés noms. »

Cette défense a été renouvelée par l'art. 50 de l'édit du mois de mai 1716, qui porte que : « Ne pourront les amendes et restitutions réglées par ladite ordonnance (celle de 1669) être diminuées par nos cours de parlement, tables de marbre et officiers des maîtrises, tant pour ce qui regarde nos bois, que ceux des ecclésiastiques et communautés séculières et ré-

c. forest., encore bien qu'il en ait lui-même averti le garde, en lui disant qu'il ne l'avait fait que par erreur.

Arrêt du 4 décembre 1835.—M. Moreau, pr.—M. Bresson, av.-gén., concl. conf. — M⁰ Fabvier, av. — N° 2451.

gulières, à peine de nullité; et seront les restitutions égales aux amendes, et les amendes égales aux restitutions. »

ARTICLE XI.

De la complicité en matière de délits forestiers.

—

N° 153.

SALTZMANN C. FORÊTS.

Lorsqu'une personne n'a rien pu répondre au reproche qui lui était fait par un garde d'avoir, devant son habitation isolée, plusieurs branches de hêtre provenant d'un délit commis dans une forêt voisine, il en résulte contre elle une présomption de culpabilité qui suffit pour la faire condamner comme étant elle-même auteur ou complice de ce délit.

Arrêt du 31 mars 1829. — M. Chippel, pr. — M. Masson, subst. du pr.-gén., concl. conf. — N° 1676.

(1) Voy., en sens conforme, un arrêt de la cour de cassation, du 6 septembre 1811 (Dalloz, Jur. gén., V° *Forêts*, p. 807, note 1re; — Baudrillart, Trait. gén., tom. 2, p. 446).

Nᵒ 154.

SALTZMANN C. FORÊTS.

La circonstance qu'un arbre coupé en délit a été trouvé sur une voiture qui appartient à deux filles majeures, et qui était, dans ce moment, placée près de leur maison, ne suffit pas pour les faire considérer comme ayant elles-mêmes commis ce délit, ou comme en étant les complices, lorsque le véritable coupable s'est fait connaître; — lorsque, surtout, c'est leur père qui a déclaré qu'il était l'auteur de l'enlèvement de cet arbre, et que son aveu, fait spontanément au garde, au moment de la reprise, a été consigné dans le rapport; — lorsqu'enfin le procès-verbal ne constate pas que ces filles aient été interrogées par le garde, ou que leur père ait fait quelque réponse qui puisse les compromettre.

Arrêt du 15 novembre 1828. — M. Rolland de Malleloy, f. f. pr. — M. de Roguier, cons. aud., concl. conf. — Mᵉ Fabvier, av. — Nᵒ 1633.

ARTICLE XII.

De la responsabilité civile et de la solidarité.

N° 155.

LE MINISTÈRE PUBLIC C. VÉTIER , PÈRE ET FILS.

Lorsqu'un père, qui a été condamné, en première instance, comme civilement responsable d'un délit forestier commis par ses deux fils mineurs, n'a point été compris dans la déclaration d'appel *à minimâ* faite par le ministère public, l'intimation qui lui a été signifiée doit être considérée comme non-avenue, quoiqu'il soit vraisemblable que cette omission n'est que le résultat d'un oubli involontaire, et, par suite, sa responsabilité ne peut être étendue par l'arrêt au delà des bornes qui lui ont été fixées par le jugement.

Arrêt du 28 mai 1828. — M. Chippel, pr. — M. Thieriet, av.-gén., concl. conf. — N° 1581.

N° 156.

FORÊTS C. GÈNE ET JACQUOT.

La responsabilité imposée aux pères et mères, par l'art. 206 c. forest., s'étend même aux délits qui

(215)

ont été commis par leurs enfants à une heure où ils les croyaient à l'école. Vainement ils objecteraient qu'ils n'ont pu empêcher le fait qui a donné lieu aux poursuites, et que, dans ce cas, c'est l'instituteur seul qui doit en être responsable, aux termes du dernier paragraphe de l'art. 1384 du code civil (1).

Arrêt du 17 juillet 1832. — M. Chippel, pr. — M. le Pr.-gén. concl. conf. — N° 2040.

N° 157.

Lorsqu'une femme, dont le mari est absent, est poursuivie, en vertu de l'art. 206 c. forest., comme civilement responsable d'un délit commis par son fils mineur, elle peut, sans avoir été préalablement autorisée à cet effet, défendre sur l'action dirigée contre elle, quoique, en principe, les femmes mariées ne puissent, sans autorisation, ester en jugement, en matière de responsabilité civile.

Arrêt du 8 mars 1828. — M. Chippel, pr. — M. Troplong, av.-gén., concl. — N° 1553.

(1) Voy., en sens contraire, M. Gagneraux, tom. 1, p. 418, § § 3, 4 et 5.

N° 158.

FOURRIER DE BACOURT C. FORÊTS.

Lorsque le propriétaire d'une forêt a vendu à plusieurs particuliers une coupe que ces derniers ont exploitée pour leur propre compte, on ne peut, en l'absence de toute preuve de culpabilité contre ce propriétaire et ses adjudicataires, poursuivre contre lui la répression des délits qui ont été commis, pendant le temps de cette exploitation, dans l'intérieur et sur la ligne séparative d'une forêt de l'État voisine de la sienne, ou prétendre qu'il doit en être responsable, aux termes de l'art. 206 c. forest., sous le seul prétexte que ce bois étant limitrophe de celui qui lui appartient, il y a lieu de présumer, dans le silence des procès-verbaux sur les auteurs de ces délits, que les arbres dont le déficit a été constaté dans cette forêt ont été coupés, soit par ce propriétaire lui-même, soit par ses adjudicataires (1).

Arrêt du 17 novembre 1837. — M. Costé, pr. — M. le Pr.-gén. concl. conf. — Mᵉ d'Arbois, av. — N° 2668.

(1) L'administration forestière s'est désistée, devant la cour de cassation, du pourvoi qu'elle avait formé contre cet arrêt.

N° 159.

FORÊTS C. SAINT-SIMON.

Lorsqu'un procès-verbal constate que quatre-vingts baliveaux ont été coupés en délit, dans une forêt, par huit individus, dont un seul a été reconnu par le garde, le délinquant désigné au rapport doit être condamné pour la totalité, et non pour le huitième seulement des baliveaux abattus, ce fait constituant un délit unique dont il doit supporter seul toute la responsabilité (1).

Arrêt du 6 juin 1834. — M. Troplong, pr. — M. Poirel, av.-gén., concl. conf. — N° 2329.

(1) Conf. M. Garnier, p. 248 ; — M. Curasson, tom. 2, p. 67.

ARTICLE XIII.

Des défrichements dans les bois des particuliers (1).

—

N° 160.

DEMANGE C. FORÊTS.

Pour qu'il y ait défrichement, dans le sens de l'art. 219 c. forest., il faut que les souches arrachées

(1) L'ordonnance de 1518 (art. 24) avait pris des mesures sévères pour assurer la conservation du sol forestier, et arrêter les abus qui résultaient des défrichements multipliés que l'on faisait en France à cette époque. Voici en quels termes elle s'exprime à ce sujet : « Combien qu'il ne soit permis à aucun arracher ny immuer l'ancienne forme et nature de noz forests, néantmoins, avons esté advertis que plusieurs personnes ont fait et s'efforcent faire le contraire, au grand détriment et destruction de noz forests et préjudice de noz subjets et chose publique de nostre royaume. A ceste cause, pour à ce obvier, remettre et entretenir nosdites forests en leurdite ancienne nature, avons défendu et expressément deffendons à toutes personnes, de quelque estat qu'elles soient, d'arracher et défricher, ès bois et forests à nous entièrement appartenans, ny aussi ès bois des treffonciers et domainiers, esquels avons gruyers, tiers, danger et autre droict et prééminence, sur peine de privation du droict desdits treffonciers, domainiers, et aussi prison, et d'amende arbitraire, et de remettre les lieux,

soient *vivaces*, c'est-à-dire en état de produire des rejets, et que leur nombre, d'ailleurs, soit assez

à leurs dépens, en leur ancien estat et nature, et de payer tous dommages et intérests. Et, d'abondant , enjoignons à noz officiers desdites forests, chacun en leur esgard, d'estre diligens et soigneux à empescher lesdits arrachis , défrichemens et immutations desdits bois et forests, et contraindre à réparer et punir ceux qui ont fait et feront le contraire, selon le contenu en ceste nostre ordonnance, et autrement, ainsi que de raison et sans dissimulation , sur peine d'estre repris et griefvement punis, selon l'exigence du cas. »

On retrouve les mêmes dispositions prohibitives dans l'Ordonnance du mois d'août 1669. Ainsi, d'après l'article 4, titre 22, les grands-maîtres étaient tenus, à l'expiration du terme de la jouissance des personnes qui possédaient des bois ou forêts du domaine à titre de douaire, concession, engagement ou usufruit, de faire, contradictoirement avec les parties intéressées, ou elles dûment appelées, une nouvelle visite et reconnaissance de l'état et consistance des propriétés désignées dans le procès-verbal qui avait dû être dressé au moment de l'entrée en possession des engagistes ou usufruitiers ; s'il se trouvait des dégradations, dépérissements ou changements préjudiciables, les individus qui avaient possédé, leurs successeurs ou ayant-cause, étaient condamnés à remettre incessamment le tout en état et à payer au pied le tour, suivant les ordonnances, l'indemnité du dommage qu'ils avaient occasioné. L'article 23, titre 23, portait que, si un défrichement était entrepris, sans la permission du Roi, dans les bois sujets aux droits de grurie, grairie, tiers et danger, les auteurs seraient condamnés, outre l'amende, les dommages-intérêts et restitutions, à rétablir les choses dans leur état primitif. Enfin, l'article 18, titre 3, défendait, d'une

considérable, pour que l'on puisse supposer que celui qui les a fait extraire a eu l'intention de changer

manière générale, aux grands-maitres, de permettre ni souffrir
aucuns défrichements, arrachis et enlèvements de plants dans les
forêts du Roi, à peine d'amende arbitraire et de tous dommages
et intérêts.

L'Ordonnance de 1669 n'avait pas formellement interdit aux
communautés d'habitants, aux ecclésiastiques et aux particuliers
la faculté de défricher leurs bois ; seulement, elle avait soumis
leur exploitation à certaines règles qui sont énumérées dans les
titres 24, 25 et 26. Cependant, il ne faudrait pas conclure de
là que les personnes comprises dans ces trois catégories étaient
placées, sous ce rapport, dans une indépendance absolue. En
effet, si cette prohibition ne leur avait pas été appliquée d'une
manière expresse et spéciale, on pouvait, du moins, la considérer
comme une conséquence des dispositions qui les obligeaient à
observer un aménagement et à conserver des réserves (*). D'un

(*) Ordonnance de 1669 : — Tit. 24, art. 2. « Voulons que, conformément à l'ordonnance de l'année 1573, confirmée par celle de 1597, la
quatrième partie, au moins, des bois dépendant des évêchés, abbayes,
bénéfices, commanderies et communautés ecclésiastiques, soit toujours
en nature de futaie ; et, s'il ne se trouvait aucune futaie en toute l'é-
tendue de leurs bois, ou que celle qui y est à présent fût au-dessous de
la quatrième partie de la totalité, ce qui manquera sera pris dans leurs
taillis jusques à la concurrence de la quatrième partie, pour être réservé à croître en futaie, dont le choix et triage sera fait, par les grands-
maîtres, aux endroits les plus propres et où le fonds pourra mieux en
porter, qui sera séparé du reste des taillis par bornes et limites , et
réputé de pareille nature et qualité, sans qu'il soit permis d'en user ou
couper aucuns arbres que par les formes prescrites pour la futaie. » —
Art. 3. « Après les réserves distraites et séparées, le surplus des bois
taillis sera réglé en coupes ordinaires de dix ans, au moins, avec charge

la nature du sol. — Ainsi, on ne peut voir un défrichement prohibé dans le fait d'un individu qui a

autre côté, le conseil-d'Etat de cette époque, dont la jurisprudence faisait loi en matière d'eaux et forêts (*), leur avait dé-

expresse de laisser seize baliveaux de l'âge du bois en chacun arpent, outre tous les anciens et modernes, qui seront pareillement réputés

---

(*) « Les arrêts du conseil du Roi sont explicatifs ou simplement
» confirmatifs d'une loi précédente, faite par édit, déclaration ou
» lettres-patentes. Les uns sont rendus en commandement, du propre
» mouvement du Roi, pour servir de règlement. D'autres, rendus sur
» des contestations particulières, sont contradictoires, ou sur requête
» et par défaut ; les premiers servent aussi de règlement, lorsqu'à la
» disposition qui juge la contestation, il en est ajouté une pour faire
» observer ce jugement dans l'étendue d'un territoire, d'une province
» ou de tout le royaume........ Un arrêt du conseil qui juge simple-
» ment une question sur laquelle on n'avait encore rien décidé, et qui
» ne contient point de disposition générale à cet égard, est un préjugé
» que l'on doit suivre, mais qui n'est considéré comme règle que lors-
» que la même question s'étant présentée de nouveau, a encore été
» jugée de la même manière. Alors, ces arrêts constatent l'usage et for-
» ment une jurisprudence qui doit être exactement observée. — Comme
» il n'est pas possible de tout prévoir par un édit, ou par une décla-
» ration, il est indispensable que les questions qui naissent sur l'exé-
» cution de ces lois primitives soient décidées par ceux auxquels le Roi
» en a donné le pouvoir, ou par Sa Majesté elle-même. Seul législateur
» dans le royaume, le Roi est le maître, en établissant des droits, de
» prescrire la forme et l'ordre qui doivent être suivis pour les percevoir.
» Ainsi, il lui est libre d'attribuer à tels juges qu'il lui plaît la con-
» naissance de ces droits et de tout ce qui peut y avoir rapport. — Les
» diverses attributions de la connaissance des contestations sur les droits
» unis à la ferme des domaines, ont été faites à la charge de juger ces

arraché, dans une forêt dont il est propriétaire,
environ 15 souches, vieilles et mortes, puisqu'il est

fendu par plusieurs arrêts, et notamment par ceux des 28 juin
1701, 22 février 1729, 29 mars 1735, 25 février 1749, 12 oc-

futaies, et, comme tels, réservés dans toutes les coupes ordinaires, sans
qu'en aucun cas on y puisse toucher qu'en vertu de nos lettres-patentes bien et dûment vérifiées, ainsi qu'il sera dit ci-après. » — Art.
4. « Les ecclésiastiques, communautés, commandeurs, économes,
recteurs et administrateurs ne pourront couper aucun arbre de futaie ou
baliveau sur taillis, ni toucher au quart mis en réserve, ou rien entreprendre au delà des coupes ordinaires et réglées, sinon en vertu de
lettres-patentes bien et dûment registrées, à peine d'amende arbitraire
envers nous, et de restitution du quadruple de la valeur des bois coupés ou vendus, laquelle, si elle excède cinq cents livres, sera em-
ployée en fonds pour le bénéfice, collège, commanderie, maladrerie
ou autre communauté, et le revenu appliqué à l'hôpital des lieux, pendant la vie ou la possession des bénéficiers ; commandeurs, recteurs ou
administrateurs contrevenants ; et, si la restitution était moindre de

» contestations selon les édits et les arrêts du conseil rendus au sujet
» de ces droits, sauf l'appel réservé au Roi et à son conseil. Sur l'appel
» de ces jugements, le conseil prononce par décision, ou par arrêt.....
» Ces décisions et ces arrêts sont ce qui forme la jurisprudence de cette
» partie d'administration ; et cette jurisprudence du tribunal du légis-
» lateur fait une règle qui ne peut recevoir d'atteinte que de l'autorité
» même qui l'a établie...... Les baux des fermes du Roi imposent aux
» fermiers l'obligation de se conformer à la jurisprudence établie par
» les arrêts du conseil, dans l'administration et la perception des droits
» dont la régie leur est confiée. — *Le conseil a aussi décidé que ses arrêts*
» *font loi en matière d'eaux et forêts, et que les sentences rendues en*
» *conformité dans les maîtrises ne peuvent être infirmées par les juges*
» *d'appel.* » (Merlin, Rép. de Jur., V° *Arrêt du conseil*).

certain que ces souches ne pouvaient plus servir à
la reproduction du taillis.

tobre 1756 et 2 mai 1780, de faire aucun défrichement dans
leurs bois sans la permission du Roi. Ainsi, on lit dans l'arrêt

cinq cents livres, elle appartiendra entièrement à l'hôpital. » — Art. 5.
« Nos lettres ne seront octroyées pour ventes de futaies ou baliveaux réservés qu'en cas d'incendies, ruines, démolitions, pertes et accidents
extraordinaires arrivés par forfait, guerre ou cas fortuit, et non par
le fait ou faute des bénéficiers et administrateurs, qui, pour y parvenir, feront leurs remontrances au grand-maître, lequel informera
des causes et de la nécessité, visitera les lieux, en présence de notre
procureur en la maîtrise, fera priser, par experts, les réparations nécessaires, et enverra au conseil, ès mains du contrôleur-général de nos
finances, son procès-verbal, qui contiendra, au vrai, la valeur, l'état
et qualité des bois qu'on demandera permission de couper, ensemble le
nombre et la qualité de ce qui en restera au bénéfice, ou à la communauté, et son avis, lequel sera joint, avec le procès-verbal, aux lettres, sous le contre-scel. » — Art. 7. « Enjoignons aux ecclésiastiques
et communautés de charger expressément leurs fermiers, économes,
receveurs, marchands et adjudicataires, de faire, en leurs bois, les
mêmes réserves ordonnées dans les nôtres, et voulons qu'elles soient
faites par les receveurs, fermiers ou marchands, au nombre et en la
forme ordonnés, quoiqu'ils n'y fussent pas obligés par leurs baux,
marchés et adjudications, à peine d'amende arbitraire à notre profit,
confiscation du prix des ventes et des bois abattus, avec restitution,
dommages et intérêts au profit du bénéfice ou communauté, dont sera
fait fonds, et le revenu affecté à l'hôpital plus prochain des lieux, pendant la vie du bénéficier. » — Tit. 25 (*il s'agit dans ce titre des bois
appartenant aux communautés et habitants des paroisses*), art. 2.
« Le quart des bois communs sera réservé pour croître en futaie, dans
les meilleurs fonds et lieux plus commodes, par triage et désignation
du grand-maître, ou des officiers de la maîtrise, par son ordre. » —
Art. 3. « Ce qui restera, la réserve étant faite, sera réglé en coupes

Arrêt du 11 juin 1828. — M. Chippel, pr. — M. Thieriet, av.-gén., concl. contr. — Me Antoine, av. — No 1587.

du 22 février 1729 : « Qu'il est fait défenses à tous bénéficiers » et communautés séculières, régulières et laïques, économes,

ordinaires de taillis au moins de dix ans, avec marque et retenue de seize baliveaux de l'âge du bois, en chacun arpent, des plus beaux brins de chênes, hêtres ou autres de la meilleure essence, outre et par-dessus les anciens, modernes et fruitiers. » — Art. 8. « Défendons aux seigneurs, maires, échevins, syndics, marguilliers et habitants des paroisses, sans distinction, de faire aucune coupe au triage du quart réservé pour la futaie, et aux officiers de le permettre ou souffrir, à peine de deux mille livres d'amende contre chacun particulier contrevenant, et, en outre, contre les officiers, de privation de leurs charges, sauf, en cas d'incendie ou ruine notable des églises, portes, ponts, murs et autres lieux publics, à se pourvoir, pour obtenir nos lettres, ainsi qu'il est ordonné pour les ecclésiastiques. » — Tit. 26, art. 1er. « Enjoignons à tous nos sujets, sans exception ni différence, de régler la coupe de leurs bois taillis au moins à dix années, avec réserve de seize baliveaux, en chacun arpent, et seront tenus d'en réserver aussi dix des ventes ordinaires de futaie, pour en disposer néanmoins à leur profit après l'âge de quarante ans, pour les taillis, et de six-vingts ans, pour la futaie ; et qu'au surplus ils observent en l'exploitation ce qui est prescrit pour l'usance de nos bois, aux peines portées par les ordonnances. »

Plusieurs ordonnances rendues par les prédécesseurs de Louis XIV renfermaient déjà des dispositions analogues. Nous allons les rapporter dans leur ordre chronologique.

Ordonnance du mois de mai 1520, art. 6 : « Faisons défenses à tous prélats, seigneurs et autres propriétaires ayans bois à six lieuës près la rivière de Seine et de tous autres fleuves descendans en icelle, tant à mont qu'à val, de ne les faire déserter, défricher, ne mettre en autre estat et nature que de bois. Et leur enjoignons qu'après qu'ils auront vendu la couppe desdits bois, qu'ils les mettent et entretiennent en

» administrateurs, recteurs et principaux des colléges, hôpitaux,
» maladreries, commandeurs et procureurs de l'ordre de Saint-

estat et disposition de bois taillis et revenans, et qu'ils en usent par couppes ordinaires et raisonnables. »

Ordonnance du mois d'octobre 1561 : « Attendu que l'une des plus grandes richesses et décorations de nostre royaume consiste ès bois de hauste fustaye, disons, statuons et ordonnons que la tierce partie des bois taillis de nostre royaume, estans des appartenances tant de nostre domaine, que de celui des archeveschez, eveschez, prieurez, couvens, chapitres, communautez, prelatures et autres dignitez ecclésiastiques, et de communautez des villes, bourgs et villages, tant de ceux qui sont à présent de la nature de taillis, que ceux qui y adviendront cy-après, par le moyen des couppes qui seront faites de ce qui reste de bois de hauste fustaye, sera doresnavant délaissé à coupper, pour croistre et se convertir en nature de bois de hauste fustaye. Et, à cette fin, prohibons et deffendons à tous les maistres de nos eauës et forests, tant généraux que particuliers, gruyers, verdiers et autres officiers, tant ordinaires qu'autres desdites forests, de ne souffrir ne permettre qu'en nos bois taillis, ny en ceux desdits gens ecclésiastiques, Rhodiens et communautez susnommez, soit doresnavant faite plus grande couppe desdits taillis qu'à la raison des deux tierces parties d'iceux ; de sorte que l'autre demeure pour venir en nature de hauste fustaye. Et, pour à ce parvenir incontinent après la publication des présentes, ils ayent, chacun en son ressort, à faire mesurer le bois taillis et faire marquer et reconnoistre la tierce partie de ce que montera ledit arpentage, prenans des plus vieux desdits taillis pour laisser recroistre, comme dit est, sous peine, ausdits maistres et officiers, de privation de leurs offices, et ausdits ecclésiastiques, Rhodiens et communautez, de saisie, en nostre main, du temporel de leurs bénéfices, et de privation des droits qu'ils ont esdits bois. »

Ordonnance du 24 septembre 1563, art. 4 : « Pour pourvoir et donner ordre aux bois taillis, faisons deffenses à tous nos subjets, de quelque estat, qualité ou condition qu'ils soient, de faire coupper lesdits taillis, sinon de dix ans en dix ans, sur peine de confiscation du bois et d'amende arbitraire. Leur enjoignans d'y laisser bailliveaux selon les ordonnances et ainsi qu'il a esté cy-devant ordonné. »

Jean-de-Jérusalem, et à tous autres, de défricher aucuns de leurs bois, soit futaie ou taillis, sans permission de Sa Ma-

Ordonnance du mois d'août 1575 : « Et pour ce qu'en la pluspart des terres appartenantes aux ecclésiastiques de nostre royaume, et dépendantes des bénéfices qu'ils tiennent et possèdent, où la plus grande partie des bois de hauste fustaye qui estoient ont esté couppez et abbattus, pour survenir et satisfaire aux cottisations et contributions de ce que le clergé de nostre royaume nous a cy-devant accordé en la nécessité de nos affaires : nous voulons et entendons que tous gens d'église qui ont bois taillis soient tenus en laisser venir en fustaye le quart de ce qu'ils ont, en un triage à part, à l'endroit de tous les meilleurs fonds de leurs taillis. Enjoignons à tous maistres particuliers et officiers d'y tenir la main, et le faire ainsi observer chacun an, en leur esgard et estenduë de leurs charges et voisinances, sur peine de privation de leurs offices, s'il y eschet. »

Ordonnance du mois de mai 1579 : « Désirans pourvoir aux abus qui se sont commis par le moyen des ventes extraordinaires qui se sont faites en nos forests, soit par commissions, ou autrement, et conserver ce peu qui reste esdites forests, disons, statuons et ordonnons qu'en toutes les forests de ce royaume, tant celles qui sont de présent ès terres de nostre domaine, que celles qui sont ès terres baillées en appanage, doüaire, usufruit, engagement, ou autres qui sont du domaine des ecclésiastiques, il ne sera cy-après permis faire aucune couppe et vente de bois, soit en quantité d'arpens ou nombre d'arbres, si ce n'est par commissions de nous, et encore fondées sur urgente et pregnante nécessité : lesquelles, néantmoins, ne voulons estre exécutées par autres que par nos officiers, et que préalablement elles n'ayent esté vérifiées en nos cours de parlement. Et où, au préjudice du contenu en ces présentes, seroient faites aucunes ventes et couppes esdites forests, déclarons les exécuteurs d'icelles infracteurs de nos ordonnances, privez de leurs estats et indignes d'en pouvoir tenir et exercer sous nous, et, au reste, responsables, en leurs propres et privez noms, sur tous et chacun leurs biens, et de leur postérité, de l'intérest et dommage de la forest où sera faite ladite vente et couppe, laquelle nous déclarons à nous acquise et confisquée, au péril et perte des acquéreurs et adjudicataires ou autres à qui elle puisse appartenir. »

» jesté, à peine de trois mille livres d'amende, pour chaque ar-
» pent de futaie, de trois cents livres aussi d'amende, pour

Ordonnance du mois de mai 1597, art. 50 : « Pour remettre aussi et conserver à l'advenir le plus qu'il sera possible de bois en nature de hauste fustaye, avons ordonné et ordonnons, conformément aux édicts faits par nos prédécesseurs, que tous ecclésiastiques, commanderies et communautez ayans bois, forests, coutumes ou usages, seront tenus en réserver et garder une tierce partie, pour remettre et conserver en bois de hauste fustaye, suivant le règlement qui en sera fait esdits siéges des tables de marbre, ainsi qu'il a esté en iceux ordonné, pour aucuns, par arrests et jugemens sur ce intervenus, leur faisans très-expresses inhibitions et deffenses de faire coupper aucuns bois de hauste fustaye, ou bailliveaux, sans avoir lettres de permission de nous deuëment vérifiées en nos cours de parlement et chambres des comptes, à peine d'amende arbitraire et confiscation du bois, tant contre lesdits ecclésiastiques que les marchands achepteurs d'iceux. »

On lit dans le préambule de cette dernière ordonnance que : « Les » guerres civiles qui ont eu cours depuis quelques années ont tellement » dépravé toutes choses que, tant par la négligence ou connivence de » quelques-uns des officiers, qu'effrénée licence ou impunité d'aucuns » subjets, les forests sont presque ruinées entièrement. » En 1579, c'est-à-dire dix-huit ans auparavant, on se plaignait déjà de l'incroyable facilité avec laquelle on dépeuplait de toutes parts ces belles et vastes forêts qui faisaient *une des plus grandes richesses et décorations du royaume* (Voy., ci-dessus, les ordonnances des mois d'octobre 1561 et mai 1579). On prit aussitôt les mesures les plus rigoureuses pour préserver d'une destruction imminente celles dont la ruine n'était pas encore entièrement consommée. Mais il paraît que ces moyens, malgré leur extrême sévérité, ne furent pas très-efficaces ; car l'ordonnance de 1597 nous apprend qu'à cette époque les bois étaient livrés, comme autrefois, au pillage et à la dévastation. On ne suivait aucune règle pour leur exploitation et leur aménagement ; l'ordre et le nombre des coupes étaient arbitrairement changés selon le bon plaisir des propriétaires ou des officiers des eaux et forêts (art. 1er de l'ordonnance de 1597). Le mesurage et le récolement des ventes étaient presque toujours faits d'une manière inexacte, par suite de l'ignorance ou de la mauvaise foi des arpenteurs

» chaque arpent de taillis, et d'être tenus de rétablir les lieux en
» bois à leurs frais et dépens. » L'arrêt du 29 mars 1755 porte

(art. 25, ibid.) ; souvent même on n'avait pas la précaution de conserver
les procès-verbaux qui constataient le résultat de ces opérations (art. 7,
ibid.) Les marchands faisaient entre eux des associations secrètes qui
avaient pour objet de leur assurer le monopole de ces sortes d'adjudications, et lorsque l'exécution de ces traités illicites donnait lieu à
quelque difficulté qui ne pouvait se terminer sans l'intervention de la
justice, ils avaient soin, pour échapper aux peines que la loi prononçait contre ceux qui entravaient la liberté des enchères (art. 15 de l'ordonnance du mois de février 1518), de faire décider leur contestation
par des juges qui étaient tout-à-fait étrangers aux affaires forestières. En
effet, nous voyons, d'après l'article 21 de l'ordonnance de 1597, que,
dans ce cas, au lieu de soumettre leur différend à la décision des officiers des eaux et forêts, seuls compétents pour en connaître, les marchands ventiers, pour nous servir de l'expression en usage à cette
époque, « se poursuivoient les uns les autres, pour raison des disputes
» et débats qui intervenoient entre eux, à cause desdites ventes, asso-
» ciations, partages et recellemens de larrecins, pardevant les baillifs,
» seneschaux et autres juges ordinaires, lesquels n'ayans le maniement de
» telles affaires et matières, n'en pousvoient avoir parfaite cognoissance, ne
» descouvrir promptement les délicts, abus et malversations qui s'y com-
» mettoient. » Les dégâts que les adjudicataires causaient dans les bois,
pendant le temps de l'exploitation de leurs coupes, étaient, pour le sol
forestier, une cause sans cesse renaissante de dépérissement et de ruine.
On en trouve la preuve dans l'article 29 de la même ordonnance, qui
porte que : « Les marchands se sont attribuez, depuis les guerres, la
» grande liberté et licence de convertir tous les plus beaux chesnes de fente
» en marchandises d'eschalats, et les jeunes chesneaux de brin, lesquels
» pourroient, avec le temps, parvenir à une juste grosseur, pour servir
» de bailliveaux esdites forests, à faire roüettes et chantiers pour avaller
» par eaü le bois flotté, mettans presque tout le surplus en cendres, à
» la grande ruine et dégradation desdites forests, d'autant que, par la
» confection desdites cendres, tous délicts sont incontinent couverts
» par le feu, et les souches et racines tellement bruslées, et le fonds
» rendu si aride, qu'il est impossible y plus revenir de plant ou

que : « Il est fait très-expresses inhibitions et défenses à toutes
» personnes, sans distinction de qualité, propriétaires de seigneu-

» reject. » A ces abus, si graves et si désastreux, il faut encore ajouter les déprédations et les larcins des vagabonds et des délinquants, de
tout âge et de tout sexe, qui se répandaient chaque jour, comme un
fléau destructeur, dans les bois situés à proximité des villes et des hameaux, pillant et volant, avec une audace incroyable, tous les arbres
qu'ils pouvaient dérober. Pour faire cesser de pareils désordres, l'ordonnance de 1597 (art. 51) voulut qu'à l'avenir : « Ceux qui se trouveroient
» avoir couppé aucuns arbres ou bailliveaux de moindre grosseur que
» de trois pieds de tour fussent condamnez, outre la restitution du bois,
» au double de l'amende du pied de tour portée par l'ordonnance du Roy
» François Ier, faite à Paris, en janvier 1518 » (Voy., sous la notice 11,
cette dernière ordonnance). Elle prit en même temps les mesures
nécessaires pour empêcher l'enlèvement des arbres coupés en délit,
« la facilité du transport du bois desrobé..... estant cause d'entreprendre
» plus hardiment et de continuer avec plus grande couverture et impu-
» nité..., ce qui tourne à grandes pertes et dommages » (art. 51 et 52).
Ces précautions consistaient d'abord (art. 52) dans la défense faite « à
» tous basteliers, mariniers, marchands et voituriers de transporter, ou
» faire transporter, des forests, de nuict, par eaue, ou autrement,
» aucun bois de chauffage, merrein, ou autrement, ni pareillement
» d'en charger, de jour, en leursdits basteaux, ni de partir des ports où
» ils l'auroient chargé, sans avoir certificat authentique des officiers des
» eaues et forests des lieux, et du marchand ventier ou des propriétaires,
» de la quantité, essence et qualité d'iceluy, du lieu et forest, et du nom
» du marchand ou propriétaire, du jour de la délivrance et partement
» dudit port. » Lorsque les bois étaient arrivés au lieu de leur destination, le voiturier ou le commissionnaire devait, en outre, avant de
les décharger et de les exposer en vente, faire enregistrer, au greffe de
la table de marbre ou de la maîtrise particulière, le certificat qui avait
dû lui être délivré avant son départ (art. 52). L'infraction à ces dispositions était punie d'une amende arbitraire (même art.)

Lorsqu'on songe que les abus dont nous venons de présenter la longue
et triste nomenclature se sont perpétués pendant plusieurs siècles, on
est vraiment tenté de croire que s'il est encore resté quelques forêts en

» ries, de défricher, ni faire défricher, ni souffrir qu'il soit dé-
» friché aucuns bois, ni pâtis communaux, appartenant aux

France, dans ces temps de désordre et d'anarchie, c'est par l'effet d'un de
ces hasards miraculeux que permet quelquefois, dans sa sagesse suprême,
la Providence qui veille sur le destin des peuples. Car, sans cesse obligées
de lutter contre l'aveugle fureur des hommes ; assaillies chaque jour par
une foule de malfaiteurs qui les réduisaient en cendres, après les avoir
pillées et ravagées ; forcées à chaque instant de verser le tribut de leurs
richesses entre les mains de spéculateurs avides et insatiables qui s'em-
pressaient de jouir du présent sans songer à l'avenir, ces belles et
antiques forêts qui peuplaient alors une grande partie du sol de notre
patrie semblaient toutes menacées d'une destruction inévitable. Tantôt,
épuisées par les pilleries et les déprédations de tout genre auxquelles
elles étaient constamment exposées, elles tombaient dans un état de
dépérissement qui était le signe précurseur de leur ruine prochaine ;
tantôt, frappées tout à coup d'une dévastation complète et générale,
elles disparaissaient, comme par enchantement, sans laisser aucune trace
qui pût faire reconnaître au voyageur la place où naguère peut-être il
s'était reposé à l'ombre de leur épais feuillage. Mais ce ne sont pas
seulement ces misérables et obscurs délinquants, dont toute la fortune
consistait dans le produit de leurs rapines journalières ; ce ne sont pas
seulement ces marchands avides et intéressés, qui ne cherchaient qu'à
décupler, au moyen de leurs larcins et de leurs malversations, les
bénéfices de leurs associations secrètes et frauduleuses, qui ont coopéré
à l'accomplissement de cette œuvre de destruction, dont les résultats,
comme nous le verrons bientôt, ont été si funestes et si déplorables.
Au seizième siècle, les forêts que la France possédait sur son territoire
n'avaient peut-être pas d'ennemis plus opiniâtres et plus dangereux que
les officiers qui étaient chargés de veiller à leur conservation ; c'est un
fait qui est attesté par tous les monuments de la législation contempo-
raine. On peut d'abord citer l'ordonnance de François Ier, du mois de
mars 1515 (art. 23), qui porte que les verdiers, gruyers, gardes et maî-
tres-sergents ayant commis « plusieurs et grands dommages, à ce que
» mieux s'en gardent, et que l'on puisse sur eux mieux recouvrer le
» dommage, s'il advient par eux, ils seront tenus doresnavant de bail-
» ler, et bailleront, en la chambre des comptes, chacun bons pleges ;

» habitants desdites seigneuries, à peine de mille livres d'a-
» mende, confiscation des terres défrichées au profit du **Roi**, et

» qui respondront pour eux jusqu'à somme de deux cens livres tour-
» nois. » Ce que nous avons dit est encore confirmé par l'ordonnance
de Henri II, du mois de février 1554. Voici en quels termes elle s'exprime sur ce point (art. 50) : « Estans les forests de nostre royaume
» en partie ruinées par les connivences des officiers d'icelles, pour
» l'intelligence qu'ils ont avec les malversans, pour les abus et mal-
» versations, mesme qu'iceux nos officiers y commettent, sans qu'ils
» soient punis, s'entendans ensemblement; en sorte qu'il est à croire
» qu'ils ne se feront jamais le procès les uns aux autres, et, par telle
» licence, continuent d'abuser desdites malversations : à cette cause,
» afin que tels délicts ne demeurent impunis, voulons qu'il soit, contre
» nos officiers qui se trouveront avoir ainsi délinqué et malversé en
» nosdites eauës et forests, procédé par le grand-maistre général ré-
» formateur, ou ses lieutenans ès parlemens, chacun en leurs ressorts,
» ordinairement et extraordinairement, selon l'exigence des cas, et ainsi
» qu'ils verront estre à faire par raison. » Enfin, l'ordonnance de
Henri IV, du mois de mai 1597, déclare formellement (art. 14) :
« Que les principaux délicts des forests sont commis plus par les officiers
» sur le fait d'icelles que par autres. » (Voy. aussi, ci-dessus, le
préambule de cette dernière ordonnance). Ainsi, loin de chercher à
faire rentrer les malfaiteurs dans le devoir, les officiers des eaux et forêts enseignaient les premiers les lois et règlements qu'ils étaient chargés
de faire observer. La plupart du temps, ils résidaient à une grande distance des lieux qui étaient soumis à leur juridiction ou à leur surveillance (art. 6 de l'ordonnance de juillet 1544 ; — art. 6 et 8 de l'ordonnance de février 1554 ; — art. 10 et 13 de l'ordonnance de mai
1597). Quelquefois, ils se faisaient remplacer, par leurs commis ou
leurs serviteurs, dans la partie la plus importante de leurs fonctions
(art. 16 de l'ordonnance de février 1554 ; — art. 6 et 10 de l'ordonnance de mai 1597). Nous voyons, par exemple, que les gardes-mar-
teaux chargeaient très-souvent les personnes qui étaient employées à leur
service de procéder au martelage des ventes situées dans le ressort de
la maîtrise à laquelle ils étaient attachés (art. 6 de l'ordonnance de
mai 1597). Tantôt (art. 10 de l'ordonnance de février 1518 et 24 de

» de prison contre les habitants, outre le rétablissement des bois
» et pâtis à leurs frais et dépens. » Par conséquent, sous l'em-

l'ordonnance de mai 1597), ces agents infidèles et prévaricateurs « ne
» se vouloient contenter des taxes qui leur avoient esté faites et or-
» données, surchargeant les marchands adjudicataires d'infinis frais, et
» mesme, sous prétexte que lesdites taxes leur avoient esté faites
» pour chacune vente de bois, faisoient lesdites ventes de beaucoup
» moindre quantité d'arpens qu'ils ne devoient, à la diminution du
» prix d'icelles, ce qui tournoit à grand préjudice, perte et dommage; »
tantôt (art. 6 de l'ordonnance de mai 1597), « ils s'entendoient et col-
» ludoient avec les marchands ventiers, rechangeant les pieds corniers
» des ventes, bailliveaux et autres arbres de réserve, pour en laisser
» de moindres, coupper les bons et eslargir les ventes sur le corps des
» forests. » D'autres fois, enfin, ils étaient eux-mêmes, sous un nom
emprunté, les véritables adjudicataires des coupes dont la surveillance
leur était confiée : aussi, lorsqu'il s'agissait d'en faire le récolement,
ils avaient bien soin de couvrir d'un voile impénétrable les délits et
les malversations qui avaient été commis pendant l'exploitation (art. 23
de l'ordonnance de mai 1597).

Nous n'en finirions pas, si nous voulions faire connaître tous les
abus qui s'étaient autrefois introduits dans cette partie de l'administration. Pour s'en faire une juste idée, il faut avoir lu les anciennes
ordonnances qui ont été rendues sur cette matière jusqu'au règne de
Louis XIV. On verra, en parcourant ces vieux monuments de notre législation, que nos ancêtres ont été quelquefois réduits aux plus fâcheuses
extrémités, par suite du déplorable état dans lequel se trouvaient alors
la plupart des forêts de la France. Ainsi, l'ordonnance de 1597 (art. 29)
nous apprend qu'il y avait, à cette époque, dans tout le royaume,
« telle pénurie et grandissime nécessité de bois de chesnes, qu'il estait
» presque impossible d'en recouvrer pour bastir, faire basteaux, na-
» vires, machines et instrumens de guerre, ny pour merrein à vins ou
» fustailles, ny mesme pour faire bois de moulle à brusler, ou autres
» nécessitez et affaires publiques. » Des désordres qui avaient des conséquences aussi désastreuses ne manquèrent pas de fixer l'attention de
nos Rois. Pendant plusieurs siècles, les souverains qui régnèrent sur
la France employèrent, pour en arrêter le cours, toutes les mesures

pire de l'Ordonnance de 1669, il était également défendu aux communautés d'habitants, aux ecclésiastiques et aux particuliers de défricher, sans la permission du souverain, les bois qui leur appartenaient. Cette prohibition, qui résultait de la nature des obligations qui leur étaient imposées par les titres 24, 25 et 26 de cette ordonnance, avait encore été confirmée, comme le prouvent les arrêts que l'on vient de rapporter, par la jurisprudence constante du conseil-d'État sur cette matière.

Un décret de l'Assemblée nationale, du 18-26 mars 1790, qui avait pour objet de prévenir et arrêter les abus relatifs aux bois et forêts dont la nation pouvait un jour se trouver dans le cas de reprendre possession, défendit aux apanagistes, engagistes, concessionnaires des bois et forêts domaniaux, aux échangistes de ces mêmes bois, dont les échanges n'étaient pas consommés, à tous détenteurs des bois domaniaux, à quelque

que leur sage prévoyance pouvait leur suggérer. On aurait dit qu'en mourant chacun d'eux léguait à son successeur, comme une charge de la royauté, le soin de continuer cette œuvre si nécessaire et si difficile. Mais le mal contre lequel ils luttaient avec une infatigable persévérance résista longtemps à tous leurs efforts. Plus on avançait, et plus on avait de peine à le détruire; car l'inefficacité des moyens qu'on lui opposait ne faisait qu'accroître ses forces et son énergie. D'un autre côté, les guerres civiles qui désolèrent notre pays, sur la fin du seizième siècle, contribuèrent encore à favoriser les désordres que l'on cherchait à réprimer. Ce fut seulement sous le règne de Louis XIV que cette régénération put enfin s'accomplir. Déjà, par ses victoires et ses conquêtes, ce prince avait élevé la France au plus haut degré de puissance et de splendeur. Certes, il aurait pu se contenter de la célébrité qu'il s'était acquise par ses exploits guerriers; car leur éclat et leur nombre suffisaient pour lui assurer l'immortalité. Mais ils ne purent satisfaire sa noble ambition; il voulut encore, en donnant à son peuple des lois sages et éclairées, illustrer son nom par un autre genre de gloire. En 1669, il introduisit, dans la législation forestière, une importante et salutaire réforme, et bientôt alors on vit disparaître ces nombreux abus qui s'étaient maintenus, pendant tant de siècles, avec une persistance invincible.

titre que ce fût, ainsi qu'aux administrateurs des bois et forêts dépendant d'établissements ecclésiastiques, d'arracher lesdits bois, de les défricher, ou d'en changer la nature, sous peine de 1,500 livres par arpent (art. 7).

Survint ensuite la loi du 29 septembre 1791, qui opéra, dans le régime forestier, une innovation aussi dangereuse qu'irréfléchie. Elle proclama en principe (tit. 1er, art. 6) que chaque particulier, propriétaire de bois, *serait libre de les administrer et d'en disposer à l'avenir comme bon lui semblerait*. Ainsi, tout individu qui possédait une forêt pouvait désormais la défricher au gré de son caprice ou de son intérêt. On n'était plus, comme autrefois, obligé de recourir, dans ce cas, à l'intervention du Gouvernement : cette mesure salutaire, dont on avait jusqu'alors reconnu l'indispensable nécessité, était supprimée expressément et sans réserve. Les abus que devait occasioner *cette brusque transition de l'excès de la gêne à l'excès de la liberté* (*) ne tardèrent pas à se faire sentir. « Les propriétaires abusèrent » d'une faculté inaccoutumée ; les défrichements se multiplièrent » à l'infini, sans distinction des lieux, sans prévoyance des » suites : en telle sorte que, d'une part, on put craindre de » nous voir privés pour l'avenir des bois nécessaires aux cons- » tructions navales et civiles ; que, de l'autre, on vit, avec une » juste inquiétude, la source des fleuves, le sommet et le pen- » chant des montagnes dépouillés de leurs appuis conserva- » teurs (**). » Les choses restèrent dans cet état jusqu'au mois d'avril 1803, c'est-à-dire pendant un espace de douze années environ. Justement effrayé des déplorables résultats de cette liberté absolue que le législateur de 1791 avait si imprudemment accordée à tous les propriétaires de bois sans distinction, le Gouvernement comprit qu'il était temps enfin de mettre un terme

____

(*) Exposé des motifs du projet du code forestier fait à la chambre des pairs par M. de Martignac, commissaire du Roi.

(**) Ibid.

aux nombreux défrichements qui s'opéraient alors sur tous les points de la France. C'est dans ce but que fut rendue la loi du 9 floréal an XI, dont plusieurs dispositions ont été reproduites dans le nouveau code forestier. Elle ordonna que, pendant vingt-cinq ans, à compter du jour de sa promulgation, aucun bois ne pourrait être arraché et défriché que six mois après la déclaration qui en serait faite par le propriétaire, devant le conservateur forestier de l'arrondissement où le bois serait situé (tit. 1er, art. 1er). L'administration forestière pouvait, dans ce délai, faire mettre opposition au défrichement du bois, à la charge d'en référer, avant l'expiration des six mois, au ministre des finances, sur le rapport duquel le Gouvernement devait statuer définitivement dans le même délai (art. 2). En cas de contravention à ces dispositions, le propriétaire devait être condamné, par le tribunal compétent, sur la réquisition du conservateur de l'arrondissement, et à la diligence du commissaire du Gouvernement (procureur du Roi) : 1°, à remettre une égale quantité de terrain en nature de bois ; 2°, à une amende qui ne pouvait être au-dessous du cinquantième et au-dessus du vingtième de la valeur du bois arraché (art. 3). Faute par le propriétaire d'effectuer la plantation, ou le semis, dans le délai qui lui avait été fixé, après le jugement, par le conservateur, il y était pourvu, à ses frais, par l'administration forestière (art. 4). Toutefois, on avait excepté de ces dispositions prohibitives les bois non clos, d'une étendue moindre de deux hectares (*), lorsqu'ils n'étaient pas situés sur le sommet ou la pente d'une montagne, ainsi que les parcs ou jardins clos de murs, de haies ou fossés, attenant à l'habitation principale (art. 5). Quant aux semis ou plantations

(*) Dans le projet du code forestier, on n'avait aussi appliqué cette exception qu'aux bois de deux hectares. C'est sur la proposition de la commission de la chambre des députés que cette quantité a été portée à quatre hectares. On a pensé qu'un bois de cette étendue était de trop

de bois des particuliers , ils ne devaient être soumis qu'après vingt ans aux règles établies par les articles précédents (art. 6).

Une instruction de M. le directeur-général des forêts, en date du 10 septembre 1817, a fait connaître aux agents de l'administration les moyens qu'ils devaient employer pour s'assurer s'il y avait lieu, ou non, d'accueillir la demande des propriétaires qui avaient fait la déclaration de défrichement prescrite par l'art. 1er de la loi du 9 floréal an XI. Nous avons cru devoir rapporter cette instruction , quoiqu'elle soit antérieure au code qui régit maintenant cette matière; car, malgré ce changement de législation, elle peut encore aujourd'hui servir de règle aux agents forestiers. Elle est conçue en ces termes : « Les » demandes en défrichement de bois se multiplient tellement, » que l'intérêt public serait compromis, si ces demandes n'é- » taient pas l'objet d'un sévère examen. La loi du 9 floréal » an XI contient à cet égard des dispositions que le directeur- » général croit devoir rappeler aux préposés. — Les agents fo- » restiers chargés de procéder à la visite des bois pour lesquels » des propriétaires auraient fait la déclaration prescrite par » l'art. 1er, apporteront à cet examen la plus sérieuse attention ; » ils discuteront les motifs présentés à l'appui des demandes et » rendront un compte exact de l'état des choses. Les conser- » vateurs, ou les directeurs qui en remplissent les fonctions, » transmettront au directeur-général une copie des déclarations » qu'ils auront reçues; ils y joindront leur avis et tous les ren- » seignements propres à mettre le Gouvernement à même de » prendre une détermination dans le délai que l'art. 2 a prescrit. » — Il a été reconnu que des particuliers, sans prévoyance pour » l'avenir, abandonnent leurs taillis, après l'exploitation, au pâ-

---

peu d'importance pour en interdire le défrichement avec sévérité (Voy. l'art. 225, § 3, c. forest.)

» turage des bestiaux, afin d'empêcher la reproduction du bois,
» et de présenter, après quelques années, le terrain comme ne
» pouvant rester en nature de sol forestier. Dans ce cas, les
» agents feront connaître les abus qui auront été commis, et il
» sera formé opposition au défrichement..... Les défrichements
» qui seraient entrepris sans autorisation préalable doivent être
» constatés par des procès-verbaux, afin que le conservateur ou
» le directeur provoque les condamnations indiquées par l'art.
» 3 de la loi du 9 floréal..... Le directeur-général fixe particu-
» lièrement l'attention des divers agents sur l'obligation qui leur
» est imposée de n'accueillir les demandes en défrichement
» qu'autant que la nécessité, ou, au moins, l'utilité de cette
» mesure serait évidente, et d'empêcher, par les voies légales,
» tout défrichement de l'espèce qui n'aurait pas été dûment au-
» torisé. »

On était encore sous l'empire de la loi du 9 floréal an XI au moment où fut publié le code forestier. Afin de prévenir le retour des abus que l'on avait eu à déplorer quelque temps auparavant, le Gouvernement proposa aux chambres de maintenir temporairement la prohibition de défrichement qui avait été établie par la législation précédente. Après des débats assez animés, cette proposition fut adoptée et convertie en loi pour une nouvelle période de vingt années. Comme à ce système prohibitif se rattache une question d'économie politique qui intéresse au plus haut point la prospérité de la France, on désirera, sans doute, connaître les motifs qui ont été exposés, de part et d'autre, dans le cours de cette discussion parlementaire. Pour les retracer d'une manière plus exacte et plus complète, nous allons rapporter les discours des orateurs de la chambre des pairs et de la chambre des députés qui se sont fait remarquer, dans cette occasion, par l'éloquence de leurs paroles et la force de leurs arguments.

Après avoir présenté quelques observations qui tendaient

a prouver que le combustible n'était pas aussi cher et aussi rare en France qu'on semblait le croire , M. le général Sébastiani, membre de la chambre des députés, continua en ces termes : « Voyez à quel point le Gouvernement est dans l'erreur! Le « combustible est-il cher? non seulement on conservera les bois « existants, mais on en plantera de nouveaux. Est-il à vil prix? « alors, la société est intéressée à ce qu'une autre culture plus « fructueuse soit donnée au sol. Ainsi, vous voyez que, dans les « raisons qu'on vous a alléguées, il y a altération et oubli des « principes les plus constants sur la matière. En France, l'admi- « nistration tend toujours à gêner. En Angleterre et en Flandre, « non seulement le propriétaire possède le sol; il possède en- « core ce que le sol recouvre. Un anglais plante et défriche « quand il veut et comme il veut. Un flamand a la même fa- « culté. Il fait mieux : il pénètre dans le sein de la terre, et, « s'il y découvre une mine, il l'exploite à son gré, ou il la vend. « En France, c'est le contraire. Si vous trouvez une mine dans « votre propriété, le Gouvernement s'en empare et en fait une « concession. Ainsi, l'administration s'introduit dans votre pro- « priété; elle vient sans cesse gêner l'intérêt particulier. C'est de « là que résultent les inconvénients qu'on vous signale.—Que le « Gouvernement laisse la propriété se mouvoir comme elle l'en- « tend; qu'il ait plus de confiance dans l'intérêt particulier, « dans la sagesse des pères de famille, dans l'administration des « propriétaires, et vous ne manquerez pas de combustible. Vous « ne pourrez lutter avec l'Angleterre, pour la production et « pour la vente du fer, que quand vos mines seront exploitées, « et elles ne le seront que quand le prix du combustible s'élèvera, « et que les mines seront la propriété des possesseurs du sol. — « Voilà ce que vous demande l'intérêt véritable de la société; « voilà ce que vous devez faire, au lieu de persiter dans des « mesures tracassières qui ne tendent qu'à gêner les particuliers « pour les conduire à des résultats fâcheux. Laissez agir l'intérêt

(239)

« particulier : il a pris un mouvement admirable. Il plante autour
« des propriétés; par là, il rend les délimitations plus certaines :
« il plante sur le bord des routes et des fossés. Favorisez ce mou-
« vement; laissez les propriétaires libres de défricher, ou de
« planter, suivant qu'ils le jugeront à propos, et vous n'aurez à
« craindre ni la rareté ni le haut prix du combustible. — Mais,
« dit-on, vous voulez que nous renoncions à la mesure transi-
« toire que nous demandons : cependant, vous reconnaîtrez au
« moins que les bois situés sur les montagnes méritent toute
« notre attention ; vous reconnaîtrez que, si on vient à les défri-
« cher, le sol ne tardera pas à être entraîné par les pluies. Mais,
« Messieurs, encore une fois, le propriétaire, le père de famille
« ne renonce pas aisément à sa propriété. Pourquoi lui sup-
« posez-vous tant d'imprévoyance pour ses enfants ? Ayez plus
« de confiance dans sa sollicitude paternelle, dans sa bonne ad-
« ministration et dans sa bonne vigilance. Cependant, si vous
« voulez absolument rester dans le système restrictif, au moins,
« bornez-le aux forêts situées sur la pente des montagnes. —
« Ne vous y trompez pas, Messieurs; vous avez beau faire, les
« propriétés qui, plantées aujourd'hui en bois, sont en état de
« produire davantage d'une autre manière, seront livrées à une
« autre culture ; car l'intérêt particulier est plus fort que les res-
« trictions de l'administration. »

· Telle est la manière dont M. le général Sébastiani s'est exprimé
sur la question du défrichement dans le discours qu'il prononça,
à la séance du 20 mars 1827, sur l'ensemble du projet de loi
qui était alors soumis à la délibération de la chambre des députés. Lorsque, quelques jours plus tard (*séance du 9 avril* 1827),
on discuta séparément les articles du code forestier qui se réfèrent à cette matière, M. Sébastiani réclama de nouveau l'abolition du système prohibitif que l'on voulait substituer à cette
liberté illimitée dont les propriétaires de bois jouissaient sous
l'empire de la loi du 29 septembre 1791. Il fit d'abord ob-

server que de tous les pays de l'Europe la France était le seul
où la faculté de défricher fût soumise à des conditions restrictives ; il chercha ensuite à prouver que l'intérêt de la société
exigeait que l'on affranchît la propriété particulière de cette
servitude. « Deux motifs, disait cet orateur, peuvent seuls dé-
« terminer la chambre à adopter l'article (219) que nous dis-
« cutons : la crainte de voir les propriétaires de bois se livrer
« à des défrichements immodérés, ou à des ventes à des spé-
« culateurs qui opéreraient ces défrichements et qui diminue-
« raient le combustible et les bois de construction ; et une
« plus grave encore, celle que pourrait amener une altération
« véritable dans le climat même de la France. — Comme je
« vous l'ai déjà dit, le Gouvernement déclare que les proprié-
« taires de bois sont des mineurs incapables de jouir de toute
« l'étendue de leur propriété, et vous demande leur tutelle,
« non seulement dans leur intérêt, mais dans ce qu'il croit
« être l'intérêt de l'État. Croyez-vous que les propriétaires
« de bois soient imprudents, ignorants, avides de jouissances
« au point de perdre de vue leurs véritables intérêts, ceux de
« leur famille ? Je ne le pense pas. Quelques-uns pourront, je
« l'avoue, abuser de la liberté de disposer de leur propriété ;
« mais ce ne sera qu'un très-petit nombre, et la mesure que
« demande le Gouvernement les comprend tous. On empêchera
« peu de mal ; mais on privera d'un bien immense, celui qui
« résulte pour l'intérêt particulier, qui sait calculer, et beau-
« coup mieux que l'administration, de la libre jouissance, de
« la libre disposition de sa propriété. Mais cette prohibition
« de défrichement ne peut pas même atteindre le but que se
« proposent les ministres qui vous la demandent. Par les ar-
« ticles que vous avez déjà votés, vous avez affranchi les pro-
« priétaires de bois de toute gêne d'aménagement, d'exploita-
« tion ; ils peuvent les couper quand ils veulent ; en totalité,
« si cela leur convient. Les propriétaires imprudents et avides

« que vous voulez arrêter ne se proposent que le profit de la
« dépouille : le défrichement n'est qu'une dépense entourée de
« difficultés et de lenteurs. — Mais, dira-t-on, nous conser-
« vons au moins le même genre de culture, la même nature de
« propriété : oui, mais privée de tous ses avantages, mais en
« état de dégradation. Vous ne trouverez plus là ni bois pour
« la marine, ni bois pour la construction ; en un mot, vous
« aurez amené un dommage réel pour la société, et il ne sera
« que le résultat du système prohibitif que vous aurez adopté.
« Vous ne pouvez former d'autre désir que celui de la prospé-
« rité du pays ; cette prospérité, sous le rapport de la richesse,
« ne peut naître que du plus grand produit des terres, dans leur
« application à l'agriculture. Si une terre ne peut produire que
« du bois, si elle produit plus en bois qu'en toute autre culture,
« l'intérêt particulier conservera les bois qui existent dans cette
« terre ; il en plantera dans toutes les terres de même nature où
« il n'en existe pas ; il défrichera celles qui produiront davan-
« tage en blé, en terres labourables, en vignes, et la société
« en éprouvera une amélioration considérable. On prétend que
« le bois propre aux constructions de terre et de mer, que le
« combustible, sont chers ; le contraire existe en France. Éta-
« blissez un commerce, sur toute sa superficie, de la valeur des
« produits de cette propriété, et vous verrez que le combustible
« et le bois de construction sont à vil prix. N'ayez aucune in-
« quiétude ; là où le bois est cher, on ne défrichera pas ; on
« plantera même les terres de peu de valeur : là où le combus-
« tible est à vil prix, on défrichera les terres qui peuvent pro-
« duire davantage rendues à un autre genre de culture ; et
« vous devez vous en applaudir dans l'intérêt de la société au
« nom duquel vous parlez. En un mot, laissez faire l'intérêt
« particulier, plus éclairé que vous, et n'oubliez jamais que la
« richesse de l'État n'est que le résultat de la fortune des par-
« ticuliers. — J'ai peu de mots à dire sur l'objection tirée de la

« crainte de voir altérer notre climat. Les nations qui ont joui
« de cette liberté répondent pour moi. Le climat de l'Italie, la
« richesse de son sol n'ont éprouvé aucun dommage. La Hol-
« lande, l'Angleterre, la Belgique, la Flandre française sont
« les pays les plus riches de l'Europe. On nous dit que nos
« usines, nos forges, les plus grands consommateurs de com-
« bustible, seront moins encore en état de lutter contre les
« usines de l'Angleterre. Vous ne l'ignorez pas; avec la dispo-
« sition de tout le combustible qui existe aujourd'hui et que vous
« voulez conserver, vous avez été forcés de mettre un droit de
« 40 pour 0/0 sur les fers étrangers. Vous resterez dans cette
« position aussi longtemps que vos usines ne seront point ali-
« mentées par vos charbons de terre, et les riches mines de ce
« combustible que nous possédons ne seront exploitées que
« lorsque le combustible du bois sera cher : elles ne l'ont été
« en Angleterre qu'après la disparition des forêts. — Il ne me
« reste qu'à examiner une objection sérieuse et qui mérite toute
« votre attention, celle qui est relative aux bois situés sur la
« pente des montagnes, dont le défrichement entraîne souvent
« la ruine du sol. — Ma confiance dans les propriétaires est telle,
« je l'avoue, que je crois que peu de propriétaires se livre-
« ront aujourd'hui à de semblables défrichements. La propriété
« des bois est concentrée dans la main des grands propriétaires,
« où l'esprit de famille est puissant et éclairé. Pour un avan-
« tage momentané, ils ne voudront pas se priver des ressources
« de l'avenir; mais, alors même que cette considération ne
« vous frapperait pas autant qu'elle me frappe, bornez au
« moins la prohibition du défrichement à ce genre de proprié-
« tés. — Je ne vous entretiendrai pas des abus nombreux, je
« pourrais dire scandaleux, qui sont résultés de la faculté que
« le Gouvernement s'était réservée de donner la permission de
« défrichement, source constante de corruption et d'injustice.
« L'homme puissant obtenait tout; l'homme modeste qui habite

« ses terres et son département n'éprouvait que des refus. —
« J'espère que les défenseurs de la prohibition des défrichements
« sortiront enfin des arguments usés de l'état actuel de la lé-
« gislation, de l'Ordonnance de 1669, des mesures prises par
« le Gouvernement impérial. C'est un problème d'économie
« politique qu'il s'agit de résoudre. L'intérêt de la société ré-
« clame-t-il la continuation du système prohibitif? Il faut s'y
« soumettre. S'il est, comme je le crois, dans la libre dis-
« position de la propriété, il faut en sortir. »

M. de Martignac, commissaire du Roi, combattit en ces
termes les arguments que M. Sébastiani avait invoqués à l'appui
de son opinion : « En ce qui touche la grande question du
« défrichement, nous n'avons pas partagé la sécurité que vient
« de manifester le préopinant : au contraire, nous avons cru
« que des raisons extrêmement graves ne nous permettaient
« pas de proposer l'abolition de l'autorisation rétablie par la
« loi de 1803. Tout ce qu'on vient de vous dire sur la né-
« cessité d'accorder à la propriété une liberté indéfinie, d'en-
« courager la culture, de diminuer les entraves, de faire dis-
« paraître les embarras, avait été dit à l'époque où intervint la
« loi de 1791. — C'est d'après cette théorie trompeuse qu'on
« se détermina alors à substituer une licence absolue aux res-
« trictions trop rigoureuses, trop minutieuses qui avaient été
« établies par l'Ordonnance de 1669. Mais qu'arriva-t-il ?
« Cette théorie fut bientôt jugée. Croyez-vous que ce fut uni-
« quement une pensée venue à l'esprit du chef du Gouver-
« nement qui donna lieu, en 1803, au rétablissement de la
« prohibition de défricher sans autorisation? Non, Messieurs;
« ce furent les doléances universelles; ce furent les réclama-
« tions émanées de toutes les autorités du pays; ce furent
« les cahiers dressés par toutes les administrations départe-
« mentales, sur tous les points de la France, qui firent re-
« connaître l'indispensable nécessité de mettre un terme aux

(244)

« défrichements ruineux qui mettaient le pays dans le danger
« de manquer bientôt du bois nécessaire aux constructions na-
« vales et civiles ; et ce ne fut qu'après avoir lutté longtemps
« contre ce concert de plaintes qu'on se détermina, en 1803,
« à rétablir, pour vingt-cinq ans, la prohibition de défricher
« sans autorisation préalable. — Eh bien ! je le demande à
« ceux qui nous contredisent, quelles sont donc les circonstan-
« ces nouvelles qui peuvent faire reconnaître qu'en 1803 on a
« eu tort d'exiger l'autorisation pour les défrichements, et qu'on
« avait eu raison, en 1791, d'accorder une liberté illimitée ?
« Si l'on vient, avec des preuves évidentes, démontrer que le
« sol forestier soit accru ou amélioré, que son exploitation
« donne de plus grandes espérances, que l'aménagement des
« bois des particuliers a été mieux ordonné, qu'aucune de-
« mande en défrichement n'a été formée, ou que ces demandes
« sont si minimes qu'aucun inconvénient n'en peut résulter ;
« si l'on prouve que les bois sont moins morcelés, et que les
« propriétaires ont plus le moyen d'attendre pour se procurer
« des coupes plus fructueuses ; alors, je reconnaitrai qu'on
« peut reproduire aujourd'hui les doctrines qui avaient pré-
« valu en 1791, et qui ont été judicieusement renversées par la
« législation, en 1803. — Mais, Messieurs, y a-t-il rien de
« pareil ? Non, sans doute : ce ne sont pas des documents de
« cette espèce qu'on vous a présentés. On vous a parlé des pays
« du nord, où les bois sont en trop grande quantité ; de l'An-
« gleterre, qui exploite à son gré de nombreuses colonies, où
« ses vaisseaux vont chercher, en tout temps, les bois nécessai-
« res : c'est la qu'on va puiser des preuves de la nécessité de
« rétablir l'autorisation illimitée des défrichements, qui, précé-
« demment, a été jugée dangereuse. Eh bien ! nous répondons
« que ce n'est pas ailleurs qu'il faut chercher des raisons,
« mais chez nous, parce qu'il s'agit de prononcer sur des
« intérêts qui nous regardent ; parce que, quand on raisonne

« par analogie, il faut prendre ses exemples dans des lieux qui
« se ressemblent, et qu'il n'y a aucune analogie entre notre si-
« tuation et celle des pays qu'on a cités. — Dans quelle situa-
« tion sommes-nous? Le sol forestier se compose, en superfi-
« cie, de 6,500,000 hectares. Sur cette superficie, plus de la
« moitié appartient aux particuliers, et, par conséquent,
« plus de la moitié de nos ressources en ce genre est dans la
« dépendance de la propriété privée. Si, maintenant, vous
« croyez devoir rétablir la liberté illimitée ordonnée par la loi
« de 1791, il est manifeste que vous retombez précisément, et
« avec plus de danger encore, dans les inconvénients qui ré-
« sultèrent de cette loi et qui donnèrent lieu au rétablissement
« de la prohibition. — Il est impossible de se faire illusion sur
« ce point : les 3,500,000 hectares de bois appartenant aux
« particuliers ne sont pas réunis en de grandes masses ; ils sont
« morcelés à l'infini, et l'on pourrait difficilement compter le
« nombre d'individus qui se partagent la propriété du sol fo-
« restier. Dans un pareil état de choses, nous le disons, comme
« on l'a dit en 1805, comme on le dirait dans deux ans, si nous
« nous laissions séduire par le prestige des théories qu'on nous
« expose : il y a danger dans une liberté illimitée pour la sa-
« lubrité de plusieurs départements, pour la consommation du
« bois de chauffage et pour celle du bois nécessaire aux construc-
« tions navales et civiles...... Quoi qu'on en ait dit, nous avons
« reconnu la liberté comme principe ; nous avons établi la pro-
« hibition momentanée comme exception, tellement que nous
« l'avons réduite dans les bornes les plus étroites qu'il a été
« possible, et nous ne vous la demandons que temporairement.
« Dans un pareil état de choses, nous croirions contraire à notre
« devoir, parce que ce serait contraire à la prudence, de ne pas
« insister sur la disposition temporaire contenue dans l'article
« du projet. »

Dans le rapport qu'il fit au nom de la commission de la chambre des pairs (*séance du 8 mai 1827*) , **M**. le comte Roy déclara qu'on était forcé de convenir que la disposition du projet du code forestier qui avait pour but de proroger, pendant vingt ans , la prohibition de défrichement établie par la loi du 9 floréal an **XI,** n'était pas conforme au principe d'après lequel chacun peut user et abuser de sa propriété, et qu'elle ne pouvait être admise que par la considération que les bois sont des objets de première nécessité et par des motifs d'ordre public; que c'était parce que le Gouvernement reconnaissait lui-même qu'elle était contraire aux règles du droit commun qu'il ne la proposait que comme une mesure temporaire et exceptionnelle : que tout consistait donc à savoir si elle était commandée par les circonstances.

« On ne peut en douter, ajouta cet orateur, lorsque les motifs
« qui ont déterminé la loi du 9 floréal sont devenus plus puis-
« sants qu'il ne l'étaient à cette époque, et que la dévastation
« des forêts n'a fait que s'accroître; lorsque des coupes extraordi-
« naires ont été faites de toutes parts, sans règle et sans mesure,
« dans les bois des particuliers, dans les bois des communes; et
« lorsque les malheurs des temps ont même rendu nécessaire
« l'aliénation d'une partie importante des bois de l'État, qui,
« généralement, n'ont été acquis que dans des vues de destruc-
« tion. — Plusieurs des mesures proposées par le projet de
« loi ont leur motif dans la nécessité d'arrêter la dégradation
« et la destruction des forêts. Il n'en est pas qui, pour atteindre
« ce but, soient plus indispensables que celle qui a pour objet
« de prévenir les désordres qui naîtraient de la liberté indéfinie
« de les défricher. On peut s'en faire une idée par l'immense
« quantité de demandes d'autorisation qui continuent d'avoir
« lieu : en 1825, elles ont été de 2968; en 1826, de 2440. —
« Beaucoup, sans doute, devront être accordées, mais avec dis-
« cernement et sans faveur. Avec le temps, les bois aliénés, trop
« épars encore, se réuniront dans des mains conservatrices, et
« le passage d'un état de prohibition à un état d'entière liberté

« deviendra moins sensible, et n'amènera aucune commotion
« dans la société. — Le déboisement des montagnes excite sur-
« tout des plaintes universelles : leur stérilité, par l'entrainement
« de la terre végétale qui était retenue par les bois, la diminu-
« tion des eaux de source, l'augmentation des eaux superficielles,
« la formation des torrents qui bouleversent les propriétés pla-
« cées au-dessous de ces sols élevés, sont la suite des défriche-
« ments qui s'y sont faits. Ce sera contre ces défrichements que
« l'administration s'armera de sévérité. »

On trouve dans le discours que M. le comte de Mailly a prononcé à la chambre des pairs, le 17 mai 1827, une éloquente et
pathétique description des funestes changements qui se sont opé-
rés sur le sol et dans le climat de la France, depuis que ce pays
a vu disparaître la plupart de ces vastes et magnifiques forêts
qui formaient autrefois la plus riche portion de son territoire.
Voici en quels termes cet orateur s'est exprimé :

« Le temps où les bois couvraient la plus grande partie du
« sol de la France est déjà loin de nous. Où trouver aujourd'hui
« ces anciennes forêts qui couronnaient nos montagnes et y entre-
« tenaient des réservoirs pour des milliers de ruisseaux qui por-
« taient partout la fertilité dans les plaines ? Ces arbres antiques,
« sous lesquels on trouvait d'impénétrables abris contre l'ardeur
« du soleil et contre les vents glacés de l'hiver, ont disparu, et,
« avec eux, cette température plus égale qui faisait participer le
« midi à la fraicheur du nord, et le nord aux douces influences du
« midi. La charrue a passé partout : elle a dépouillé le sol de
« ses ornements et de ses plus utiles végétaux; les sources ont
« été taries; les champs ont vu les ruisseaux qui les arrosaient
« tantôt se dessécher et tantôt se changer en torrents dévastateurs.
« A peine voit-on encore apparaître, au milieu de vastes plaines,
« quelques taillis symétriques, seuls restes de ces forêts que la
« cupidité a converties en terres de rapport. Tel a été le funeste
« résultat de ce système qui tend à encourager, à tout prix, la

« production des capitaux, comme si le pays qui possède le plus
« d'or était le plus heureux, et comme si les produits du sol
« qui servent directement à ses usages ne constituaient pas pour
« le pays une richesse plus véritable qu'une accumulation de
« numéraire qui ne peut avoir qu'une valeur d'échange et, par
« conséquent, secondaire. » M. le comte de Mailly termina son
discours en disant qu'il ne pouvait qu'approuver la disposition
du projet qui prohibait les défrichements; qu'il pensait seulement que le terme fixé à cette prohibition, par l'article 219, était
encore trop court, et qu'il regrettait que l'article 225 eût étendu
à quatre hectares la limite au-dessous de laquelle les bois épars
pourraient être défrichés sans autorisation.

Un autre pair de France, M. le duc d'Escars, déclara qu'il ne
partageait point les inquiétudes qui avaient déterminé le Gouvernement à demander que les propriétaires de bois fussent encore privés, pendant vingt ans, de la liberté qui leur avait été
enlevée par la loi du 9 floréal an XI. « Craindrait-on, disait cet
« orateur, que l'étendue des forêts existant actuellement en
« France ne pût suffire aux besoins de la consommation ? Sur
« 52 millions d'hectares dont se compose la superficie totale du
« sol de la France , 22,800,000 sont en terres labourables ,
« 1,500,000 en prés, et à peu près autant en pâturages mé-
« diocres ; enfin, 6,416,481 hectares, c'est-à-dire un huitième
« environ de la superficie totale, sont en forêts, et, sur ce nombre,
« 5,178,964 hectares sont soumis au régime forestier, comme
« appartenant à l'État, à la couronne, aux apanages, aux com-
« munes ou aux établissements publics. Cela posé, la propor-
« tion du sol forestier est-elle trop restreinte ? Je crois, au
« contraire, qu'elle est encore exagérée. Cette proportion est
« telle, en effet, que, pour un hectare de bois, on ne trouve
« guère que trois hectares de terres labourables, un demi-hec-
« tare de prés et un demi-hectare de pâturages inférieurs. Rien
« n'exige donc que le Gouvernement se mêle de l'administration

« des bois des particuliers , sauf l'exception des pentes rapides ,
« dont je parlerai plus tard. En laissant à chacun la libre dispo-
« sition de sa propriété, les ressources forestières se composeraient
« toujours de trois millions d'hectares soumis au régime forestier,
« et qui, bien entretenus et bien aménagés, suffiraient presque
« seuls aux besoins publics, et des bois que le commerce puise-
« rait dans les forêts particulières, que l'on verrait diminuer
« moins promptement qu'on ne peut le croire. Si l'on y ajoute
« les plantations éparses dans les champs, les prairies, sur les
« bords des étangs et des rivières, les nombreux semis de pins
« qui, depuis quelques années, rendent à la culture tant d'ar-
« pents inutiles; si l'on fait, enfin, entrer en ligne de compte
« les ressources que présentent, en bois de travail et de chauf-
« fage, les jardins, les parcs et les vergers, et jusqu'aux haies
« garnies d'arbres et de taillis qui, dans une partie considérable
« de la France, entourent les terres en culture et les pâturages,
« on pourra se convaincre aisément que la consommation ne
« serait point compromise. Les arbres épars, lorsqu'ils ne sont
« ni déshonorés, ni étêtés, acquièrent d'autant plus de crois-
« sance et de valeur, qu'ils ne sont privés ni d'air, ni d'espace :
« tels sont ceux que l'on recherche pour la marine sous le nom
« de *chênes champêtres*. Quant aux taillis voisins des habitations,
« en même temps qu'ils fournissent abondamment au chauf-
« fage des habitants de la campagne, ils prêtent encore à leurs
« bestiaux un abri contre les vents. On peut s'en rapporter à
« l'intérêt privé du soin de les multiplier dans nos provinces. —
« Quelle est donc la nécessité de priver encore, pendant vingt
« années, les propriétaires , du droit d'arracher ou de défricher
« leurs bois sans une autorisation préalable ? Si l'on juge que le
« moment de leur rendre une liberté entière n'est pas encore
« arrivé, ne pouvait-on pas fixer un terme plus rapproché, cinq
« ans, par exemple, sauf, si la nécessité l'exigeait, à demander,
« à l'expiration de ce délai, une prolongation nouvelle ? Qu'on

« considère dans quelles circonstances la France se trouve au-
« jourd'hui. Si l'élan donné au commerce et à l'industrie ne
« s'arrête point, le moment n'est peut-être pas éloigné où les
« abondantes mines de charbon, découvertes et exploitées de-
« puis quelques années, vont amener, sur nos marchés, une
« énorme quantité de combustible a très-bas prix : et, malgré
« les préjugés qui s'y opposent, peu d'années suffiront pour ré-
« pandre dans toutes les classes, sauf, peut-être, dans la classe
« riche, la consommation du charbon ; et ce sera, sans
« doute, un bienfait pour le pauvre d'avoir mis à sa portée une
« denrée aussi nécessaire. Mais, dans cette hypothèse, que j'ap-
« pelle de tous mes vœux, quelle sera la position des proprié-
« taires de bois ? Cette marchandise aura diminué de valeur : on
« n'en voudra plus qu'a vil prix, et, cependant, on les obligerait
« à continuer de produire une denrée aussi peu avantageuse.
« N'y a-t-il pas perte évidente pour la so iété a conserver ces
« bois, une propriété qui, si elle était défrichée, serait d'un pro-
« duit double ou triple ? Je conçois que l'administration fores-
« tière repousse ce système : il est dans la nature d'un corps de
« défendre d'anciennes prérogatives, qu'il regarde comme faisant
« partie du bien public. Mais il est permis aux propriétaires de
« croire qu'ils connaissent mieux leurs intérêts personnels et
« ceux de leurs propriétés, que ne peuvent les connaitre des
« étrangers indifférents. Cependant, le noble rapporteur de la
« commission a entretenu la chambre du danger que présente le
« déboisement des montagnes : ses craintes a cet égard ne sont
« point sans réalité; mais c'est aussi à cette exception, comman-
« dée par la nature des choses, que devrait se borner la défense
« de défricher. Hors de là, je ne vois dans cette défense que
« gêne pour les particuliers, sans aucun profit pour l'État. Les
« dépenses considérables qu'entraine le défrichement d'une
« grande masse de bois empêcheront toujours les propriétaires
« d'en hasarder sans avantage évident. »

N° 161.

MÊME ARRÊT.

Jugé de même à l'égard de l'extraction de quelques brins de bois de diverses essences, lorsque leur
petit nombre, leur mauvaise qualité et leur faible
grosseur excluent toute idée de défrichement.

N° 162.

MÊME ARRÊT.

Vainement les gardes rédacteurs du procès-verbal
auraient énoncé, dans leur rapport, qu'ils ont été
informés que le prévenu avait, à des époques qu'ils
n'ont point précisées, fait pâturer et faucher le taillis
où ces bois ont été arrachés. Il faudrait, pour que
ces faits pussent servir à prouver que cette dernière
opération n'était, en réalité, que le complément d'un
véritable défrichement, qu'ils eussent été successivement rapportés dans des procès-verbaux réguliers,
lesquels présentés à l'appui de celui qui constate
l'extraction de ces bois auraient ainsi légalement
établi, par le concours de ces diverses circonstances,
que l'intention du prévenu était de changer la nature de sa propriété.

N° 163.

HACHOTTE C. FORÊTS.

Un propriétaire de bois qui a obtenu une autorisation de défrichement transmet à son acquéreur le bénéfice de cette concession.

Arrêt du 9 janvier 1835. — M. Troplong, pr. — M. le Pr.-gén. concl. conf. — Me Volland, av. — N° 2379 (1).

N° 164.

MÊME ARRÊT.

Lorsque l'autorisation n'indique pas quelle sera la partie spéciale du bois qui devra être défrichée, le concessionnaire peut choisir lui-même les emplacements qu'il juge les plus propres à être convertis en terre labourable ; il est libre, par conséquent, de diriger les travaux nécessaires pour arriver au défrichement partiel pour lequel il a obtenu cette autorisation, de manière à convertir la portion restante de la forêt en boqueteaux épars, sans aucune liaison les uns avec les autres, et chacun d'une contenance au-dessous de quatre hectares; et, s'il a fait

(1) Cet arrêt a été rapporté par M. Dalloz, 1839, 2, 155.

ainsi opérer ce premier défrichement au vu et su de
l'administration forestière, et sans aucune opposition
de sa part, il peut ensuite faire défricher, sans une
nouvelle permission, les fragments de bois isolés qui
composent le surplus de la forêt, le silence du ministre
sur la portion de terrain à laquelle l'autorisation serait
spécialement applicable, ayant laissé le concessionnaire maître absolu de se placer dans les conditions
du dernier paragraphe de l'art. 223 c. forest. (1)

N° 163.

FORÊTS C. PARISET.

La décision ministérielle qui prohibe le défrichement d'un bois particulier peut être valablement signifiée par un garde forestier.

Arrêt du 29 novembre 1831. — M. de Metz, p.
pr. — M. le Pr.-gén. concl. — Mᵉ Moreau, av. —
(*Chambre civile*). — N° 1962 (2).

(1) Cette question a été résolue dans ce sens sur les conclusions conformes de M. le procureur-général Fabvier.

(2) Cet arrêt a encore jugé deux autres questions qui sont
rapportées sous les deux notices suivantes ; il est conçu dans
les termes suivants : « La cour : — Attendu que le défendeur
ne résiste aux conclusions de l'administration forestière que
sous le prétexte de la nullité de la signification du 24 mai 1828,
par laquelle cette administration lui a notifié la décision du ministre des finances confirmative de l'opposition formée, par le

préfet, au défrichement de la forêt d'Eckerbesch ; — Attendu, sur le premier moyen de nullité contre cet exploit de notification, qu'il résulte de la combinaison des art. 159 et 210 c. forest., que c'est à la requête et diligence de l'administration forestière que doivent être faites les poursuites et significations relatives aux prohibitions de défricher ; qu'ainsi, le garde-brigadier Cuny avait qualité pour faire la signification dont il s'agit ; — Attendu, sur le second moyen de nullité, qu'il s'appuie sur l'omission qui a été faite, dans la copie de l'exploit du 24 mai 1828, des prénom et qualité du garde qui a fait cette signification ; que, néanmoins, on ne peut appliquer à ces sortes de significations les formalités prescrites aux huissiers, à peine de nullité, par les dispositions de l'art. 61 du code de procédure civile ; que ce serait étendre les formes rigoureuses d'une matière spéciale a une législation qui lui est étrangère, et créer des nullités non prononcées par la loi, contrairement même au principe général proclamé par l'art. 1030 du code de procédure ; que ce principe doit s'appliquer, a plus forte raison, au code forestier et au code d'instruction criminelle, qui ne déterminent pas, à peine de nullité, les formalités qui doivent accompagner ces sortes de significations ; qu'il ne s'agit pas, d'ailleurs, dans l'espèce, d'une citation, d'un ajournement, ou de tout autre acte de procédure auquel on pourrait étendre les nullités du droit civil, mais bien de la notification extrajudiciaire d'un acte d'administration prohibitif d'un défrichement ; qu'il suffit, dans ces matières, qu'on ait accompli les formalités substantielles des exploits, et que la partie touchée d'une telle notification ne puisse pas ignorer qu'elle lui a été faite à la requête de l'administration compétente et par un agent ayant qualité a cet effet ; — Et attendu, en fait, que la partie de Moreau a été touchée de la signification dont s'agit, puisqu'elle en représente la copie donnée à son domicile ; que cette copie porte que la signification lui a été faite à la requête de l'administration forestière ;

qu'elle énonce la décision définitive du ministre des finances ; —
Que l'omission, dans cette copie, du prénom et de la qualité du
garde forestier qui l'a faite n'a pu autoriser, un seul instant, les
doutes tardifs de la partie de Moreau sur la personne qui lui
avait fait cette notification ; qu'en effet, la copie de cette notification, faite à requête de l'administration compétente, portait la
signature *Cuny ;* que le défendeur connaissait parfaitement et la
signature et la qualité de ce garde ; qu'il savait que c'était lui
qui avait été chargé, par son administration, de faire les premières notifications relatives à ce défrichement ; que c'est, en
effet, le même Cuny qui a signifié au sieur Pariset , le 6 décembre 1827, la première opposition à ce défrichement, sous
les nom et qualité de *Pierre Cuny, brigadier-forestier, demeu-
rant à Metz ;* que, le 31 janvier 1828, ce garde lui a encore
notifié, dans les mêmes termes, l'arrêté provisoire du préfet
rejetant la demande en défrichement ; que les deux copies de
ces deux premiers exploits sont représentées, par la partie de
Moreau, avec les signatures *Cuny* absolument conformes à la
signature du même Cuny mise au bas de la notification définitive,
seule contestée ; — Que la partie de Moreau avait d'abord si
bien reconnu la régularité de cette signification, que, depuis, elle
a laissé écouler plus de trois ans sans tenter ce défrichement,
qu'elle n'a feint de faire opérer récemment, sur cinq à six ares,
que pour provoquer un procès-verbal et révoquer tardivement
en doute la régularité de l'acte qui avait arrêté ce défrichement ;
— Attendu, sur le troisième moyen de nullité, que l'art. 219 c.
forest. n'exige pas qu'il soit donné copie de la décision du ministre des finances confirmative de l'arrêté du préfet ; que cette
décision de l'autorité supérieure, consistant dans une simple
approbation de l'arrêté du préfet, est suffisamment connue de la
partie intéressée par la notification de son existence et de sa
date ; — Attendu, d'ailleurs, que les tribunaux ne doivent pas
admettre trop facilement des nullités dans ces matières, et ajouter

ainsi aux nombreux moyens employés pour éluder ces prohibitions de défricher , qui sont d'ordre public et qui intéressent si essentiellement la prospérité de l'État ; — Par ces motifs , etc., etc. »

Sur le pourvoi de M. Pariset, est intervenu, le 2 mars 1832, l'arrêt suivant de la cour de cassation :

« La cour : — Vu l'art. 219 c. forest., d'après lequel la décision ministérielle qui prohibe le défrichement à un propriétaire de bois , doit lui être signifiée dans les six mois de l'opposition ; — Attendu que cette décision peut être signifiée par un agent forestier ; mais que l'acte de cette signification doit constater la qualité de celui qui l'a faite ; que, dans l'espèce, cette formalité n'a pas été remplie ; que la signification de la décision ministérielle au demandeur était conséquemment nulle, et n'a pu l'empêcher de procéder au défrichement de son bois ; — Attendu , en outre, que la décision ministérielle devant être signifiée au propriétaire , l'acte de cette signification doit contenir la copie certifiée de cette décision , dont il ne suffit pas d'énoncer l'existence et la date, comme il a été fait dans l'espèce ; — Que, néanmoins, l'arrêt attaqué a validé cette signification de la décision ministérielle faite au demandeur, le 24 mai 1828 , laquelle signification renferme les vices ci-dessus signalés , et l'a, en conséquence, condamné, pour avoir fait illégalement défricher son bois ; en quoi, ledit arrêt a violé les dispositions de l'art. 219 précité ; — Par ces motifs : — Casse, etc., etc. » (Bullet. crim. , n° 83 ; — Sirey, 1833 , 1 , 634 ; — Baudrillart, Trait. gén. , tom. 4, p. 544).

La décision rapportée sous cette notice est conforme à deux autres arrêts de la cour de Nanci , du 29 mars 1833 (Husson c. Forêts, N° 2188 ; — Forêts c. Dandelarre, N° 2189 ; — Forêts c. Lallemand de Mont, N° 2190 ; — M. Rolland de Malleloy, f. f. pr. — M. Pierson, av.-gén. , concl.) (*) —

(*) Voy., sous la notice 168 , le texte de ces arrêts et celui de la décision de la cour suprême qui a statué sur le pourvoi auquel ils ont donné lieu.

Conf. arrêt de la cour de cassation, du 27 décembre 1805 (Baudrillart , Trait. gén. , tom. 2 , p. 49) ; — M. Curasson, tom., 2, p. 198.

Ordonnance de 1669 : — Tit. 10, art. 4. « Les gardes-généraux à cheval de nos eaux et forêts marcheront incessamment dans les forêts et bois et le long des rivières , suivant les ordres et instructions qui leur seront donnés par les grands-maitres , chacun dans son département, afin de tenir les gardes ordinaires dans leur devoir; prêteront main-forte aux gardes particuliers ; feront toutes sortes de captures et rapports aux maîtrises , dans l'étendue desquelles les délits auront été commis, en la manière que font les autres gardes ; seront à la suite des grands-maitres en tel nombre et quand ils jugeront à propos; exécuteront leurs commandements , jugements et ordonnances, ceux des maitrises particulières, et, généralement, feront tous actes et exploits pour raison de nos eaux, rivières, forêts, bois et buissons, et autres ci-dessus. » — Art. 15. « Les sergents-généraux et à garde de nos bois, forêts, rivières, plaines et plaisirs, ne pourront faire aucuns exploits que pour les eaux et forêts et chasses, à peine de faux, révoquant à cet effet toutes lettres et ampliations que nous pourrions leur avoir accordées. »

Avis du conseil-d'Etat du 16 mai 1807 : « Considérant que l'art. 4 du titre 15 de la loi du 29 septembre 1791, sur l'organisation forestière, porte que l'Ordonnance de 1669 et les autres règlements en vigueur continueront à être exécutés en tout ce à quoi il n'est pas dérogé; — Que l'art. 4 du titre 10 de cette ordonnance porte que les gardes-généraux des eaux et forêts feront tous actes et exploits pour raison desdites eaux et forêts ; — Que l'art. 15, en déclarant que les sergents-généraux et gardes, c'est-à-dire les gardes-généraux et particuliers, ne pourront faire aucuns exploits que ceux des eaux et forêts et chasses , leur donne le droit de faire les exploits relatifs à leurs fonctions ; — Que ces dispositions ne sont abrogées par aucune loi nouvelle ; — Que la faculté laissée aux gardes-généraux et particuliers des forêts nationales et domaniales de signifier leurs procès-verbaux, d'ajourner, et de signifier les jugements, est propre à accélérer la répression des délits, et que, d'un autre côté, elle concourt au but de la loi du 5 pluviôse an XIII (*), qui est de diminuer les frais ; — Est d'avis que les gardes-généraux et particuliers des forêts peuvent, conformément aux art. 4 et 15 du titre 10 de l'Ordonnance de 1669, faire toutes significations d'exploits, en matière de bois et forêts, sans pouvoir, néanmoins, procéder aux saisies et exécutions à faire en vertu des jugements, lesquelles doivent appartenir exclusivement aux huissiers des tribunaux. »

Les mêmes principes ont été consacrés par le nouveau code forestier. En effet, l'art. 175, § 1er, porte que : « Les gardes de l'administration forestière pourront, dans les actions et poursuites exercées en son nom, faire toutes citations et significations d'exploits, sans pouvoir procéder aux saisies-exécutions. »

Les rétributions des gardes, pour les actes de ce genre, sont taxées, conformément au décret du 18 juin 1811, comme pour les actes faits par les huissiers des juges de paix. (Décret du 1er avril 1808, art. 1er; — code forest., art. 175, § 2).

(*) Cette loi porte que les huissiers audienciers des tribunaux et les huissiers des justices de paix signifieront tous les actes faits à la requête de la partie publique, en matière criminelle ou correctionnelle, et qu'il ne leur sera alloué de frais de transport que dans le cas où ils auraient été chargés, par un mandement exprès du procureur-général ou impérial, ou du directeur du jury, de faire ces significations hors du lieu de leur résidence. Cette loi contient encore plusieurs autres dispositions qui ont été, pour ainsi dire, textuellement reproduites dans les articles 505, 521, § 2, du code d'instruction criminelle, et 157 du décret du 18 juin 1811.

N° 166.

MÊME ARRÊT.

L'omission, dans la copie de cette notification , du prénom et de la qualité du préposé qui l'a faite , ne peut en entraîner la nullité, s'il est constant que la partie a été touchée de cet acte et qu'elle n'a pu ignorer qu'il lui était signifié à la requête de l'administration compétente et par une personne ayant qualité à cet effet. — On doit ainsi le décider, surtout lorsqu'il résulte du long intervalle qui s'est écoulé depuis la signification de cet acte jusqu'au jour du défrichement, une reconnaissance tacite, de la part du prévenu, de la régularité de cette notification (1).

(1) M. le procureur-général Fabvier, qui portait la parole dans cette affaire, avait pris les conclusions suivantes : « Attendu que les art. 219 c. forest. et 195 de l'ordonnance d'exécution prescrivent que la décision rendue, par le ministre des finances , sur une déclaration de défrichement , soit *signifiée* au propriétaire, expression qui emporte l'idée de l'intervention d'une personne ayant qualité pour faire cette signification, et de l'énonciation de cette qualité , comme condition essentielles de l'acte signifié; — Attendu qu'aucune énonciation de ce genre ne se trouve dans la copie représentée par le sieur Pariset ; d'où il suit que la décision rendue par le ministre des finances ne lui a pas été signifiée ; — Le Procureur-général demande acte de ce que, sur la suite du procès-verbal dressé, le 20

N° 167.

MÊME ARRÊT.

L'art. 219 c. forest. n'exige pas, sous peine de nullité, qu'il soit donné au propriétaire copie de la décision ministérielle qui rejette la demande en défrichement. Cette décision doit être réputée suffisamment connue de la partie intéressée par la notification qui lui a été faite de son existence et de sa date (1).

N° 168.

FORÊTS C. LALLEMAND DE MONT

Jugé, au contraire, que l'acte de cette signification doit, à peine de nullité, contenir la copie certi-

août 1831, contre le sieur Pariset, il s'en rapporte à la prudence de la cour. »

Voy., sous la notice précédente, le texte de la décision de la cour de Nanci que l'on vient de rapporter et celui de l'arrêt de la cour suprême qui en a prononcé l'annulation. — Voy. les notices 89 et 90.

Contr. arrêt de la cour royale de Toulouse, du 27 décembre 1826 (Sirey, 1827, 2, 240).

(1) Voy., sous la notice 165, le texte de cet arrêt et celui de la décision de la cour de cassation qui a statué sur le pourvoi auquel il a donné lieu.

liée de cette décision, et qu'il ne suffit pas d'en énoncer seulement l'existence et la date.

Arrêt du 29 mars 1833. — M. Rolland de Malleloy, f. f. pr. — M. Pierson, av.-gén., concl. contr. — Me Volland, av. — No 2190 (1).

Nota. Le même jour, deux autres arrêts semblables. Husson c. Forêts, No 2188;—Forêts c. Dandelarre, No 2189 (2).

(1) Cet arrêt a été publié dans le recueil imprimé des arrêts de la cour de Nanci, p. 16.

(2) Les trois arrêts que la cour de Nanci a rendus sur cette question, le 29 mars 1833, ont été confirmés, par la cour de cassation, le 5 août suivant. Ils sont conçus en ces termes : « La cour : — Attendu qu'aux termes des art. 219 c. forest. et 195 de l'ordonnance du Roi pour l'exécution dudit code, le ministre des finances doit, dans les six mois après la signification de l'arrêté du préfet qui prononce sur l'opposition du conservateur, rendre et faire signifier au propriétaire des bois sa décision définitive, par laquelle il approuve ou rejette le projet de défrichement; — Qu'il résulte bien évidemment de ces articles et des formalités qu'ils prescrivent, à peine de déchéance contre les agents du Gouvernement, que le législateur, par respect pour le droit de propriété, auquel il était cependant forcé de porter atteinte, dans une vue d'intérêt public, a voulu restreindre l'exception qu'il créait dans des délais et des formes rigoureuses; — Que si, dans une matière aussi intéressante pour les propriétaires de forêts, il a accordé au ministre des finances le droit exorbitant de prononcer seul et définitivement sur les demandes en autorisation de défrichement, il a imposé à ce haut fonctionnaire l'obligation de faire connaître à ces pro-

priétaires la teneur de sa décision : — Que, cependant, la sollicitude du législateur serait vaine et illusoire, si, comme au cas
de la cause, on se bornait à signifier sèchement aux propriétaires
de forêts un acte leur indiquant que , par décision prise un tel
jour, le ministre des finances a rejeté leur demande ; — Qu'une
telle manière de procéder ne peut se concilier avec les principes
qui nous régissent, sous le rapport de la législation ni de la
jurisprudence ; car, loin de trouver dans cette formule laco-
nique la signification d'un acte très-important, et dont les propriétaires de forêts ont le plus grand intérêt de connaître la teneur
et les motifs, on voit qu'on leur donne seulement connaissance
d'un fait qui leur porte préjudice, c'est à savoir que le ministre,
le jour coté dans l'acte, a rendu une prétendue décision qui rejette
leur demande ; d'où il suit qu'une signification tellement irrégulière et défectueuse ne peut produire aucun effet, et doit être
considérée comme n'existant pas, ou comme non-avenue ;—Que,
d'ailleurs, en supposant même que le ministre des finances ne
serait pas obligé de faire connaître les motifs de son refus, ainsi
que le préfet doit le faire, aux termes de l'art. 195 de l'ordonnance
d'exécution du code forestier, toujours est-il que sa décision renferme une teneur quelconque, et qu'il ne se borne pas simplement à l'exprimer par un seul mot ; qu'au surplus, s'il en
était ainsi, cette teneur toute entière, quelle qu'elle soit, sa
forme, son intitulé, sa date, la relation certifiée de la signature du ministre et de sa qualité, devraient encore être
spécialement énoncés et transcrits dans la signification à faire,
expression essentielle qui implique la nécessité et l'obligation, d'après sa définition même et aux termes du droit, de
donner copie textuelle et entière de l'acte ou de la pièce que
l'on doit signifier, et qui, étant complète, devient ainsi, pour
celui qui y a intérêt, une garantie importante et indispensable ;
— Qu'en vain on objecte les formalités particulières, plus ou
moins constamment suivies, par l'administration, dans la notifi-

cation ou signification de ces actes ; qu'il importe, au cas particulier, lequel présente une matière toute spéciale et qui restreint,
dans certaines limites, les droits inhérents à la propriété, de
soustraire à l'arbitraire la forme même de procéder ; que ces
objections, à supposer qu'elles soient fondées, ne sont plus
d'aucun poids depuis qu'un arrêt récent de la cour de cassation,
du 2 mars 1832(*), a levé toute incertitude sur la forme à observer
dans les significations à faire en pareille matière ; — Attendu,
quant à la forme extrinsèque de cette même signification, que la
matière étant purement administrative, et que, d'ailleurs, le code
forestier, par son article 175, assimilant, sauf une seule exception, les gardes forestiers aux huissiers, elle a pu valablement
être faite par des préposés ou agents de l'administration forestière ; — Par ces motifs : — Rejette l'appel de l'administration
forestière. »

Arrêt de la cour de cassation ; — « La cour : — Attendu, en
droit, qu'une signification ne satisfait au vœu de la loi qui la
prescrit, que lorsqu'elle donne à la partie qui la reçoit copie de
l'acte dont elle doit avoir connaissance ; — Qu'il doit en être
ainsi, suivant l'art. 219 c. forest., puisque le législateur, lorsqu'il a voulu déroger à ce principe, s'en est formellement expliqué dans l'art. 209 du même code ; — D'où il suit que l'arrêt
dénoncé, en renvoyant le défendeur de la poursuite exercée
contre lui, n'a fait que se conformer aux dispositions dudit
art. 219 ; — Par ces motifs : — Rejette, etc., etc. » (Baudrillart, Trait. gén., tom. 4, p. 647).

(*) Voy. cet arrêt sous la notice 165.

N° 169.

FORÊTS C. DE L'ESPÉE.

La signification, à la personne ou au domicile du propriétaire qui a fait une déclaration de défrichement, de l'opposition qui y a été formée par l'administration forestière, peut être valablement remplacée par celle de l'arrêté du préfet qui confirme cette opposition. Dans ce cas, le délai de six mois après lequel, aux termes de l'art. 219 c. forest., il est permis au propriétaire de défricher, ne commence pas à courir du jour de la déclaration de défrichement, mais du jour seulement de la notification de l'arrêté du préfet.

Arrêt du 29 décembre 1829. — M. Chippel, pr. — M. Adam, cons. aud., concl. contr. — Me Bresson, av. — N° 1752 (1).

(1) Cet arrêt est ainsi conçu : « La cour : — Considérant que l'administration forestière ayant été instruite, le 29 août 1828, du dépôt fait, à la sous-préfecture de Lunéville, de la déclaration de Joseph-François-Casimir de l'Espée, énonçant la nécessité de défricher le bois d'Erraménil et la sollicitation d'une autorisation, a formé opposition au défrichement, le 25 octobre ; que le dépôt qui en a été fait, le même jour, à la sous-préfecture, n'ayant pas été signifié à la personne ou au domicile du propriétaire, celui-ci, il est vrai, n'a pu en avoir connaissance ; — vu que le préfet de la Meurthe ayant approuvé l'opposition,

par un arrêté du 10 novembre 1828, qui a été signifié au sieur de l'Espée, le 13 décembre suivant, et cet arrêté ayant été confirmé par décision de son Excellence le ministre des finances, du 25 février 1829 , signifiée le 31 mars, la cour ne doit plus examiner que la question de délit qui lui est soumise ; — Attendu que, d'après le procès-verbal du 21 mai dernier, qui constate que le défrichement qu'il dénonce, déjà opéré sur huit ares de bois, avait été commencé avant l'expiration du délai de six mois, à dater du 13 décembre, jour de la signification à personne de l'arrêté qui rejetait la demande en défrichement, signification qui valait opposition et qui devait suspendre tout abatis et défrichement, il y a lieu d'admettre les conclusions de l'administration forestière ; — Par ces motifs : — Annule la décision des premiers juges, et, par application des art. 220, 221 c. forest., etc., etc. »

Sur le pourvoi de M. de l'Espée, la cour de cassation prononça, par les motifs suivants, l'annulation de l'arrêt qui lui était déféré : « La cour : —Vu les art. 219 c. forest., 194, 195 de l'ordonnance d'exécution ;—Attendu que l'art. 219 c. forest., dans son premier paragraphe, dit formellement que c'est au propriétaire que la signification de l'opposition au défrichement doit être faite, et que, dans les six mois, à dater de cette signification, il sera statué sur l'opposition par le préfet ; que, dans le deuxième paragraphe, on répète encore que si, dans les six mois après la signification de l'opposition, la décision du ministre n'a pas été rendue et signifiée au propriétaire des bois, le défrichement pourra être effectué ; d'où il suit que la signification de l'opposition au défrichement est une formalité substantielle ; qu'en effet, le but du législateur, en ordonnant la signification de l'opposition à la déclaration du défrichement, a été que le propriétaire pût se défendre devant le préfet, et ne fût pas privé du premier degré de juridiction ; — Qu'il s'agit, dans la cause, de la part de l'administration forestière, de l'exercice d'un droit exorbitant, qui porte atteinte à la jouissance de la propriété, dans un intérêt général, il est vrai ; que ce droit et la forme d'y procéder sont réglés par une loi toute spéciale, dont on ne peut s'écarter ; — Attendu que cette loi ne dit pas que la signification de l'arrêté du préfet équivaudra à la signification de l'opposition; qu'elle ne parle pas non plus de l'opposition que le propriétaire pourrait former à l'arrêté du préfet, puisque l'art. 195, § 2, de l'ordonnance d'exécution impose l'obligation au préfet d'adresser de suite l'arrêté et les pièces au ministre des finances, qui rend une décision en dernier ressort et sans recours aucun ;—Attendu que, de la combinaison de l'art. 219 c. forest. et des dispositions de l'ordonnance d'exécution, au chapitre des défrichements, tit. 12, art. 194 et 195, il résulte que trois choses sont ordonnées : 1°, la signification de l'opposition au propriétaire ; 2°, la signification de l'arrêté du préfet ; 3°, la signification de la décision du ministre des finances, dans les six mois, à dater du jour de la signification de l'opposition au propriétaire ; — D'où l'on doit conclure que, quand la signification de l'opposition au propriétaire n'a pas eu lieu, toute procédure subséquente est irrégulière et contraire, tant à l'art. 219 c. forest. qu'aux dispositions de l'ordonnance de règlement ; — Attendu que l'opposition faite à la déclaration en défrichement du sieur de l'Espée n'a été signifiée ni à sa personne, ni à son domicile , dans les six mois, à partir de cette déclaration ; — Attendu que la signification de l'arrêté du préfet n'énonçant ni le contenu de l'opposition de l'administration forestière, ni même sa date, le prévenu n'a eu aucune connaissance légale de cette opposition ; — Attendu que le défrichement n'a été commencé que plus de six mois après la déclaration ; — Attendu que la cour royale de Nanci, en déclarant que la signification de l'arrêté du préfet équivalait à la signification de l'opposition au propriétaire, a créé une exception qui n'est pas dans la loi, et violé les dispositions de l'art. 219 c. forest.; — Par ces motifs : — Casse, etc., etc. » (Arrêt du 15

N° 170.

FORÊTS C. GUYON DE SAINT-VICTOR.

Lorsque les différents actes prescrits, en matière de défrichement, par les art. 219 c. forest. et 195 de l'ordonnance d'exécution, et notamment l'arrêté par lequel le préfet a dû statuer sur l'opposition de l'administration forestière, n'ont été signifiés ni à la personne du propriétaire, ni au domicile par lui indiqué dans sa déclaration, dans les délais fixés, par la loi, pour l'accomplissement de ces formalités, le défrichement que ce propriétaire a fait ensuite opérer ne peut donner lieu contre lui à l'application d'aucune peine.

Arrêt du 22 février 1833. — M. Rolland de Malleloy, f. f. pr. — M. le Pr.-gén. concl. conf. — Mᶜ Moreau, av. — N° 2155 (1-2).

mai 1830 ;—Baudrillart, Trait. gén., tom. 4, p. 371 ;—Dalloz, 1830, 1, 261 ; —Sirey, 1830, 1, 528).

(1) Par arrêt du 23 mai 1833, la cour de cassation a donné acte à l'administration forestière de son désistement du pourvoi qu'elle avait formé contre cet arrêt de la cour de Nanci.

(2) Conf. arrêt de la cour de cassation, du 15 mai 1830, rapporté sous la notice précédente ; — arrêt de la cour de Metz, du 7 mai 1832 (Dalloz, 1834, 2, 47). == Contr. arrêt de la cour de cassation, du 26 janvier 1839 (Dalloz, 1839, 1, 175).

N° 171.

FORÊTS C. VEUVE RAYEL.

Jugé, au contraire, que deux significations sont seules exigées. d'une manière impérative, en matière de défrichement, savoir : 1°, la signification de l'opposition de l'administration forestière; 2°, et celle de la décision du ministre des finances. Quant à la notification de l'arrêté du préfet qui statue sur l'opposition formée à la déclaration de défrichement, elle n'est pas prescrite, par la loi, à peine de nullité, et, dès lors, il importe peu, si elle a eu lieu, qu'elle n'ait pas été faite à la personne ou au domicile du propriétaire.

Arrêt du 4 juillet 1834. — M. Troplong, pr. — M. le Pr.-gén. concl. — M⁰ Moreau, av. — N° 2552.

N° 172.

MÊME ARRÊT.

On ne peut critiquer la régularité d'une décision administérielle qui rejette une demande en défrichement, sous le prétexte qu'elle aurait omis le nom du bois auquel s'applique la prohibition, si, d'ailleurs, il ne s'élève aucun doute sur l'identité de cette forêt, ou par le motif que la personne du propriétaire ne serait pas suffisamment désignée. dans cette décision, sous le nom, par exemple, de *veuve Catherine Berment*. au lieu de *Catherine Berment, veuve Rayel*

N° 173.

FORÊTS C. BAUDOT.

On peut former de nouveau une demande en défrichement qui a été primitivement écartée, la loi ne contenant aucune disposition à cet égard, et les motifs qui avaient d'abord empêché cette demande d'être accueillie pouvant, d'ailleurs, ne plus exister à l'époque où elle est renouvelée.

Arrêt du 20 août 1828. — M. Rolland de Malleloy, f. f. pr. — M. Thieriet, av.-gén. (*s'en est rapporté à la prudence*); — Mᵉ Poirel, av. — N° 1610.

N° 174.

MÊME ARRÊT.

On ne peut regarder comme une demande nouvelle, ayant eu pour effet de replacer l'autorité administrative supérieure dans le délai de six mois que lui accorde l'article 219, § 2, c. forest., un mémoire adressé au directeur-général des forêts, lorsqu'il n'est pas accompagné des formalités prescrites par la loi; que, d'un autre côté, il a été considéré, par l'administration forestière elle-même, dans les pièces par elle produites au procès , tantôt, comme étant une suite de la demande primitive, tantôt, comme formant une demande subsidiaire ou restrictive de la première, et qu'en effet il se termine par ces mots : « *Si le défrichement de la totalité de mon bois est jugé impraticable, qu'on veuille, du moins, m'accorder la faculté de convertir en pré environ vingt hectares de cette forêt.* » Par conséquent , si la demande à laquelle se réfère ce mémoire n'a pas été suivie d'une décision ministérielle dans le délai de six mois, à compter du jour de la signification de l'opposition dont elle a été frappée, le propriétaire peut défricher, sans encourir les peines prononcées par la loi.

N° 175.

MÊME ARRÊT.

Vainement on objecterait que le propriétaire ne s'est pas pourvu près du ministre pour faire statuer sur l'arrêté du préfet qui confirmait l'opposition formée à sa déclaration de défrichement; car ce n'était pas à lui, mais à l'administration forestière, à faire les diligences nécessaires pour obtenir cette décision ministérielle.

N° 176.

FORÊTS C. LIFFORT.

Jugé, au contraire, qu'on ne peut demander de nouveau une autorisation de défrichement qui a déjà été refusée. En conséquence, si le ministre n'a pas prononcé sur cette seconde demande dans le délai fixé par l'art. 219, § 2, c. forest., son silence ne peut, dans ce cas, autoriser le propriétaire à défricher.

Arrêt du 31 août 1831. — M. Chippel, pr. — M. le Pr.-gén. concl. conf. — Me Moreau, av. — N° 1945 (1-2).

(1) Sur la demande du sieur Liffort, la cour de cassation lui a donné acte de son désistement du pourvoi qu'il avait formé contre cet arrêt.

(2) Conf. arrêt de la cour de cassation, du 30 août 1834 (Dalloz, 1835, 1, 74 ; — Baudrillart, Trait. gén., tom. 5, p. 78). Le même principe a été consacré par un avis du conseil-d'État, du 28 octobre 1829, approuvé, par le ministre des finances, le 9 novembre suivant, portant qu'une demande en autorisation de défrichement qui n'est que la reproduction d'une première demande qui a été rejetée par le ministre des finances, ne peut suspendre l'effet de cette décision ministérielle, ni donner ouverture aux formalités et aux délais d'instruction prescrits, pour les déclarations ou demandes primitives, par l'art. 219 c. forest. Voici dans quelles circonstances cette question s'est présentée devant le conseil-d'État. Un sieur Havez avait demandé qu'il lui fût permis de défricher un bois d'une

contenance de 20 hectares. Mais, par une décision du ministre des finances, en date du 30 décembre 1828, cette autorisation ne lui fut accordée que pour une portion de terrain de 7 hectares. Peu de temps après, le sieur Havez demanda de nouveau d'être autorisé à défricher les 13 hectares restants. L'instruction de cette seconde demande s'étant prolongée au delà du délai de six mois, prescrit par l'art. 219 c. forest., sans qu'il eût été signifié au réclamant aucune opposition ni décision nouvelle, il s'agissait de savoir s'il pouvait, dans un tel état de choses, défricher la portion de bois pour laquelle il avait sollicité une seconde autorisation. Le conseil-d'État se prononça pour la négative, par les motifs suivants : — « Considérant que l'effet des décisions qui refusent les défrichements n'est point limité, dans sa durée, par les termes de la loi; mais que cet effet doit naturellement subsister aussi longtemps que lesdites décisions n'ont pas été rapportées; — Que le ministre a toujours la faculté de rapporter ou modifier ces sortes de décisions, soit dans le cas d'erreurs commises ou d'informations insuffisantes, soit quand des circonstances nouvelles auraient changé la situation du bois sur lequel il avait été statué; — Considérant que la demande récidivée par le sieur Havez, presque immédiatement après la décision ministérielle du 30 décembre 1828, ne peut être envisagée que comme une réclamation tendante à ce que cette décision fût modifiée ou rapportée; mais que cette démarche de sa part n'a pu suspendre l'effet de ladite décision, ni donner ouverture aux formalités et aux délais d'instruction prescrits, par l'article 219, pour les déclarations ou demandes primitives; — Est d'avis que, nonobstant le défaut de notification au sieur Havez, dans le délai de six mois, d'une opposition au défrichement de 13 hectares de bois, sollicité par lui, postérieurement à la décision négative du 30 décembre 1828, ce propriétaire n'est pas en droit d'effectuer ledit défrichement, et que la décision du 30 décembre subsiste contre lui, jusqu'à ce qu'elle ait été rapportée. »

N° 177.

ROGUET C. FORÊTS.

Un particulier poursuivi pour avoir, sans autorisation préalable, fait défricher, en partie, un bois dont il est propriétaire, ne peut être condamné aux peines prononcées par l'art. 220 c. forest., si ce défrichement a eu simplement pour objet de faire disparaître des arbres de mauvaise essence, pour les remplacer ensuite par d'autres arbres de meilleure qualité (1).

(1) Lors de la discussion de l'art. 219 c. forest. à la chambre des pairs, M. le comte de Tournon ayant demandé si, lorsqu'il convient à un propriétaire de bois d'exploiter une futaie par éclaircie, ou d'ouvrir des routes dans un taillis, on devrait, dans ce cas, soumettre à la mesure de l'autorisation préalable les défrichements partiels qui en résultent, et si ce ne serait pas imposer une gêne inutile au propriétaire que de donner à la loi une interprétation aussi rigoureuse, M. le directeur-général des forêts, commissaire du Roi, fit observer que jamais l'administration n'avait considéré comme un défrichement soumis à l'autorisation ce qui est fait, soit pour l'*amélioration* ou l'embellissement de la propriété, soit pour son exploitation régulière, ou pour changer le mode d'exploitation établi. Ce que la loi a pour but d'empêcher, ajouta l'orateur, *c'est uniquement le défrichement dont il résulterait une diminution du sol forestier ;* c'est donc pour celui-là seul que l'autorisation est nécessaire (**M.** Curasson, tom. 2, p. 197 ;—M. Chauveau, code forest., p. 657 ;

18

Arrèt du 16 mai 1834. — M. Troplong, pr. — M. Poirel, av.-gén., concl. conf. — Mc Louis, av. — N0 2321.

N0 178.

FORÊTS C. DE VILLEMOTTE.

La prohibition de défricher, prononcée par l'art. 219, § 1er, c. forest., est de droit étroit et doit être entendue et expliquée dans le sens le plus limitatif de la restriction ; au contraire, les exceptions à cet article, tendant à rentrer dans le droit commun, doivent être interprétées dans le sens le plus large et le plus étendu. Notamment, il faut appliquer l'exception du § 2 de l'art. 223 à un bois attenant à une maison d'exploitation, et enfermé, avec ce bâtiment, dans une même enceinte de fossés ou de clôture ; car c'est là un parc dans le sens de cet article.

Arrèt du 15 juin 1833. — M. Rolland de Malleloy,

—M. Baudrillart, comment., tom. 2, p. 405; —M. Gagneraux, tom. 1, p. 457).

Par arrêt du 20 octobre 1832, la cour de cassation a décidé que la prohibition de défricher devait s'étendre même au cas où le défrichement aurait eu pour objet la replantation plus ou moins immédiate des parties de bois sur lesquelles il aurait été effectué (Baudrillart, Trait. gén., tom. 4, p. 594; — Dalloz, 1833, 1, 185 ; — Sirey, 1833, 1, 653).

f. f. pr. — M. Poirel, av.-gén., concl. contr. —
M⁰ Moreau, av. — Nᵒ 2222 (1).

Nᵒ 179.

ARNETTE C. FORÊTS.

Un individu qui est poursuivi pour avoir fait ou
laissé défricher, sans autorisation, un bois dont il est
propriétaire, n'est passible d'aucune peine, lorsque
rien, dans la cause, n'indique que ce défrichement ait
eu lieu d'après ses ordres, ni même qu'il en ait eu
connaissance, et que, d'un autre côté, l'administration forestière ne demande pas à prouver le fait ou
la connivence qu'elle lui impute. Ce n'est pas ici le
cas d'appliquer la maxime : « *Is fecit cui prodest.* »

Arrêt du 15 novembre 1828. — M. Rolland de
Malleloy, f. f. pr. — M. de Roguier, cons. aud.,
concl. conf. — M⁰ Bresson, père, av. — Nᵒ 1634.

Nᵒ 180.

COLLIGNON DE VIDELANGE C. FORÊTS.

Pour qu'une forêt appartenant à un particulier soit
réputée *parc*, dans le sens de l'art. 223 c. forest.,

(1) Cet arrêt a été publié dans le recueil imprimé des arrêts de
la cour de Nanci, p. 27.

qui permet de défricher, sans autorisation préalable, les parcs clos et attenant aux habitations, il ne suffit pas qu'on l'entoure de fossés; il faut, en outre, qu'il soit établi que, dans la réalité, la forêt est destinée à l'agrément du propriétaire combiné avec ses intérêts.

Arrêt du 22 novembre 1834. — M. Troplong, pr. — M. le Pr.-gén. concl. — M⁰ d'Ubexi, av. — N⁰ 2559 (1).

N⁰ 181.

MÊME ARRÊT.

Pour qu'un bois ou parc soit considéré comme attenant à l'habitation, il faut que le bâtiment ait été réellement habité ou soit actuellement habitable.

(1) Cet arrêt a été inséré dans le recueil de M. Dalloz, 1835. 2. 128.

FIN.

APPENDICE.

I.

Pendant le cours de l'impression de cet ouvrage, **M. Dalloz** a inséré dans son *Recueil périodique de Jurisprudence* (1840, 2, 159 et 160) la note dans laquelle nous avons développé les raisons qui nous portent à croire que c'est l'article 147, et non l'article 199 du code forestier, qui doit être appliqué à l'adjudicataire qui a introduit dans sa coupe, contrairement aux clauses du cahier des charges, des voitures attelées d'animaux non muselés (Voy., ci-dessus, p. 51 et suiv.) Au bas de cette note, **M. Dalloz** a indiqué les considérations qui, selon lui, militent en faveur du système que nous avons combattu. Il s'est exprimé en ces termes : « *Malgré la force de ces observations, qui nous sont adressées par un de nos correspondants, nous croyons que le système de la cour de cassation n'est pas sans quelque appui solide. En effet, toute adjudication d'une coupe implique nécessairement l'emploi des moyens de transport, voitures, chariots et autres : sans ces moyens, il n'y a pas d'exploitation possible. L'adjudicataire ne peut donc être placé sous la présomption de culpabilité plus grande établie contre celui qui est trouvé, avec une voiture, hors des chemins ordinaires des forêts ; il n'est punissable que pour infraction à la défense d'introduire des animaux non muselés ; et, comme la pénalité applicable à ce dernier cas est plus douce que celle qui résulte de l'emploi* *d'une voiture ayant un attelage non muselé, on comprend que la cour de cassation ait appliqué à ce cas la peine plus faible de l'article 199, plutôt que la peine fixe et plus élevée de l'article 147 du code forestier. Jamais elle n'a entendu confisquer l'article 147 au profit de l'article 199, mais seulement appliquer ce dernier article dans le cas où c'est l'adjudicataire qui a introduit des animaux attelés et non muselés sur le parterre de sa coupe.* » Nous venons de reproduire textuellement les objections qui nous sont adressées par M. Dalloz. Voyons maintenant si elles sont fondées.

L'infraction à la clause du cahier des charges qui impose aux adjudicataires l'obligation de museler les animaux qu'ils introduisent dans leurs coupes rentre-t-elle sous l'empire des dispositions pénales du code forestier ? En cas d'affirmative, quelle est la peine applicable à ce délit ? Telle est la double question qu'il s'agit de décider. Comme, pour la résoudre, il est nécessaire de connaitre avec précision l'étendue de la responsabilité des adjudicataires, nous allons rappeler, en quelques mots, les principes généraux du droit sur cette matière.

Les adjudicataires sont soumis, en leur qualité, à certaines obligations spéciales qui sont énumérées dans la section 4 du titre 3 du code forestier. Nous voyons, par exemple, qu'ils ne peuvent commencer leur exploitation avant d'en avoir obtenu la permission par écrit de l'agent forestier local (art. 30). Ils doivent faire la traite des bois par les chemins qui leur sont désignés dans le cahier des charges (art. 39). Il leur est défendu d'allumer du feu ailleurs que dans leurs loges ou ateliers (art. 42), et de déposer dans leurs ventes d'autres bois que ceux qui en proviennent (art. 43) , etc., etc. Par conséquent, lorsque l'un d'eux commet quelque infraction, c'est d'abord dans cette partie du code forestier qu'on doit chercher la sanction pénale de l'obligation qu'il a négligé d'exécuter. Si on ne la trouve pas dans les articles dont cette section se compose, il faut alors recourir aux dispositions de ce code qui constituent le droit commun en matière forestière. Car la qualité d'adjudicataire ne doit jamais être, pour celui à qui elle appartient, un brevet d'impunité ; aussi, en imposant à l'individu qui l'a acceptée une responsabilité spéciale à sa position, elle ne peut le dispenser, d'un autre côté, de se conformer aux prescriptions générales de la loi.

Ce principe une fois établi, la solution de la question que nous nous proposons d'examiner ne peut plus être un seul instant douteuse. D'abord, il est certain que la loi n'a pas prévu, dans la section relative aux *Exploitations*, l'infraction à la clause du cahier des charges qui défend d'introduire dans les coupes des animaux non muselés. Il faut donc rechercher si, dans le code forestier, il n'existe pas quelques dispositions générales qui se réfèrent à ce genre de délit. Dans les titres 10 et 12, on trouve deux textes qui lui sont applicables : ce sont les articles 147 et 199. Le premier est conçu en ces termes : « *Ceux dont les voitures, bestiaux, animaux de charge ou de monture, seront trouvés dans les forêts, hors des routes et chemins ordinaires, seront condamnés, savoir : — Par chaque voiture, à une amende de dix francs, pour les bois de dix ans et au-dessus, et de vingt francs, pour les bois au-dessous de cet âge ; — Par chaque tête ou espèce de bestiaux non attelés, aux amendes fixées, pour délit de pâturage, par l'article 199 : — Le tout sans préjudice des dommages-intérêts.* » Le second porte que : « *Les propriétaires d'animaux trouvés, de jour, en délit, dans les bois de dix ans et au-dessus, seront condamnés à une amende de — Un franc pour un cochon ; — Deux francs pour une bête à laine ; — Trois francs pour un cheval, etc., etc.* » On voit, en lisant l'article 147, que les délits dont il est question dans ces deux textes ne sont pas entièrement identiques. Le législateur a établi entre eux une différence qui doit être prise en considération pour l'application de la peine ; aussi, il est important de ne pas la méconnaître. Or, si, pour punir l'adjudicataire qui a introduit dans sa coupe des animaux non muselés, il est nécessaire de l'assimiler aux autres délinquants; si, dans cette circonstance, il est soumis à l'empire de la loi commune, il faut, par une conséquence inévitable de cette théorie, lui appliquer l'article 147, ou l'article 199, d'après la distinction que nous venons d'indiquer et que nous avons puisée dans le texte même du code forestier; en d'autres termes, pour savoir quelle peine il a encourue, il faut, avant tout, examiner si les animaux dont il s'est servi, pendant le cours de son exploitation, sans observer les règles prescrites à cet égard, par l'administration forestière, étaient, ou non, attelés. Prétendre que, dans l'une et l'autre hypothèse, il est passible de l'amende prononcée par l'article 199, ne serait-ce pas se mettre en contradiction manifeste avec le principe sur lequel on est obligé de se fonder pour décider que cette infraction rentre sous l'application de la loi pénale? Au droit commun, dont on est forcé d'invoquer ici les dispositions, ne serait-ce pas substituer un droit exceptionnel ?

Tel est, cependant, le système que la cour de cassation a constamment suivi depuis la promulgation du code forestier. Dans les observations qu'il a consignées, dans son Recueil de Jurisprudence, à la suite de la note que nous lui avons adressée, M. Dalloz nous apprend que la cour suprême *n'a jamais entendu confisquer l'article 147 au profit de l'article 199, mais seulement appliquer ce dernier article dans le cas où c'est un adjudicataire qui a introduit des animaux attelés et non muselés sur le parterre de sa coupe.* Une chose qu'il importe de constater, c'est que M. Dalloz reconnaît avec nous que l'inobservation des règles relatives à l'introduction des bestiaux

dans les coupes présente tous les caractères d'un véritable
délit. Or, si, à ses yeux, elle constitue un fait de cette nature, il est, par là même, forcé de convenir qu'il faut lui
appliquer les dispositions pénales du droit commun. Car,
s'il refusait d'admettre l'assimilation que nous venons d'établir entre les adjudicataires et les délinquants ordinaires ;
s'il pensait que les contraventions commises dans les coupes
doivent être affranchies de toute pénalité, lorsqu'elles n'ont
pas été prévues, d'une manière expresse et spéciale, dans
la section qui concerne les *Exploitations* (1), il ne pourrait
plus dire alors que celle qui résulte de l'inexécution de cette
clause du cahier des charges doit être punie correctionnellement, puisque, comme nous l'avons déjà fait observer,
il n'en est pas question dans cette partie du code forestier.

(1) Cette doctrine a été consacrée par un jugement du tribunal correctionnel de Nanci, du 23 juin 1834, qui porte que : « Le traité d'un
acquéreur de coupe de bois envers l'administration est un contrat civil,
dont les conditions sont réglées par le cahier des charges, et que les
contraventions à ces clauses ne peuvent constituer de délits et entraîner
l'application de peines correctionnelles que dans les cas spécialement et
formellement prévus par la loi..... Que, parmi les contraventions qui
sont énumérées dans les art. 37 et suiv., n'est pas mentionnée celle
écrite dans l'article du cahier des charges qui défend aux adjudicataires
de conduire des bêtes à cornes dans les ventes sans être muselées.....
Que cette introduction ne peut donc être réprimée correctionnellement
qu'autant que les animaux auraient été trouvés commettant un acte
de dépaissance ; que le procès-verbal ne constate aucun fait de cette
espèce, mais seulement que les bœufs attelés à la voiture n'étaient pas
muselés ; acte qui constitue bien une désobéissance aux prescriptions
du cahier des charges, mais non une infraction punissable des peines
de l'article 199 du code forestier, qui n'est applicable qu'aux propriétaires d'animaux trouvés, de jour, en délit. » Ce jugement a été infirmé
par la cour royale de Nanci, le 5 décembre 1834 (Voy. les notices 54
et suiv.)

Il rentrerait dans le système de ceux qui prétendent qu'elle ne peut donner lieu qu'à une action civile en dommages-intérêts, lorsqu'il n'est pas constaté par le procès-verbal que les animaux ont été trouvés en délit de pâturage.

Ainsi, dirons-nous à M. Dalloz, quel est, en définitive, le point capital de cette discussion? Il s'agit uniquement de rechercher quelles sont les dispositions générales du code forestier qui peuvent être appliquées au délit résultant de l'introduction d'un attelage non muselé sur le parterre d'une coupe en exploitation, puisque vous reconnaissez vous-même la nécessité de les invoquer en cette circonstance. Vous prétendez les trouver dans l'article 199. Sur ce point, vous le savez, notre opinion diffère de la vôtre. Mais, enfin, supposons, si vous le voulez, que vous avez saisi le véritable sens de la loi ; supposons que votre système doit obtenir la préférence sur celui que nous cherchons à faire prévaloir : nous vous faisons pour quelques instants cette concession. Alors, ce n'est pas seulement lorsqu'il s'agit d'un adjudicataire qu'il faudrait vous prononcer en faveur de l'article 199 ; vous devriez décider qu'il est applicable, d'une manière générale et absolue, à tous les individus qui sont poursuivis pour avoir introduit des voitures hors des routes et chemins ordinaires des forêts. En effet, il importe peu de savoir si c'est dans une coupe, ou dans tout autre canton de bois, que ce délit a été commis ; le droit commun, auquel vous êtes forcé de recourir pour trouver la sanction pénale de la clause du cahier des charges qui fait l'objet de cette discussion, n'a établi aucune distinction à cet égard. De la généralité de ses expressions il résulte 1°, que les personnes qui contreviennent à cette disposition prohibitive du code forestier sont toutes placées, aux yeux de la loi, dans la même catégorie ; 2°, que, par conséquent, les peines dont elles sont passibles doivent être réglées, dans tous les cas, d'après les mêmes principes.

Ainsi, vous le voyez, s'il était vrai que, dans cette circonstance, la pénalité de l'article 199 fût applicable aux adjudicataires, il serait souverainement injuste de prétendre
qu'elle doit leur être exclusivement réservée; il faudrait
nécessairement la rendre commune à tous les autres délinquants. Mais, ici, nous reproduirons l'observation que nous
avons déjà faite dans la note que vous avez publiée dans
votre Recueil de Jurisprudence. Nous vous demanderons
quel serait le sort de l'article 147, si l'on admettait une
semblable théorie; nous vous demanderons si, au lieu de
lui conserver une existence qui ne pourrait plus désormais
lui être nécessaire, puisque les peines qu'il prononce seraient constamment remplacées par celles de l'article 199,
on ne ferait pas mieux de le retrancher du code dans lequel
il se trouve inséré. Pour éviter cette fâcheuse conséquence,
vous refusez de généraliser votre système; vous nous dites
qu'il faut en restreindre l'application aux adjudicataires.
Cette manière de raisonner est fort commode, sans doute;
mais elle ne nous paraît pas très-juste et très-rationnelle.

Pour que la différence que l'on veut établir, sous ce rapport, entre les adjudicataires et les autres délinquants, pût
être admise, il faudrait qu'elle fût fondée sur le texte même
de la loi. Si, par exemple, à la fin de l'article 147, le législateur avait ajouté un paragraphe ainsi conçu : « *L'infraction
à la clause du cahier des charges qui règle le mode d'introduction
des animaux dans les coupes ne devra pas être punie des peines
prononcées par cet article, encore bien qu'il résulte du procès-
verbal que les animaux étaient attelés à une voiture; dans tous
les cas, on appliquera à cette contravention l'amende fixée par
l'article 199;* » si, disons-nous, le législateur avait tenu un
pareil langage; si, du moins, à défaut d'un texte aussi
formel et aussi explicite, on pouvait citer quelque article
du code forestier qui permit de supposer qu'il a voulu placer

les adjudicataires dans cette position exceptionnelle, nous nous empresserions alors de rendre hommage au système de la cour de cassation. Mais ce n'est pas ainsi qu'il s'est exprimé. Dans l'article 147, il déclare, en termes généraux et absolus, que « *CEUX dont les voitures, bestiaux, animaux de charge ou de monture, seront trouvés dans les forêts, hors des routes et chemins ordinaires, seront condamnés*, etc., etc. » Maintenant, l'administration forestière peut-elle suppléer sur ce point au silence de la loi? Peut-elle, en insérant telle ou telle clause dans le cahier des charges, modifier, d'une manière indirecte, les dispositions pénales des articles 147 et 199 du code forestier? Non, évidemment; car, lui accorder une semblable prérogative, ce serait lui conférer un droit qui rentre essentiellement dans les attributions du pouvoir législatif.

Il est tout-à-fait inexact de prétendre qu'il n'y aurait pas d'exploitation possible, s'il était défendu d'introduire des voitures dans les coupes. Car, dans certaines forêts, la vidange s'opère toujours à dos d'homme : ce mode d'enlèvement est même formellement et exclusivement prescrit pour les coupes d'*éclaircie* ou *préparatoires*. Si, en général, l'administration forestière permet d'employer les moyens de transport qui peuvent faciliter cette opération, c'est surtout afin d'obtenir des adjudicataires un prix plus avantageux ; en un mot, cette autorisation doit plutôt être considérée comme un moyen de spéculation que comme une tolérance commandée par une absolue nécessité. Au surplus, nous refuserions encore de nous ranger à l'opinion de M. Dalloz, quand bien même il serait vrai, comme l'assure notre savant adversaire, que *toute adjudication d'une coupe implique nécessairement l'emploi des chariots et des voitures*. En effet, il ne faut pas oublier que les tribunaux ne peuvent, sous aucun prétexte, s'écarter des règles que le législateur leur a tracées. Jamais ils ne doivent puiser les éléments de leur décision dans un texte de loi qui est étranger à la cause qui leur est soumise, quelque graves que soient les considérations qui semblent autoriser cette interprétation arbitraire. Ce principe domine toute notre législation ; mais c'est surtout en matière pénale qu'il doit être religieusement observé. Si l'on désire que l'article 147 du code forestier soit appliqué avec moins de rigueur, lorsque l'infraction qu'il a pour objet de réprimer a été commise dans une coupe en exploitation, il faut demander au législateur de modifier, en faveur des adjudicataires, les peines qui sont attachées à ce délit. Tant que cette exception n'aura pas été légalement établie, nous persisterons avec confiance dans l'opinion que nous avons adoptée. Car *ubi lex non distinguit, et nos distinguere non debemus.*

M. Dalloz se trompe encore lorsqu'il dit, d'une manière générale, que la pénalité de l'article 199 est plus faible que celle de l'article 147. Pour savoir quel est celui de ces deux modes de répression qui est le moins rigoureux ; pour décider si l'adjudicataire aurait réellement quelque avantage à préférer le premier au second, il faudrait, de toute nécessité, connaître le nombre et l'espèce des animaux qui étaient attelés à la voiture qu'il a introduite dans sa coupe. Si, par exemple, l'attelage était composé de six bœufs, l'amende ne serait que de 10 ou 20 francs, si elle était calculée d'après le mode prescrit par l'article 147, tandis que, dans la même hypothèse, elle s'élèverait à 30 ou 60 francs, si, pour en fixer la quotité, on suivait le tarif établi par l'article 199. Nous arriverons à un résultat diamétralement contraire, si nous supposons que la voiture était attelée de deux chevaux. Alors, on aurait raison de dire que la condamnation encourue par l'adjudicataire serait plus faible, si elle était fondée sur l'article 199 ; en effet, au lieu d'être de 10 ou 20 francs, l'amende ne serait plus que de 6 ou 12 francs. Ainsi, sous le rapport de la sévérité des peines qu'ils prononcent, il existe entre ces deux textes une sorte de compensation. Si l'amende de l'article 147 est quelquefois plus élevée que celle de l'article 199, celle-ci peut, à son tour, revendiquer, dans certains cas, cette supériorité.

En résumé, voici quelle est notre opinion sur la question qui a donné lieu à la controverse que nous venons de soutenir contre le savant rédacteur de la *Jurisprudence générale du royaume*. La clause du cahier des charges qui permet aux adjudicataires d'introduire des animaux dans leurs coupes n'a d'autre effet que de suspendre, en leur faveur, les dispositions prohibitives des articles 147 et 199 du code forestier (1). Mais, pour qu'ils puissent jouir du privilége

____

(1) Par jugement du 17 octobre 1839, le tribunal de police correctionnelle de Toul avait décidé que, si le seul fait de l'introduction, sur le parterre d'une coupe en exploitation, des voitures et des animaux employés à la vidange, pouvait jamais constituer un délit, il n'appartiendrait pas à l'administration forestière d'affranchir, sous certaines conditions, les adjudicataires, des peines que le code prononce d'une manière générale et absolue. Ce jugement a été annulé par un arrêt de la cour de Nanci du 4 mars 1840. L'argument sur lequel le tribunal de première instance s'était fondé pour renvoyer le prévenu des poursuites dirigées contre lui a été réfuté en ces termes par la cour royale : « Attendu que, par la nature même des fonctions qui leur sont attribuées, dans l'intérêt bien entendu du sol forestier et des revenus qui en découlent, les agents forestiers doivent être investis d'un certain pouvoir discrétionnaire, dans les cas où la loi n'a pu poser des bases immuables; que c'est dans cette pensée que l'article 82 de l'ordonnance du 1er août 1827, rendue pour l'exécution du code forestier, porte que les *conditions des adjudications seront établies par un cahier des charges délibéré, chaque année, par la direction générale des forêts, et approuvé par le ministre des finances; que les clauses particulières seront arrêtées par les conservateurs;* enfin, *que les clauses, tant générales que particulières, seront toutes*

qu'elle leur accorde, il faut que, de leur côté, ils aient soin
de se conformer aux règles qu'elle leur prescrit. Car, puisque l'administration forestière est libre de défendre cette
introduction d'une manière absolue (nous avons vu qu'il lui
arrive quelquefois d'user de cette faculté), elle peut, à plus
forte raison, lorsqu'elle juge à propos de l'autoriser, la soumettre à certaines conditions restrictives. Si ces conditions
ne sont pas fidèlement remplies ; si, malgré la défense expresse qui lui en est faite par le cahier des charges, un adjudicataire se sert d'animaux non muselés pour enlever les
bois qui proviennent de son exploitation, la loi rentre alors,
par le seul fait de cette infraction, dans la plénitude des
droits dont elle avait été momentanément privée. En un
mot, il faut faire abstraction de la qualité du prévenu, pour
ne plus voir en lui qu'un délinquant ordinaire ; car, en
violant les règles qui doivent être observées dans cette circonstance ; en refusant de prendre les précautions qui lui
ont été prescrites dans l'intérêt de la conservation du sol forestier, il s'est, par là même, interdit le droit de réclamer
le bénéfice de cette autorisation qui seule pouvait légitimer
le fait pour lequel il est poursuivi. En conséquence, il doit
être condamné à l'amende prononcée par l'article 147 du

de rigueur, et ne pourront jamais être réputées comminatoires; — Qu'il
résulte de ces dispositions, combinées avec l'article 59 du code, que
l'administration a le droit de désigner les chemins de vidange, d'en créer
même de nouveaux, si elle le juge convenable, et, par une conséquence
nécessaire, de déclarer que le parterre d'une coupe en usance pourra momentanément être considéré comme chemin d'exploitation, mais sous la
condition expresse qu'il sera pris certaines précautions nécessaires pour
éviter, ou diminuer, l'occasion d'un dommage; qu'il n'y a donc rien
d'illégal et d'arbitraire dans une pareille mesure, et que ceux qui refusent
de se soumettre aux conditions imposées doivent alors s'abstenir d'user
de la tolérance qui ne leur a été accordée qu'à cette charge. »

code forestier, si les animaux qu'il a introduits dans sa
coupe étaient attelés à une voiture ; dans le cas contraire,
c'est la pénalité de l'article 199 qu'il faut lui appliquer.

II.

Les deux arrêts que la cour royale de Nanci a rendus, le
9 janvier 1839, en faveur des sieurs Gersinger et Ganier
(Voy. la note de la page 13 de ce recueil), ont été cassés,
sur le pourvoi de l'administration forestière, le 12 juin
1840. Comme dans chacune de ces deux espèces, les
faits de la procédure et les arrêts par lesquels la cour de
Nanci et la cour de cassation ont successivement résolu, en
sens contraire, la question que la cause présentait à juger,
sont absolument semblables, on rapportera seulement ceux
qui sont relatifs à la première affaire.

Le 28 mai 1838, il fut constaté, par un procès-verbal de
récolement régulier, qu'au nombre des souches de sapins
exploités dans la coupe de la forêt domaniale de Dabo, délivrée, pour l'exercice 1836, à la scierie usagère d'Unbrkuhbergmül, il s'en était trouvé une de vingt-sept décimètres de circonférence sur laquelle les agents forestiers n'a-
vaient pas aperçu l'empreinte du marteau de l'État. Sur les
poursuites dirigées, par l'administration forestière, en vertu
de ce procès-verbal, contre Florent Gersinger, entrepreneur
de l'exploitation de cette coupe, et les propriétaires de la
scierie d'Unbrkuhbergmül, le tribunal de police correctionnelle de Sarrebourg rendit, le 14 juillet 1838, un jugement
par lequel il admit les prévenus à prouver que le sapin sur la
souche duquel il n'existait aucune marque à l'époque du récolement avait, cependant, été désigné pour être abattu, et
que c'était par l'effet d'un accident, ou de tout autre événe-

ment, que l'empreinte du marteau royal avait disparu de la
souche de cet arbre. L'administration forestière interjeta
appel de ce jugement interlocutoire. Comme, dans les conclusions par eux prises en première instance, les intimés n'a-
vaient pas spécifié les faits dont la preuve avait été autorisée par le tribunal de Sarrebourg, la cour de Nanci, par arrêt
du 26 décembre 1838, ordonna qu'ils seraient tenus de les ar-
ticuler à l'audience du 9 janvier suivant. Dans les nouvelles
conclusions qu'ils prirent à cette audience, les intimés de-
mandèrent à être admis à prouver : 1°, que l'arbre dont la
souche ne présentait plus l'empreinte du marteau de l'État,
lors du récolement de la coupe, avait été marqué en délivrance, par l'administration forestière ; 2°, qu'au moment où
il avait été abattu, cette empreinte existait encore ; qu'elle
avait été vue alors par les deux gardes du triage; que plusieurs
autres personnes l'avaient aussi aperçue quelques semaines
seulement avant le récolement de la coupe ; 3°, que cet arbre
se trouvant sur le bord d'un chemin qui traverse la coupe
dans laquelle il était situé, il y avait lieu de présumer que
la disparition de l'empreinte qu'il portait dans le principe
était le résultat d'un accident occasioné par le passage de
quelque voiture ; que cette marque pouvait aussi avoir été
enlevée, soit par des malveillants, soit par les enfants qui,
chaque jour, se rendaient, munis d'instruments tranchants,
dans cette partie de la forêt ; 4°, qu'au surplus, le nombre
des souches était égal à celui des arbres délivrés ; qu'enfin,
le garde local lui-même était tellement persuadé que l'enlèvement de cette marque ne pouvait être attribué qu'à un
accident survenu depuis l'abattage du sapin qu'on prétendait
avoir été coupé en délit, qu'il avait apposé, sur la souche
de cet arbre, l'empreinte de son marteau, comme pour tenir
lieu de la première. — Le même jour, 9 janvier 1839, arrêt
de la cour de Nanci ainsi conçu : « La cour : — Attendu que

les faits admis à preuve, par le tribunal de Sarrebourg, lesquels ont été précisés dans des conclusions formelles prises devant la cour, ne portent aucune atteinte à la foi qui est due au procès-verbal de récolement du 28 mai 1838 ; qu'ils tendent seulement à établir que la souche de sapin qui a été trouvée dépourvue de l'empreinte du marteau de délivrance a été originairement marquée, pour autoriser l'abattage de l'arbre ; que l'admission de ces faits n'étant point contraire à la loi, il restera toujours aux magistrats le droit d'apprécier si le fait de la marque qu'il s'agit de prouver résulte suffisamment des témoignages qui seront produits ; — Par ces motifs : —Donne acte à Florent Gersinger et consorts de l'articulation des faits desquels ils prétendent faire résulter la preuve que le sapin qui fait l'objet du procès-verbal du 28 mai dernier a été marqué en délivrance, et, statuant sur l'appel interjeté, par l'administration forestière, du jugement rendu par le tribunal de police correctionnelle de Sarrebourg, rejette ledit appel (1). »

Arrêt de la cour de cassation ; — « La cour : — Vu les articles 33, 34, 45, 176, 192 et 202 du code forestier, et l'article 40 du cahier des charges ; — Attendu que l'adjudicataire est responsable de tous les délits commis, pendant son exploitation, dans sa coupe, ou dans les réponses de cette coupe ; — Qu'il l'est particulièrement du fait énoncé au procès-verbal de récolement, et consistant dans l'abattage, dans une coupe jardinatoire, d'un arbre sur la souche duquel ne s'est pas trouvée l'empreinte du marteau de l'État; — Attendu que la loi ne donne à l'adjudicataire aucun autre moyen de se soustraire à la responsabilité dont il s'agit, que le rapport fait et communiqué, à l'agent de l'administration, dans les formes et les délais prescrits par l'ar-

(1) Cet arrêt se trouve dans le recueil de M. Dalloz, 1839 , 2, 239.

ticle 45, rapport qui n'a pas eu lieu dans l'espèce ; — Que la preuve testimoniale est d'autant moins admissible dans le cas dont il s'agit, qu'indépendamment des nombreux abus qu'elle peut entraîner, elle demeurerait toujours incomplète, puisque l'administration n'aurait, de son côté, aucun moyen de vérifier si l'empreinte que les témoins diraient avoir vue sur la souche, avant qu'elle en eût disparu, était bien véritablement celle de son marteau ; — Attendu qu'en admettant l'adjudicataire à faire cette preuve, l'arrêt attaqué a méconnu l'esprit et violé le texte des articles précités ; — Casse et annule, etc., etc. »

FIN DE L'APPENDICE.

TABLE ALPHABÉTIQUE DES MATIÈRES.

Nota. Les numéros placés dans cette table sont ceux des notices auxquelles renvoient les mots dont ils sont précédés.

TABLE ALPHABÉTIQUE

DES NOMS DES PARTIES

QUI FIGURENT DANS LES ARRÊTS DE LA COUR ROYALE DE NANCI QUI SONT ANALYSÉS OU CITÉS DANS CE RECUEIL.

Nota. Les numéros qui correspondent au nom de chaque partie sont ceux des notices auxquelles il faut recourir pour trouver les arrêts qui la concernent; si celui qu'on cherche n'est pas analysé dans l'une ou l'autre des notices auxquelles renvoient ces numéros, il est cité dans les annotations dont elles sont accompagnées. — Dans cette table sont compris plusieurs individus dont les noms ne se trouvent pas dans ce recueil : en voici la raison. Comme, dans certaines affaires, les parties sont en assez grand nombre, on a pensé qu'il était inutile de les nommer toutes dans le cours de cet ouvrage; on s'est contenté d'en indiquer une seule, en ayant soin d'ajouter après son nom ces mots *et autres,* afin de faire voir que l'arrêt qui a été rendu contre elle, ou en sa faveur, lui est commun avec plusieurs autres personnes. Ainsi, par exemple, l'arrêt qui concerne *Antoine* (*Joseph*) et *Barbier* (*François*) est analysé dans la notice 97; il porte la date du 30 juillet 1833. Celui qui est relatif aux nommés *Collignon* (*Jean-Pierre*) et *Renard* (*Nicolas-François*) est cité dans les annotations qui sont placées à la suite de la notice 140; il a été rendu le 7 novembre 1834.

TABLE CHRONOLOGIQUE

DES ARRÊTS DE LA COUR ROYALE DE NANCI

QUI SONT ANALYSÉS OU CITÉS DANS CET OUVRAGE.

Nota. **A** la suite des arrêts rapportés dans cette table, on a indiqué les numéros des notices qui en renferment l'analyse ou sous lesquelles ils sont cités.

1814.

1825.

1828.

TABLE CHRONOLOGIQUE

DES

LOIS, ORDONNANCES, RÈGLEMENTS, ETC., ETC.

QUI SONT RAPPORTÉS DANS LES NOTES DE CE RECUEIL.

(351)

FIN DES TABLES.

9 782329 438511